KB089022

우리는
출근하지
않는다

앤 헬렌 피터슨, 찰리 워절

이승연 옮김

번아웃과
이직 없는 일터의 비밀

Out
Of
Office

우리는
출근하지
않는다

반비

차례

팬데믹과 그 여파가 지속되는 동안 당신이 무엇을 했든 그건 재택근무가 아니었다.

줌 회의 때 전문성이 부족해 보일 수도 있는, 침실에 임시로 꾸린 사무실에서 보냈던 모든 시간을 떠올리면서 당신은 "헛소리 집어치워."라고 할지도 모르겠다. 팬데믹 기간 동안 원격근무가 가능했던 약 42퍼센트의 미국인에 속한다면, 그 기간 대부분을 매일 아침 출근해서 집 안의 화면 앞에 꼼짝없이 매여 지냈을 것이다.[1] 말 그대로 집에서 근무를 했던 셈이다.

그렇다고 해도 재택근무는 아니었다. 갇힌 상태에서 강압적으로 노동을 했다. 누군가는 그런 상태를 사무실에서 살았다고 설명했다. 정신없이 이메일을 써 보내는 한편 점심 준비도 하고 원격 학습 감독도 하려고 애썼다. 비좁은 아파트에 몇 주 동안 홀로 갇혀 친구나 가족을 만날 수 없었고, 지칠 대로 지쳐서 상상하지 못했던 수준의 스트레스를 견뎌냈다. 일이 생활이 되었고, 생활이 일이 되었다. 잘해내지는 못했다. 겨우 살아냈다.

악몽 같은 시나리오가 있다. 이것이 '다가올' 미래일 수도 있다. 최근까지도 재택근무를 광범위하게 시행하는 것은 실효성 있는 아이디어라기보다 《하버드 비즈니스 리뷰(*Harvard Business*

Review)》에 실린 사고 실험에 더 가까운 것 같았다. 하지만 팬데믹 탓에 수백만 명이 어쩔 수 없이 원격근무에 돌입했고, 기업들은 궁금해졌다. CFO 입장에서 보면 도심의 값비싼 부동산 비용을 재무제표에서 덜어낼 가능성에 솔깃해진다. 직원들이 고비용 도시를 벗어날 경우의 생활비 절감까지 고려하면 특히 더 그렇다. 또한 효율성을 높일 수 있다. 가령 출퇴근이 더 이상 필요 없게 되면 이메일에 회신할 시간이 늘어날 것이다! 몇몇 세계적인 대기업은 이미 원격근무를 가까운 미래의 선택지로 정했다. 거의 모든 사업상의 결정이 그렇듯이 원격근무가 수익성 향상에 도움이 될 거라고 판단한다는 뜻이다. 기업들이 절감한 비용은 당신이 떠안게 될 것이다.

　　이것이 우리가 지금 알고 있는 원격근무의 어두운 진실이다. 원격근무는 사무실에 얽매인 노동자를 해방하겠다고 약속하지만, 실제로는 '워라밸(work and life balance, 일과 삶의 균형)'을 완전히 무너뜨릴 기회로 이용된다.

　　우리 두 사람은 이것을 경험으로 알고 있다. 2017년에 우리는 도시를 벗어나서도 기자 일을 더 잘할 수 있다는 사실을 입증하려 했다. 차에 짐을 싣고 브루클린을 떠나, 10년 넘는 사무실 생활을 뒤로하고 몬태나에 자리를 잡고 재택근무로 전환했다. 더 체계적이고 약간 더 내성적인 앤은 곧바로 정착했다. 기자가 되기 전에 학자이자 교수였던 앤에게는 사무실에 나가는 것이 식탁에서 일하는 것보다 항상 더 이상하고 강제적으로 느껴졌다. 하지만 학자로서의 생활(그리고 현직 기자로서의 생활)이 지닌 '유연성(flexibility)'은 실제로는 내내 일할 수 있다는 유연성을 의미했다. 매일 산으로 하이킹 가겠다는 꿈은 금세 증발해버렸다. 앤은 뉴욕에서 했던 만큼, 아니 그 이상으로 많은 일을 했다. 일터의 배경이 좀 더 아름다워졌을 따름이다.

찰리는 사무실에서 사람들과 잡담 나누기를 좋아한다. 일정을 관리하지 못할 만큼 사람들과 어울리기를 즐긴다. 그는 이내 어려움을 겪었다. 처음 몇 달은 갈피를 못 잡을 만큼 엄청나게 힘들어했다. 소파에 앉아 미친 듯이 글을 쓰고, 이메일을 보내고, 슬랙으로 끊임없이 연락하느라 지나치게 많은 시간을 소모했다. 밤에 긴장을 풀기 위해 소파에 다시 앉으면 식은땀을 흘릴 정도였다. 사정없이 이어지는 재택근무로 혼선이 빚어졌다. 그의 몸과 마음은 어째서 '근무' 중인데도 넷플릭스를 중독적으로 재생하고 있는지 이해할 수 없었다.

찰리는 이 근무지 이동이 자기 경력을 망가뜨렸다고 절대적으로 확신했다. 고립될 것이며, 윗사람 눈에 띄지 않을 것이며, 임무에서 배제될 것이라고. 자기 일에서 멀어져가는 건 아닌지 걱정했고, 참신한 아이디어를 번득이게 할 자연스러운 만남과 대화를 잃을까 봐 걱정했다. 그래서 그는 강박적으로 일했고, 그 보상은 그의 상급자들이 거둬들였다. 그들은 그런 사실을 알지 못했는데도 말이다. 주말에도 일하냐고? 왜 아니겠는가. 그는 이미 사무실에 있었다. 출퇴근이 없다는 것은 아침저녁으로 자유 시간이 생긴다는 뜻이 아니었다. 침대에서 빠져나오자마자 폰을 움켜쥐고 출근 도장을 찍게 된다는 뜻이었다. 찰리는 어느 때보다도 많은 글을 썼고, 몇 주마다 번아웃에 빠져들어 일과 여가의 경계를 가르는 데 도움이 될 만한 활동이 절실한 상태가 되었다.

뭔가 바뀌어야 했다. 재택근무를 지속 가능하게 하려면(이때는 팬데믹이 강타하기 몇 년 전이었다.) 가정 생활을 풍요롭게 가꾸고,

그런 다음 업무를 거기에 맞출 방법을 찾고, 이 순서가 뒤바뀌지 않도록 지켜야 했다. 업무와 연결을 끊고 있는 시간을 늘려야 한다는 뜻이기도 했고, 일상의 리듬을 바꾸고 현대의 일터가 사람들에게 주입한 경직성을 없애야 한다는 뜻이기도 했다.

일단 이런 변화를 시도해보니, 금세 깨달을 수 있었다. 사무실이 우리를 괴롭히는 원인일 수 있다. 사람들의 일과를 출퇴근에 맞추도록 강요한다. 예정에 없던 깊이 없는 (가끔 즐겁기도 한!) 회의가 줄기차게 이어지며 주의를 빼앗는다. 실제로 생산적인 것보다도 생산적인 느낌을 주는 일을 더 높이 산다. 사무실은 미묘한 차별(microaggression)과 반복되는 유해한 위계적 행동의 온상이다. 사무실에서 잘 나가는 사람들이 거의 항상 사무실 바깥에서 정체성에 기반한 특권을 누려왔거나 그로 인해 높은 자리에 오른 이들이라는 사실은 놀랍지 않다.

재택근무는 의미 있는 통제와 저항의 행위일 수 있다. 그러나 만병통치약이 아니고, 현대 자본주의의 핵심에 자리한 위기를 바로잡겠다는 약속이 될 수도 없다. 앞서 열거한 유해한 역학 관계는 모두 원격근무 세계로도 그대로 옮겨질 수 있다. 특히 노동자 또는 회사가 재택근무를 '사무실에서 하던 모든 일을 집에서 하는데 단지 임대료와 공과금을 직원이 부담하는 것'이라고 이해하고 있다면 더욱더 그렇다. 그러므로 이 책을 쓴 목적은 사무실 근무의 가장 유해하고 소외감을 유발하고 짜증 나는 면들로부터 어떻게 하면 벗어날 수 있는지 숙고해보자는 것이다. 단순히 업무를 하는 장소를 옮기는 데 그칠 게 아니라, 우리가 하는 일과 일에 쏟는 시간을 다시 생각해보자는 것이다.

이 책은 방법을 알려주는 설명서가 아니다. 적어도 전통적인 의미에서 흔히 생각하는 자기계발서도 아니다. 우리 두 사람이 무언가 '알아냈다'고 공언하려는 것도 아니다. 워라밸을 맞추기 위해 우리도 계속 분투 중이며, 늘 실패를 거듭하고 있다. 부분적으로는 우리가 직업에 정말로 만족하기 때문이다. 또한 이 책은 원격근무가 가능한 직업을 가진 42퍼센트의 노동자에 초점을 맞춰 그들을 독자로 삼고 있기에 모두에게 통할 만한 내용은 아니다. 그러나 우리는 그 42퍼센트(그 수가 늘어나는 중이다.)에 대해서만큼은, 깨어 있는 시간의 그토록 많은 부분을 차지하는 업무의 문제점을 파악하고 개선해보려 애쓰고 있다.

이런 이유로 우리는 이 책이 로드맵에 가깝다고 생각한다. 이 책은 우리가 어째서 지금처럼 일과 잘못된 관계를 맺게 되었는지, 그리고 여기서부터 어떤 길로 나아갈 수 있는지를 보여줄 것이다. 우리는 영혼을 탈탈 털어가고 착취하는 사무실의 역학을 그대로 집으로 복제하는 식으로 되돌아갈 수도 있다. 개인은 기존 방식에서 벗어나 자기만의 길을 개척할 수도 있다. 그들이 수년간 해왔던 것처럼, 회사가 요구하는 규범 앞에서 균형을 유지하느라 힘겹게 싸워가며 말이다. 자기 조건에 맞게 원격근무를 할 자신감과 특권을 가진 자들만이 원격근무의 혜택을 누릴 것이며, 그렇지 않은 이들은 사무실의 이등 시민으로 전락할 것이다. 아니면 세 번째 길이 있다. 업무 개념 자체(그리고 그에 대한 노동자들의 기대치)를 재정립하는 것이다. 그건 줌으로 오피스 해피아워(매월 또는 매분기 1회 정도 사무실에서 근무 시간 내 일정 시간대(주로 금요일 오후)에 간단한 핑거푸드와 음료를 준비해두고 동료들 간에 가벼운 사교 시간을 갖는 것을 가리킨다.—옮긴이)를 시행하자거나, 직원의 어린 자녀가 화상 회의 도중에 끼어들어 간식을 달라고 해도 괜찮다고 회사 전체에 공지하자는 제안 같은 게 아니다. 이런 식의 점진주의는 아무것도 해결하지 못하면서 모두를 지치게 한다.

　개념을 재정립한다는 건 사람들이 얼마나 많이 일하고 있고, 어떻게 하면 일을 더 잘 할 수 있을지 허심탄회하게 대화를 나눈다는 뜻이다. 더 오래 일하자는 게 아니다. 더 많은 프로젝트를 담당하거나, 업무를 더 잘 위임하거나, 더 많은 회의를 하자는 것도 아니다. 직원들의 정신적·신체적 건강을 해쳐가며 '더 많은 가치'를 뽑아내자는 것도 아니다. 더 바람직한 일이란 실제로 시간을 덜 들이고 일을 더 적게 하는 것임을 인정하는 것이고, 이것은 사람들을 더 행복하게 더 창의적으로 만들고 자기가 하는 일과 일을 하는 이유인 사람들에게 더 많이 투자할 수 있게 해준다. 그러려면 온라인 커뮤니케이션 도구들이 어떤 식으로 감시 도구가 되는지, 실제 일을 하기보다는 일하는 척을 하도록 장려하는지 살펴보고 통찰해야 한다. 이를 위해서는 직원들과 관리자들이 가장 효과적으로 일할 수 있는, 선호하는 근무 시간대에 맞춰 조직을 편제하고, 아이와 노인을 돌봐야 하는 이들을 배려하고, 업무 일정과 근무 시간대를 자율적으로 정해야 할 것이다.

　쉽게 최종 단계에 이를 수는 없다. 각 장의 마지막 부분에 실행 가능한 체크리스트는 실려 있지 않다. 그 절차는 어렵고, 솔직히 털어놓자면, 결코 끝나지 않는다. 하지만 우리는 사회적으로 변곡점에 있다. 우리 삶의 일부가 한때는 그냥 짜증 나는 정도였지만, 이제는 견딜 수 없는 지경에 이르렀다. 오랫동안 망가진 채로 방치된 사회 제도가 이제는 사람들을 실질적으로 망가뜨리고 있다. 공공 건강 준칙에서 공립 학교 시간표에 이르기까지, 우리가 규범으로 지켜왔던 너무나 많은 것들이 변화의 가능성을 품고 있다. 비전을 갖춘 정부의 리더십이 부재한 가운데 변화의 추동력은 점차 개인의 몫이 되어왔다. 그러나 우리는 바로 그 개인들로부터 공정성과 평등, 그리고 인종적·경제적 정의에 뿌리내린 움직임들 역시 목격하고 있다.

이런 움직임을 이끄는 정책 제안들이 야심 차게 느껴질 수도, 세부 내용들이 복잡하게 느껴질 수도 있다. 하지만 거기에 담긴 구상들은 단순하고 우아하다. 어떤 제도가 망가졌다면, 문제의 주변부만 건드리며 조금씩 수리해서는 개혁할 수 없고 핵심을 철저히 살필 수도 없다. 제도를 다시 상상해야 한다. 일부 이상주의적인 시류가 아니라, 권력이 어떻게 축적되고 분배되는지에 대한 면밀한 주시를 통해서.

이 작업은 지난할 것이고 회사에 따라 달라질 것이다. 적어도 초반에는 과격하게 느껴질지 모른다. 자본주의는 본래 착취적이다. 동시에 (적어도 가까운 미래까지는) 우리를 지배하는 경제 체제다. 우리가 자본주의하에서 살아가야 한다면, 어떻게 그 경험을 덜 고통스럽게 할 수 있을까? '사무실' 노동자뿐 아니라 우리의 직계 가족, 우리가 공유하는 사회, 다른 모든 노동자들을 위해서 말이다.

이 책에서는 원격근무(팬데믹 기간 동안 해야 했던 원격근무, 불가피하고 강압적인 그런 원격근무를 말하는 게 아니다.)가 삶을 바꿀 수 있다는 이론을 담고 있다. 원격근무는 부단한 생산성이라는 쳇바퀴에서 사람들을 내려오게 할 수도 있다. 사람들을 더 행복하고 더 건강하게 할 수도 있으며, 공동체를 더 행복하고 더 건강하게 할 수도 있다. 가정에서 하는 노동을 더 공평하게 나눌 수 있고, 그렇게 일하는 사람을 더 나은 친구, 더 나은 부모, 더 나은 파트너로 만들 수도 있다. 다소 역설적이게도, 노동자들의 연대를 실질적으로 강화할 수도 있다. 인스타그램 게시물 속에서 살고 있는 척하는 그런 삶을 실제로 살 수 있게 해주고, 실질적인 취미 생활부터 시민 참여 활동에 이르기까지 일 이외의 삶의 구석구석을 탐색할 자유를 준다.

원격근무를 풀타임으로 해야 하는 것도 아니다. 아무도 사무실 제도를 완전히 폐지하자고 주장하지 않는다. JP모건의 COO는 2021년 2월에 이렇게 설명했다. "직원 100퍼센트가 근무 시간의 100퍼센트를 사무실에서 보내던 시절로 되돌아갈 가능성은 전혀 없다고 생각합니다."[2] 앞으로 대부분의 사람에게 전통적인 사무실 공간은 어떤 형태로든 공유 사무실, 카페, 친구 집 식탁, 집 안에 꾸며놓은 공간 등과 뒤섞이게 될 것이다. 코로나 팬데믹 기간 동안에는 고립되고 밀실 공포증을 느낄 만한 환경이었겠지만, 미래의 업무 공간은 그럴 것 같지 않다.

우리는 크게 망가져버린 일과의 관계(특히 미국에서 그렇지만, 다른 나라들에서도 마찬가지 현상이 벌어지고 있다.)를 손볼 진짜 기회를 목도하고 있다. 일은 오랫동안 영감과 존엄성, 계층 상승에 대한 소중한 전망의 원천이었지만, 사람들에게서 활기를 빼앗고 사람들을 옥죄는 것이 되어버렸다. 수정주의자처럼 말하려는 건 아니지만, 같은 일도 때로는 비참했던 것이다. 그러나 소위 '지식' 노동자라고 불리는 많은 사람들에게 일은 무엇보다 중요한 정체성이 되었고, 풍성하고 균형 잡힌 인간 존재를 이루는 다른 부분들을 서서히 갉아먹고 있다.

다행히 이 상황을 바꿀 수 있다. 하지만 우리 삶에서 일의 배치를 공들여 재구성할 때에만 가능하다. 지금은 우리의 우선순위가 역행하고 있다. 삶을 바꾸어서 우리 자신을 더 나은 노동자로 만드는 대신, 노동을 바꾸어서 우리의 삶을 더 나은 것으로 바꾸어야 한다.

변화의 가능성에 도달하기 위해 이 책은 네 가지 아주 중요한 개념에 따라 정리되어 있다. 각 개념에 대해 팬데믹에 이르기까지 어떤 양상을 보여왔는지, 무엇이 망가졌고 오랫동안 망가진 채였는지, 원격근무가 그것을 어떻게 바꾸고 악화시킬 수 있는지, 또는 가장 낙관적으로, 기존 문제를 어떻게 개선하기 시작했는지를 탐구할 것이다.

유연성

지난 40년 동안 경제경영서들과 업계 지도자들은 기업의 '유연성'이라는 구상에 집착했다. '기민한' 회사에 대한 강박은 이론적으로, 서로 다른 업무 일정, 서로 다른 업무 스타일, 서로 다른 현장을 수용하는 능력에 대한 비슷한 강박을 의미한다. 그 대신에 유연성은 회사가 필요에 따라 직원들을 신속하게 고용했다가 신속하게 해고할 수 있는 역량을 가리키는 암호명 같은 것이 되었다. 또한 점차로, 전통적인 9시 출근 5시 퇴근이라는 제약에서 풀어주겠다는 장밋빛 약속으로 직원들을 기만해가면서 프리랜서 경제와 계약 경제를 정당화하는 근거가 되었다.

경제 유연성 확대의 혜택이 거의 전부 회사 몫으로 흘러 들어가는 동안 노동자들은 전례 없는 수준의 고용 불안정에 시달리고 있다. 임시직 노동자들은 필요에 따라 근무 일정을 조정할 수 있지만, 늘 다음 일자리를 찾아야 하고, 늘 충분한 일이 있을지 의심하며, 위태롭고 변화무쌍한 긱(Gig) 일자리(일시적인 일을 뜻하며, 기업이 필요에 따라 단기 계약으로 사람을 고용하는 경제 형태를 긱 경제라 일컫는다. 디지털 플랫폼 기업의 성장으로 확대되는 추세다.—옮긴이) 대신에 전일제 사무직에 가까운 안정적인 일자리를 얻으려 늘 애쓰고 있다.

사무직의 미래는 노동자가 아니라 일이 훨씬 더 유연해지는, 새롭고 진정한 유연성의 형태를 따라야 한다. 진정한 유연성이야말로 이 같은 업무 혁신 프로젝트의 핵심이다. 유연성 없이는 업무 문화, 테크놀로지와의 관계, 지역 공동체를 위한 헌신적 참여를 유의미하게 바꿀 수 없다. 노동자들이 자의적인 업무 일정에서 벗어나면, 일상적인 업무 경험, 업무 수행 역량, 삶을 영위하는 데 필요한 사람들과의 관계 등 모든 면에서 변화의 여지를 만들어낼 수 있다.

진짜 유연성은 실제로 어떤 모습인가? 그 답을 구하려면 어떤 종류의 과업과 협업이 동시적으로 이루어져야 하는지, 어떤 일이 시차를 두고 이루어질 수 있는지, 사람들이 일주일에 며칠간, 얼마나 오래, 어떤 목적으로 사무실에 있기를 원하는지를 재구상해야 한다. 또 직무를 더 넓게 정의함으로써 장애가 있거나 돌봄 의무와 직장 생활을 아슬아슬하게 병행하는 사람들의 근무 시간 및 근무 장소에 관한 필요를 더 잘 충족시켜야 한다. 또 '유연근무'가 일정표 여기저기에 퍼져 있지 않도록 실질적인 경계를 정하고 그 경계를 존중할 필요가 있다.

기업 문화

조직이 스스로를 공적으로 정의하는 방식이 있고, 직원들이 평상시에 조직에서 생활하며 경험하는 방식이 있다. 이 두 가지 이해 사이 어디쯤엔가 기업 문화가 있다. 기업 문화는 일단 자리 잡고 나면, 패러다임을 전환하는 팬데믹 같은 일을 제외하고는 바꾸기가 엄청나게 어려울 수 있다.

기업이 클럽하우스, 열정적인 활동가 집단, 일중독자 무리, 융통성 없지만 믿을 만한 전통주의자 무리, 가장 흔하게는 '가족'으로 자기 규정을 하는 경우는 허다하다. 그 지점에서 어떤 행위 규범, 착취, 낭비, 생산성, 위계, 존중, 또는 존중의 결핍이 흘러나오는지 살펴볼 것이다.

완전 원격근무 또는 부분적 원격근무가 시행될 때, 대개는 두려움 때문에 기존의 기업 문화가 위축될 수도 있다. 기업들은 기존 위계를 고수하기 위해서 더 많은 회의를 시행하고 시시콜콜한 것까지 관리하는 커뮤니케이션을 한다. 하지만 관리를 위한 관리는 제대로 된 관리가 아니다. 팬데믹을 겪으면서 이 점이 아주 분명해졌다. 기업 문화는 바뀔 수 있다. 하지만 그 변화는 CEO나 개별 노동자가 아니라, 전통적인 사무실 안팎에서 경영 관리가 어떠해야 하는지를 극적으로 재구상하는 데에서부터 시작해야 한다.

기업 문화가 이론적으로만, 또는 경영 관리 면에서만 훌륭한 게 아니라 실제로도 훌륭하려면, 더 유연한 근무를 어떻게 통합 운영할지 부단히 계획을 세우고 부지런히 궁리해야 할 것이다. 불량한 기업 문화를 유연근무로 고칠 수는 없다. 하지만 유연근무는 기업 문화가 앞으로 나아갈 방향을 재고할 기회를 제공할 것이다.

사무실 테크놀로지

흔히 사무실 테크놀로지라고 하면 디지털 장치, 즉 컴퓨터, 스마트폰, 그리고 그 기기에서 구동되는 프로그램과 앱 같은 것들을 떠올린다. 하지만 기업 문화의 많은 부분이 설계 테크놀로지에서 비롯된다. 거기에는 노동자들을 한 건물 안에 배치하는 물질적 구조화부터, 언제 어떻게 슬랙 메시지로 소통할지 정하는 디지털 구조화에 이르기까지 모든 것이 포함된다. 끔찍한 개방형 사무실 자리 배치부터 회사 이메일에 이르기까지 많은 사무실 테크놀로지는 유토피아적인 기대를 안고 설계되었지만, 회사의 강령과 부딪히면서 서서히 일을 훨씬 더 악화시키는 방향으로 나아갔다. 멋들어진 실리콘밸리 캠퍼스, 사무실용 에어론 의자, 구글 캘린더 등도 마찬가지다. 문제를 해결하기 위해 고안된 이 멋진 물건들은 그것을 만든 사람들은 절대로 상상도 하지 못한 훨씬 더 심각하고 악몽 같은 문제들을 새로 만들어냈다.

그렇다면 더 많은, 그리고 더 소모적인 일을 양산하는 테크와 설계에 대한 지금의 의존성을 어떻게 깰 것인가? 모호하면서도 무자비한 '생산성'이라는 개념에서 벗어나 테크놀로지를 어떻게 재구성할 것인가? 어떻게 하면 유연하게 활용할 수 있는 대면 업무 공간을 만들되, 생경하고 특색 없는 업무용 호텔 같은 느낌이 들지 않도록 할 것인가? 인박스제로(Inbox Zero, 메일과 메신저를 확인하는 즉시 답해서 퇴근 전에 받은 편지함에 읽지 않은 메일을 0건으로 만들자는 캠페인—옮긴이)보다 더 나은 전략, 글로벌 공유 오피스 위워크 같은 거대 조직보다 더 나은 비전, '커서가 움직이는 시간'을 '업무 시간'과 동일시하는 도구보다는 더 미묘한 차이를 포착할 것이 요구되는 몹시 어려운 과제다.

이 책에서는 테크놀로지, 도구, 그리고 설계에서 가장 영향이 큰 변화를 가장 빠르게 알아볼 수 있다. 업무에 대한 소통 방식이 바뀌고, 업무 공간의 가변성이 더해지면, 하루 일과표를 좋은 방향으로 변화시킬 수 있고 나날의 방식을 새로운 형태로 뜯어고칠 수도 있다. 과거에는 사무실 테크와 설계의 목적이 직원들의 업무 시간을 어떻게 늘릴 수 있을지 알아내는 데 있었다면, 이제는 테크와 설계를 이용해서 직원들의 업무 시간을 줄이도록 도와야 한다.

공동체

좀 더 내 뜻대로 생활을 통제할 수 있다면 무엇을 하겠는가? 매일 산책으로 하루를 시작할까? 드디어 그런 운동 루틴을 만드는 걸까? 새로운 취미를 가져보면 어떨까? 어째서 당장 하지 못하고 있는가? 밝혀지건대 바로 일 때문이다.

일은 앞으로도 늘 삶의 주요한 부분일 것이다. 하지만 이 책에서 제안하려는 건 일이 생활의 체계를 세우는 주된 요소가 아니어야 한다는 점이다. 일은 우정 또는 개인적 가치 또는 공동체의 주요 원천이어서는 안 된다. 일이 생활을 온통 뒤덮게 되면, 사적인 공동체가 그 결과를 떠안게 되기 때문이다. 공동체가 주는 것도, 받는 것도 줄어든다. 돌봄도 줄어들고, 지향성(intentionality)도 줄어들고, 소통도 줄어든다. 하지만 진정한 유연근무, 그리고 그에 동반되는 업무의 탈중심화는 사람들을 해방시키고 자기 자신과의 관계, 또 공동체와의 관계를 재구축하고 재구성할 수 있게 한다. 물론, 직장 동료들과의 친밀도는 줄어들지도 모른다. 하지만 생활에 다른 영역이 생기고, 거기에서 사랑받고 이해받으며, 가치 있고 필수적인 존재라는 느낌을 갖게 된다면, 그게 중요할까?

이 같은 탈중심화는 시간 조절을 자유롭게 함으로써 가정 내 노동의 배분이 실제로 균등해지게 할 수 있다. 엄청난 양의 일을 하고 나서 심신을 회복하는 데 시간을 소비하지 않아도 된다면, 정말로 무엇을 하고 싶은지 생각해볼 수 있다. 노인 또는 아이 돌보는 일이 덜 피곤하게 느껴질 수도 있다. 여기서 말하는 유연근무는 훨씬 더 많은 멀티태스킹을 해내고, 가정 내에서 더 많은 역할을 감당하고, 모두에게 모든 걸 해주느라 더 많은 스트레스를 받는 것과 거리가 멀다. 필요에 부합하는 진정한 유연근무는 스스로를 위해서뿐 아니라 삶을 가치 있게 만들어주는 다른 사람들을 위해서도 일상에서 의미 있고, 한결같고, 심신을 키울 시간을 확보할 수 있게 해준다.

그것은 더 큰 공동체와 연결된다는 뜻이기도 하다. 팬데믹 이전에 미국은 현대사에서 가장 낮은 수준의 사회적 결속력을 보였다. 우리는 서로에게 노력을 기울이지 않고 서로 신뢰하지도 않는다. 모르는 사람을 위해 희생하려는 마음도 없다. 사회 전체의 운명보다는 개인의 운명, 즉 나와 내 것에 훨씬 더 치중한다.

생계가 위협받고 위태롭다고 느낄 때, 사람들은 위기의 순간에 익힌 대로 행동하려 든다. 본인이 먼저 산소 마스크를 쓰세요. 그다음에 주변 사람들을 도와주세요.

이러한 사회적 결속력 약화에는 무수한 이유가 있으며, 대부분은 규제 없는 자본주의, 자원의 희소성, 지속되는 극심한 인종 차별과 성 차별을 진정으로 해결하려 들지 않는 태도 등과 연관된다. 우리 지식 노동자들은 더 많이 일함으로써 이 같은 결속력 약화에 대응하는 동시에 기여해왔다. 이 전략은 때로 (미미하게나마) 더 많은 안정적인 수입이라는 결과를 가져오지만, 소외감, 외로움, 현저히 낮아진 소속감으로 이어지기도 한다. 언제나 일만 하다 보면, 자원 활동을 적게 하게 되고, 나와 비슷하거나 다른 사람들과 어울리는 시간도 줄어든다. 살고 있는 곳을 좋아하는 사람도 있겠지만, 그곳에 실제로 관여하면서 애정을 드러내지는 않는다.

유연근무가 제대로 실행된다면, 일을 더 적게 하고 훨씬 더 많은 시간과 노력과 의지를 더 큰 공동체에 쏟을 수 있다. 단순히 도서관 위원회에서 자원 봉사할 시간을 내는 것뿐 아니라, 도서관 위원회가 당신과 비슷한 사람들로만 구성되지 않도록 할 수도 있는 것이다. 그저 지역의 아동지원국에 가입하는 데서 그치지 않고 시간을 할애해서 속해 있는 공동체의 식량 불안정에 대한 해법을 궁리할 수도 있다. 자기 자신을 위한 시간을 찾아내고, 그런 다음에는 그 시간의 일부를 주변 사람들 모두가 더 나은 삶을 살게 하는 데 쓰는 것이다.

진정한 유연근무로의 전환이 어떻게 도시 계획에, 공공 및 민간 모임 공간에, 보육에서 노동자 연대에 이르는 다양한 아이디어에 의미 있는 영향을 끼칠 수 있는지 생각해봐야 할 이유가 여기에 있다. 도시는 늘 수축하거나 팽창한다. 하지만 대중교통, 튼튼한 재정을 갖춘 학교, 신선한 식재료 등을 안정적으로 이용하지 못하게 제한하는 변화에 어떻게 저항하는가? 지역의 임금 수준이 낮은 상태라면, 중소 도시들은 고임금 노동자들의 유입에 어떻게 대응하는가? 업무 리듬을 조정할 수 있는 사람과 그럴 수 없는 사람 사이의 계층화 심화에 적극적으로 대처하려면 정부 및 기업 차원에서 어떤 계획을 시행해야 하는가?

더 큰 공동체의 건강한 미래를 위해 지금 이런 질문들에 주의를 기울여야 한다. 공동체가 고통받는다면, 결국 이 모든 변화는 피상적이고 공허하게 느껴질 것이기 때문이다.

지식 노동(원격근무가 가장 먼저 도입될 노동 유형)은 특권을 누리는 노동 유형이다. 따라서 지식 노동 내의 문제점은 때로 특권층의 문제이기도 하다. 재택근무를 하는 데 어려움을 겪는 극소수만이 먹을 음식을 장만하는 데도 어려움을 겪는다. 이번 팬데믹이 드러내 보인 것이 있다면, 필수 노동을 식별하고 그에 합당한 보상을 제공하는 데 지침이 되는 나침반의 눈금 조정이 안 되어 있었다는 사실이다. 생산성 강박은 체계적인 불평등을 신경 쓰지 못하게 했으며, 변화를 주장하는 데 드는 시간과 에너지를 집어삼켰다. "어떻게 하면 사람들이 남들에게 관심을 갖게 할지 모르겠다."라는 말을 요새 많이 듣게 된다. 가장 직접적인 해결책은 사람들에게 시간과 정신적 여유를 주어서 자기 자신과 직계 가족 외의 주변에도 실제로 관심을 가질 수 있게 하는 것이다.

우리가 어디에, 누구에게 가치를 두느냐가 대대적으로 전환될 이차 가능성도 있다. 끊임없이 생산성에 치중했던 관심을 이동한다면, 성공을 가늠하는 사회적 지표를 집단적으로 재고할 수도 있다. 주주 가치, GDP, 기업의 수익 창출 등을 중시하는 사회는 그런 지표를 끌어올리는 사람들, 즉 자금 담당자들, 벤처 투자자들, 단타 투자자들을 높이 평가하고 보상할 것이다. 삶의 질, 돌봄, 사회의 건강함을 중시하는 사회는 아주 다른 종류의 사람들을 높이 평가하고 보상한다. 팬데믹 이전과 팬데믹 기간 동안 가장 '필수적인' 노동자들은 공정한 보수와 적절한 보호를 받기 위해 발버둥쳤다. 그들의 노동이 제대로 평가받지 못했기 때문이었다. 하지만 이들의 노동이 제대로 평가받는다면 어떻게 될까? 그곳에 이르는 중요한 단계 중 하나가 (우리 같은!) 비필수 노동자들이 스스로를 바라보는 방식을 바꾸는 것이라면 어떤가?

여러 해 동안 많은 지식 노동자들이 업무가 우리 인생에서 으뜸인 것처럼 행동해왔다. 우리는 그 사실을 크게 떠벌리기를 꺼려하지만, 행동이 하는 말은 다르다. 가족이나 개인적인 성장과 건강, 속해 있는 공동체보다도 업무 성과가 더 중요하다고. 그러한 헌신의 근원에는 고용 불안정에 대한 두려움이 있다. 하지만 우리가 우리 자신의 얼마나 많은 부분을, 얼마나 많은 시간을 일에 헌신해왔는지를 정당화하기 위해 일이 중요하다고 스스로에게 납득시키려 하는 데도 일부 원인이 있다.

그런 정서적 헌신 때문에 일을 있는 그대로 (구세주도 '가족'도 아닌, 그냥 직장 업무일 뿐이라고) 생각하기 어렵다. 자신의 직장이나 타인의 직장에서 일하는 다른 사람들을 위해 더 나은 조건을 조직하거나 요구하는 일도 어려워진다. 역설적이지만, 생활의 중심에 일을 두지 않고 자신의 정체성에서 조금이라도 일을 분리해내는 능력을 갖추고 나면, 실제로 다른 노동자들을 더 잘 옹호할 수 있게 된다.

자칫 잘못하면 유연근무는 계급 갈등을 악화시키고, 자기 집에서 안전하게 근무할 수 있는 사람들과 필수 노동자들을 더 갈라놓게 될 것이다. 자신의 노동을 이해하는 방식과 다른 이들을 지지하는 방식에 확연한 변화를 가져오지 못한다면 그런 방향으로 나아가게 된다. 하지만 유연근무의 미래를 신중하게 생각한다면, 훌륭한 일을 해낼 수도 있다. 그로써 의미 있고 지속적인 방식으로 우리를 업무로부터 해방시킬 수 있다. 업무가 최우선적으로 중요하기 때문에 재택근무를 하는 게 아니다. 우리 자신을 자유롭게 함으로써 실제로 중요한 일에 집중하기 위해 재택근무를 하는 것이다.

유연성

1

에어비앤비, 식료품 배달 서비스 인스타카트, 아마존, 디즈니, 홈디포, 홈트레이닝 서비스 펠로톤, 항공사 버진애틀랜틱, 약국 체인 월그린, 애플, AT&T의 고객 센터에 전화해본 적이 있다면, 아마 어라이즈(Arise)의 '서비스 파트너'와 이야기를 나누었겠지만, 그런 사실을 알아차리지는 못했을 것이다. 서비스 파트너들은 콜센터 직원이지만 콜센터는 존재하지 않는다. 그들은 재택근무를 하며, 장비를 스스로 구입하고, 별도 전화선을 추가하고 몇 주 동안 교육을 받느라 돈을 지불한다. 그러고는 근무 시간을 얻기 위해 경쟁한다. 그들은 그들이 응대하는 고객들을 보유한 회사에 고용되어 있지 않다. 엄밀히 따지자면 어라이즈에 고용된 것도 아니다. 어라이즈는 긱 경제(gig economy)를 이루는 다른 회사들과 마찬가지로 직원들을 '독립계약자(independent contractor, 플랫폼을 기반으로 고용 계약이 아닌 서비스 제공 계약 행태로 일하는 임시직 고용자들을 가리킨다. 기업은 이들을 독립계약자로 분류해서 고용 보험이나 초과 근무 수당 등을 전혀 제공하지 않으며, 이들의 지위를 어떻게 규정할 것인가를 두고 소송이 이어지고 있다. 국내에서는 배달 앱 플랫폼을 기반으로 일하는 라이더가 가장 흔히 접할 수 있는 독립계약자다.—옮긴이)'로 여긴다. 이들은 건강 보험도 유급 휴가도 어떤 종류의 복지 제도도 제공받지 못한다. 다만 '유연성'을 제공받는다.

　　"어라이즈 플랫폼이 반드시 성공을 보장하지는 않습니다."
이 회사는 비영리 인터넷 언론 《프로퍼블리카(ProPublica)》의 취
재에 이렇게 답했다. "이 일은 다른 일처럼 도전이 될 수 있고, 많
은 독립계약자 방식과 마찬가지로 수요에 따라 달라질 수 있습
니다. 하지만 상당히 유연하게 일할 수 있습니다."[1] 어라이즈 웹
사이트의 설명대로라면, 집에서 편안하게 "자기 사업을 하면서"
"일하는 시간을 스스로 정하는" 자유를 누릴 수 있다. 하지만 이
런 유연성이 가져다주는 혜택은 전적으로 아마존과 에어비앤비
같이 어라이즈 서비스를 사용하는 기업들의 몫이다. 콜센터 직
원과 달리 어라이즈의 '서비스 파트너'들은 식대도 휴가비도 교
육 훈련비도 받지 못한다. 어라이즈의 전임 CEO는 《아가일 저널
(Argyle Journal)》과의 인터뷰에서 어라이즈는 기업들을 도와 "일
반적인 업무 시간에서 낭비되는 부분을 쥐어짜낸다."라고 말했
다.[2]

　　이는 오늘날 유연근무제의 어두운 전망이다. 노동자들에게
는 노동 보호 없이 훨씬 적은 돈을 받고 자기 일정에 맞춰 일할
수 있는 '자유'가 부여된다. 어라이즈와는 아주 다른 회사에서 일
하더라도 '유연성'이라는 기조는 이미 조직의 DNA로 자리 잡았
다. '유연성'은 적어도 현재의 정의대로라면, 조금 일찍 퇴근해
서 어린이집에 아이를 데리러 가도 된다는 뜻이 아니다. 그것은
규모, 인력, 부동산, 생산량 모든 면에서 빠르게 확장하고 축소할
수 있는 능력이다. 더 많은 일을, 때로는 기하급수적으로 많은 일
을, 훨씬 더 적은 인력으로 해낼 수 있다는 뜻이다. 혜택으로 포
장되어 있지만 곧 무너져 내릴 비용 절감 조치다. 우리가 실제로

일과 맺는 관계를 바꾸고자 한다면, 유연성의 이런 의미를 반드시 바꾸어야 한다.

이 같은 유연성은 '단편적인', '군더더기 없는', '융통성 있는' 노동으로도 알려져 있다. 잘 알려진 일부 대기업에서 초기 형태를 갖추었지만, 현재는 스타트업부터 비영리 단체에 이르기까지 온갖 종류의 조직에서 나타나고 있다. 어떤 이름으로 불리든 어디에서 발현되든 그 기조는 동일하다. 훨씬 적은 자원으로 더 많이 일하라. 더 적은 보장, 더 적은 지원, 더 적은 휴식. 그것은 주로 회사의 수익에 도움이 되며, 대개 인력의 회복력을 떨어뜨리고, 불만을 늘리고, 업무 만족도를 저하시킨다. 기업이 '유연성'을 전략으로 택하면서 수많은 직장은 생산성에 강박적으로 매달리는 노동자들이 다음 대규모 해고를 기다리며 살아가는 불안의 현장으로 변모했다. 동시에 대개는 같은 노동자들에게 다음과 같은 미래로 모습만 바꿔 전달되기도 했다. 당신은 해고다. 하지만 하던 일을 계속할 수 있게 해주겠다. '유연한' 하청인으로 일하면 된다. 급여는 줄어들고 안정성은 떨어지겠지만, 이 조건을 받아들일 수밖에 없을 것이다.

어떻게 알려졌든 유연근무제를 규정하는 특징은 결코 자유로움이 아니었다. 그 특징은 언제나 노동자의 고용 불안이며, 절망에서 파생된 글로벌 시장 문제에 대응하는 공허한 해결책이다. 하지만 이러한 이해를 뒤로하고, (조직을 전반적으로 개선해서 어떻게든 직원들에게 혜택이 돌아가는) 진정한 유연성에 대한 새로운 개념에 다다르기 위해서는 왜 그토록 많은 기업들이 유연성이 바람직하다고 봤는지, 그리고 그것이 어떻게 번아웃에 빠진 노동 인력을 지칭하는 대명사가 되었는지를 확인해야 한다. 미래는 언제나 어떤 식으로든 '유연한' 근무 형태였다. 하지만 이제 우리는 유연근무의 특징과 그 혜택이 어디로 흘러들어야 하는지를 재정의할 드문 기회를 맞이했다.

1970년대 초, AT&T는 유명 건축가 필립 존슨(Philip Johnson)에게 뉴욕 메디슨가에 새 본사 건물을 설계해달라고 했다. 그들의 요구 사항은 건물이 "자신들의 제국으로 들어가는 정문"처럼 느껴지게 해달라는 것이었다고 존슨은 후에 회고했다.[3] 이를 위해 존슨은 대호황 시대 뉴욕의 거대 빌딩과 이탈리아 르네상스 시대의 궁전이 떠오르도록 설계했다. 입구에는 건물에 들어서는 모든 사람을 집어삼키는 7층 높이의 거대한 아치형 구조물을 세웠고, 건물 꼭대기에는 독특한 '치펀데일' 양식의 홈을 내서 마치 누군가 빌딩 상단을 크고 둥글게 한 입 베어 문 것처럼 보이게 했다.

　　제국을 암시하는 것과는 별도로 이 건물은 또한 AT&T 직원들의 마음을 끌기 위한 것이었다. 직원들에게 자신들의 중요성(전 세계에서 가장 강력한 기업에서 일하고 있다!)을 일깨워주면서도, 회사의 규모와 광대한 역사에 비해 자기들이 얼마나 미미하고 하찮은 존재인지도 함께 상기시켰다. 후자는 회사가 입주하기도 전에 분명해졌다. 이동통신 독점 기업 지위를 오랫동안 누렸던 AT&T는 1982년에 독점 금지 소송에서 패소했고, 회사 자산의 3분의 2를 처분하는 계획을 수립해야만 했다. 사실상 10만 7000명이 넘는 직원을 해고해야 한다는 뜻이었다.

　　이런 사실이 분명해지자 회사는 사무실 공간의 절반 가까이를 임대하기로 결정했고, 나머지 부분에 대해서도 더 많은 변화에 대비했다. 모든 천장에 벽을 쉽게 이동할 수 있도록 특수 홈을 설계해서 사무실 공간의 크기를 키우거나 줄일 수 있게 했다. 다시 말해 그 건물은 유연했다. 그러나 물리적 공간의 유연성에는 한계가 있었다. 1992년 AT&T 빌딩은 대부분 텅 비어 있었다. 일부 직원들은 맨해튼과 뉴저지에 있는 다른 사무실로 보내졌다. 다른 직원들은 재택근무를 했다. AT&T는 이 빌딩을 매매할 수 있다는 조건으로 소니에 임대했다. 2013년 부동산 개발업자들에게 매각되고, 2016년에 사우디아라비아 대기업에 다시 한번 매각될 때까지 소니는 이 빌딩을 사무실로 이용했다. AT&T는 유연해야만 했다. 사무실 공간, 조직 구성, 채용한 직원 수, 일하는 장소, 그리고 직원들이 회사에 기대할 만한 안정성이라는 면에서도. 1980년대를 지나면서는 글로벌 경쟁력을 갖추려는 다른 수백 개 기업들도 유연성을 받아들였다. 사업상 리스크를 감당하고, 주주 가치를 증대하고, 전형적인 미국 기업들의 비대해진 몸집을 줄이려는 컨설턴트들의 조언을 따르기 위해서였다.

목표는 불필요한 중복, 비효율성, 그 밖에 여러 형태의 낭비를 제거하는 '군더더기 없는(lean)' 조직을 만드는 것이었다. AT&T는 모듈식의 (재임대하기 쉬운) 사무실 공간이라는 괜찮은 아이디어가 있었고, 이 정신이 회사 전반에 적용되는 것이 이상적이었다. '유연한' 특전과 복리후생은 대개 특전과 복리후생이 탄탄하지 못하다는 뜻이다. 예를 들어 연금 제도가 401(k)(미국에서 1981년도에 도입된 확정기여(DC)형 퇴직 연금 제도—옮긴이)로 바뀌면서 회사의 '부담금'은 점점 줄어들거나 완전히 없어질 수도 있었다. 마찬가지로 '유연한' 직원 채용은 쉽게 고용 가능하고 (더 중요하게는) 쉽게 해고 가능하다는 의미였다. 역사학자 루이스 하이먼

(Louis Hyman)이 『임시직: 미국의 일자리, 미국의 사업, 미국의 이상은 어떻게 단기화되었는가(*Temp: How American Work, American Business, and the American Dream Became Temporary*)』에서 썼듯, "미국 기업들의 새로운 이상은 장기 투자와 안정적 노동력을 대신하게 된 단기 수익과 유연한 노동력이었다."[4]

1979년부터 1996년까지 미국 경제에서 4300만 개가 넘는 일자리가 줄어들었다. 1980년대에 해고된 노동자들이 제조업과 다른 '저숙련' 일자리 쪽으로 몰렸고, 이들의 평균 연봉은 5만 달러를 밑돌았다.[5] 1990년부터 1996년까지 이 숫자는 빠르게 바뀌었다. 일자리를 잃은 사람 대다수가 '사무직 노동자'였고, 그 비율은 1980년대에 비해 거의 두 배에 달했다.

같은 기간 4300만 개 넘는 일자리가 미국 경제에 다시 창출되었다. 다시 생겨난 일자리의 형태는 달라졌다. 2008년 글로벌 금융 위기 이후에도 같은 일이 벌어졌다. 1972년에 직장에서 해고된 이들에게는 새로운 직장을 빠르게 구할 가능성이 높았을 뿐 아니라, 이전 직장과 비슷한 수준의 급여를 받을 가능성이 높았다. 1996년에는 해직 노동자들의 약 35퍼센트만이 이전과 비슷하거나 더 나은 보수를 받는 일자리를 찾을 수 있었다.[6]

업무 현장에 "균열이 생겼다". 이 용어는 경제학자 데이비드 웨일(David Weil)이 기업들이 주요한 층위의 노동을 프리랜서직이나 도급업체, 완전히 별개의 회사로 아웃소싱하는 과정을 설명하는 데 사용되었다.[7] 논리는 이렇다. 예를 들어 건물 관리 서비스를 전문으로 하는 업체를 훨씬 더 적은 비용으로 쓸 수 있다면, 보험 회사가 왜 건물 관리인을 고용해서 책임지겠는가? 지난 40여 년 동안 동일한 이론이 조직도 전체로 확산되었다. 급여 담당자, IT 전문 인력, 비서, 제품 생산 인력, 심지어 인사 담당자까지도 단기 계약을 맺거나 용역 회사를 통해 고용하는 방법으로 아웃소싱될 수 있다. 이 모든 경우에서 기업은 결국 정규직을 고용할 때보다 비용을 절감한다.

고용인의 건강 보험료를 내지 않아도 되고, 연금을 제공하지 않아도 되며, 직원으로 대우하지 않아도 된다. 유연성이 높아진다는 것은 업무 현장을 돌아가게 하는 사람들에게 책임을 덜 지운다는 뜻이다. 책임을 덜 진다는 것은 이윤이 커진다는 뜻이고 글로벌 시장에서 회사의 안정성이 커진다는 뜻이다. 누가 이 과정에서 손해를 보았을까? 노동자다. 루이스 우치텔(Louis Uchitelle)과 N. R. 클라인필드(N. R. Kleinfield)는 1996년《뉴욕 타임스(New York Times)》지면에서 이를 지적했다. "수수께끼는 이런 것이다. 기업들이 자기들의 안정성을 지키기 위해 하는 일이 바로 그 기업에서 일하는 노동자들에게는 불안감을 갖게 한다."[8]

얼마나 오랜 기간 한 회사에 재직했고, 얼마나 많은 직원들을 관리하는지는 중요하지 않았다. 오히려 관리 업무가 눈에 잘 띄지 않는 중간 관리자들이 인력 절감에 더 취약했다. 사무실의 역사를 광범위하게 다룬 저작『큐브, 칸막이 사무실의 은밀한 역사』에서 니킬 서발(Nikil Saval)은 1983년에 AT&T 관리자가 수첩에 쓴 글을 인용한다. "내 평생에서 바로 지금이 스트레스가 가장 극심하다. [……] 주로 일 때문이다." "이렇듯 모호하고 불확실하고 영역 다툼이 무지막지한 시대에 정말로 일에 신경 쓰는 관리자들은 불안과 걱정, 그리고 이런 감정들이 불러일으키는 스트레스로 인해 스스로 죽음에 이를지도 모른다."[9]

21세기의 첫 10년이 끝나갈 무렵, 연구자 멀리사 그레그

(Melissa Gregg)는 중고 서점에서 찾은 오래된 서적 위주로 경영서를 수집했다. 멀리사는 번쩍이는 표지와 낯간지러운 제목을 가진 그 책들의 레토릭과, 2008년 금융 위기 이후 생산성 앱의 폭발적인 증가 사이에 패턴이 있다는 점에 주목했다. 경영서 붐은 1970년대와 1980년대 초에 처음 일어났고, 1990년대 초에 또 한번 찾아왔다. 그리고 2000년대 말에 다시 시작되어 2010년대로 이어졌다. 각각의 급등기는 해고, 구조 조정, 사무실에 일반화된 고용 불안정과 대략 맞물려 있었다. 사무직 및 지식 노동자들에게 그러한 고용 불안정은 자신의 가치를 입증할 필요가 증가했다는 뜻이었다. 특히 많은 기업들이 컨설턴트를 불러와 누구의 직무와 노동이 '필수적'이고 누구의 직무와 노동이 손실을 내고 있는지 가려내도록 하는 때에는 더욱 그랬다.

노동자들은 스스로 생산성이 최적화된 노동자로 변모함으로써 자신의 스트레스를 관리하고자(또한 자신의 가치를 입증하고자) 했다. 하지만 '생산성'은 어떤 모습을 하고 있는가? 경제적 의미에서 생산성은 전체 노동 시간 대비 GDP의 비율이다. 어떤 공장의 전 직원이 주당 40시간을 일하면서 한 해 동안 주당 4000개의 부품을 생산했고 다음 해에 주당 5000개의 부품을 생산했다면, 그들의 생산성은 증가한 것이다. 이 공장의 시나리오에서 노동 시간과 산출물의 숫자 정보를 수집하고, 더 나아가 이들의 생산성을 측정하는 일은 비교적 간단하다. 하지만 급여를 받는 중간 관리자의 생산성은 어떻게 측정할 것인가? 아마도 부하 직원들의 업무로 측정할 것이다. 하지만 그조차도 계산하기 까다로울 수 있다. 사람들은 자신이 많이 일하고 있고, 많은 것을 생산하고 있으며, 그냥 뭔가 많이 하고 있다는 인식을 만들어내야만 한다.

생산성 문화로의 진입이다.

생산성 중심의 문화는 업무 성과에 근간을 두고 있다. 해야 할 일 목록을 만들고 항목을 지워나가고, 메일함에 안 읽은 메일이 없도록 하고, 메모를 써서 보내고, 회의를 소집하고, 무형의 지식 노동 성과를 실체가 있는 것으로 바꾸는 임무 완수하기. 이 중 일부는 목적에 부합하고, 일부는 필사적으로 만들어낸 듯 수상쩍다. 하지만 이런 업무는 모두 노동자들에게 자신이 생산적인 일을 하고 있다는 느낌을 주며, 다른 사람들도 그렇게 느낄 만큼 명백히 겉으로 드러난다.

생산성 문화에는 창의성이 끼어들 여지가 없다. 조직이 실질적으로 더욱 순조롭게 운영되게 하거나 제품의 출시를 실제로 가능하게 하는 사려 깊은 관리와 조언자 역할도 포함되어 있지 않다. 일은 그냥 해치우는 것이다. 임무를 힘들게 완수하고, 일을 쳐내고, 그리고 가장 중요하게는 효율성의 기운을 물씬 풍기는 것이다. 이메일에 가장 먼저 회신하는 사람으로 알려질 것, 그 회신이 지루하고 의미 없는 내용일지라도. 또는 사무실에 늘 붙어 있을 것, 아무도 그게 무엇인지 몰라도 일임에는 틀림없는 뭔가를 하고 있을 것. 효율성과 장시간 노동은 서로 상충되는 것처럼 보이지만, 이것은 이상적인 유연근무 노동자의 양대 기둥이다. 유연근무를 하는 노동자들은 생산성에 과몰입하지만, 생산성을 높여 덜 일하는 대신, 그들은 항상 일하고 있다.

이는 또 이상한 종류의 감각을 양산했다. 지식 노동자가 업무에 전념하고 있다는 가장 간단한 신호는 자리에 있는 것, 그리고 출퇴근이다. 1980년대와 1990년대에 그것은 아침 일찍, 저녁 늦게, 주말에 사무실에 있다는 뜻이었다. 지난 20년 동안 그런 성과는 끊임없이 일할 수 있는 상태, 어느 장소에 있든 그 장소에서 일하고 있음을 입증하는 것으로 확장되었다. 곧 있을 회의에 관해 한밤중에 이메일을 보낸다거나, 토요일 오후에 프레젠테이션 자료에 의견을 남긴다거나 하는 모든 일들은 근무 시간 외에도 얼마나 많은 업무가 행해지고 있는지 입증하는 방법들이었다.

이런 태도 일부는 1980년대와 1990년대를 지나는 동안 미국에서 기업 임원직을 두루 차지했던 투자은행 경영진이나 컨설턴트들에게서 비롯되었다.[10] 이들의 직장에서는 일에 많은 시간을 쏟을수록 업무에 헌신적이라고 이해하는, 치열한 업무 경쟁이 표준으로 받아들여졌다. 그리고 그들은 현재 운영을 돕고 있는 회사에서도 직원들의 기여도를 판단할 때 (무의식적으로라도) 동일한 잣대를 적용했다. 그 직원들은 사무실 근무 시간에 대한 보수가 훨씬 적었는데도 말이다. 이런 패러다임 아래 양질의 업무와 효과적인 관리 업무에서 말로 표현되지 않는 속성 중 아주 많은 부분이 자연스럽게 내버려졌다. 메모를 많이 쓰지 않았다면, 일주일에 70시간을 일하지 않았다면, 산책 중에 최고의 생각을 떠올렸다면, 이 모든 건 이론적으로 좋은 일이고 더욱 양질의 업무 성과를 낼 수도 있다. 하지만 생산적으로 보이지는 않는다.

컨설턴트들이 가졌던 불안감은 생산성 문화의 일부만을 해명할 수 있다. 그 같은 강박의 상당 부분은 일자리가 없어진 동료들의 업무까지 소화해야 하는 어려운 과제에서부터 비롯되었다. 타자를 치고 서신, 일정, 걸려오는 전화를 처리했던 비서직이나 행정 보조직의 행정 사무일 수도 있고, '정리 해고 대상'이 될 동료들의 전담 업무나 거래처 응대일 수도 있다. 하지만 얼마나 자기 자신을 최대치로 활용해야 이전에 두 명이 맡았던 업무를 해낼 수 있을까? 어쩌면 세 명, 네 명의 일을?

생산성 문화에 관한 책들, 앱들, 교묘한 발언들은 매력적인 해결책을 내세웠다. 자기 자신을 더 빠른 처리 속도, 더 빠른 인터넷 연결, 더 큰 메모리 저장 공간을 갖춘 업무용 컴퓨터로 만들 수 있는 청사진이 여기 있다고. 그 방법이란 때로는 단지 더 많은 시간을 업무에 투입하는 것이었고, 때로는 직장에서, 지역 사회에서, 가정에서 다른 이들이 요구하는 바를 못 들은 척하는 방법을 익히는 것이었다. 그래야 표면적으로나마 생산성이 밝게 빛날 수 있었다.

그레그의 관점에서 보면, 『성공하는 사람들의 7가지 습관』 같은 생산성 바이블은 "노동자들이 직무 역량을 키우는 데 필요한 고독과 무자비함을 더욱 대담하게 해낼 수 있도록 단련시키는 훈련의 한 형태"로 기능했다.[11] 그러나 그런 바이블이 보여준 또 다른 가르침은 만족, 또는 만족에 근접한 태도였다. 유연근무를 시행하는 회사에서 생활은 시시각각 변하는 요구, 목표, 미래의 급여 및 복지 혜택에 대한 기대치로 불안정할 수 있다. 하지만 성공하는 직장인은 그런 상황에 적응할 수 있는 이들이다. 그러니 유연하게 대처하고 최대한 낙관적인 태도를 유지하라. 성공의 원동력은 회사가 안정성을 제공하는 것이 아니라, 노동자가 안정성 부재에 대한 태도를 수정하는 것이었다.

불만족하거나 불행한 직원이 결국 비용이 더 많이 드는 직원이다. 해마다 여론조사 회사 갤럽은 '몰입(engagement) 부족'이 업무에 미치는 영향에 관해 광범위한 조사 결과를 발표한다. 이는 직원들에게 다양한 진술에 대한 동의 정도를 묻는 열두 가지 문항을 통해 측정된다. "나는 직장에서 내게 기대되는 것이 무엇인지 알고 있다." "직장에서 내 의견이 중요한 것 같다." 갤럽이 설정한 '몰입' 개념은 직원들 스스로가 업무에 얼마나 많은 시간과 노력을 쏟고 있는지를 나타내는 척도이며, 또한 관리자나 리더가 그들에게 얼마나 많은 시간과 노력을 쏟고 있는지를 나타내는 척도이기도 하다. 2019년의 조사 결과, 미국 노동자 중 52 퍼센트가 "업무에 몰입하지 않는다."라고 답했으며, 18퍼센트는 직장에서 "적극적으로 몰입하지 않는다."라고 답했다.[12] 이런 종류의 몰입하지 않음은 기업에 해마다 수백만 달러의 손실을 입힐 수 있다. 몰입하지 않는 직원들은 생산성이 낮을뿐더러 회사에서 물건을 훔치거나 동료에게 "부정적인 영향을 미치"거나 고객을 쫓아버릴 가능성이 높기 때문이다.[13] 그러므로 기업들은 이런 설문 조사 같은 통계에 겁을 먹고서 웰니스 프로그램이나 사내 커뮤니케이션에 비용을 쏟아붓고, '팀 빌딩(team-building) 활동'을 수립하고, 말 그대로의 해피아워를 주관하고, '행복 전문가'의 컨설팅을 받는다. 직원들을 '몰입하게' 해서 말하자면 '생산적'이고 '행복한' 상태를 유지하게 하려는 것이다.

　　사회학자 에드가르 카바나스(Edgar Cabanas)와 에바 일루즈(Eva Illouz)는 이런 전략들이 실제로는 직원들의 행복(행복은 이미 지극히 주관적인 개념이다.)을 증대하려는 게 아니라고 주장한다. 대신에 그것들은 "개인이 경쟁적인 업무 환경에서 실적과 자발성을 높여서 조직의 변화와 멀티태스킹 요구에 대처하며, 유연한 행동을 늘리고 감정 표현을 관리하고, 새로 부여되는 더 많은 도전 목표들을 추구하고, 유망한 기회들을 알아보고, 폭넓고 풍부한 사회적 관계망을 구축하고, 실패하더라도 긍정적이고 생산적인 방식으로 이유를 찾아 개선하도록 지원"하는 역할을 한다.[14] 카바

나스와 일루즈의 설명에 따르면, 이상적인 "행복한" 직원은 그들의 "회복탄력성(resilience)"으로 정의된다. 이때 회복탄력성은 모든 역경, 모든 지원 삭감, 모든 일시 해고, 모욕, 더 적은 보상으로 더 많은 일을 하라는 요구를 "뜻밖의 놀라운 자기 계발 기회"로 삼는 능력이다.

이것이 완전히 정상적이고 이의 제기의 여지가 없는 것으로 느껴진다면, 축하한다. 당신은 유연근무 문화의 요구를 성공적으로 내재화한 것이다. 이 문화는 결코 구조적·기업적·문화적인 것이 아니라 개인적인 것이 문제라고 말한다. 유연근무로 인해 "가중된 부담"은 "불평등하게 배분되었다."라고 테크 분야 고용 연구자 캐리 M. 레인(Carrie M. Lane)은 썼다. "피고용자는 무한히 변모할 수 있어야 한다. 그러는 동안 고용주는 점점 더 엄격해지고 요구가 많아진 반면, 피고용자인 직원은 봉급 외에는 아무것도 요청할 수 없다. 복지 혜택도, 교육 훈련도, 개인 편의도, 고용 안정성이나 승진 가능성에 대한 보장도 없다."[15] 고용주가 져야 하는 최소한의 책임(이를테면 노동의 대가로 임금 지불하기)이 자비로운 행동으로 포장되어왔다. 노동자들은 임금을 받을 권한이 있다고 느껴서는 안 되며, 그 대신 고마워해야 한다.

그런 이상을 달성하고 유지하기 위해서 해마다 얼마나 많은 일을 해야 했는지, 얼마나 규율을 잘 따라야 했는지 생각해보자. 몸이 아파도, 마음이 슬퍼도, 돌봄을 해야 해도 제대로 허용되지 않는다. 휴가를 낸다면, 다른 사람이 그보다 더 유연하게 근무할 수 있음(따라서 더 가치가 있음)을 입증할 기회가 될 뿐이다. 결속력이라고는 찾아볼 수 없고, 억지로 뽑아낸 네트워킹이 있을 뿐이다. 회사의 요구에 대한 저항은 없으며, 유일하게 보일 수 있는 것은 회사에 순응할 수 있는 능력이다. 말도 안 되게 개인주의적이고 상당히 무지막지하게 세상에 접근하는 방식이다. 그것이 바로 유연근무가 우리에게 요구하는 바다.

유연성이라는 이상은, 비용 절감 조치와 경쟁력 강화 수단으로 받아들여지면서 우리를 실제 실적보다도 업무 성과와 행복에 더욱 매달리는 노동자로 변모시켜왔다. 앞으로 어떻게 하면 노동자와 조직 양쪽 모두 실질적인 이득을 얻을 수 있는 진정한 유연성을 장려하는 기업 문화를 조성할 수 있을까? 좋은 출발점으로 삼을 만한 몇 가지는 다음과 같다.

얼마나 많이 일해야 하는가

코로나 팬데믹 이전에 한 친구는 밤 9시부터 11시 사이(아이들을 재운 뒤 남편이 옆에서 TV를 시청하는 동안)의 시간을 확보해두곤 했다. 친구 말로는 "진짜 내 일을 할 수 있는" 시간이었다. 엄밀히 따지자면, 그 친구는 아침 9시에 사무실에 도착해서 정규 근무 시간 동안 일하고, 큰아이를 어린이집에서 데려오기 위해 오후 5시쯤 퇴근했다. 하지만 근무 시간 내내 회의가 잡혀 있었고, 일부는 다른 일들보다 더 중요했다. 주의를 기울여야 하는 업무, 집중력이 필요한 업무를 처리할 수 있는 유일한 때는 매일 밤 집에서 일하는 추가 두 시간 동안이었다.

월급을 받는 노동자들에게 근무 시간 외 추가 업무는 오랫동안 자신을 증명하는 방법이었다. 일찍 출근하고, 늦게 퇴근하고, 주말에도 회사에 나온다거나 업무의 성격에 따라서는 일거리를 집으로 가져가기도 했다. 뒤에서 길게 살펴보겠지만, 노트북, 인터넷, 스마트 기기의 확산으로 옮겨 다니며 업무를 하기가 훨씬 쉬워졌다. 업무는 가능한 한 많은 시간을 채우도록 확장되었고, 디지털 기술은 서서히 효율적으로 생활의 점점 더 많은 시간을 업무에 할애하게 만들었다.

하지만 이 모든 디지털 테크놀로지는 더 효율적으로, 나아가 더 적게 일하게 해주는 대신에 대개는 사람들이 더 많은 일을 하도록 했다. 시간이 지나면서 그런 정도로 일하는 것은 초과라고 생각되지 않는다. 집에서 두 시간을 더 일한 것은 다른 사람들보다 돋보이는 방법이 아니라, 표준일 뿐이다. 그저 따라잡는 것이고 제자리걸음 하는 것이다. 대부분의 경우 그것은 보상받지 못하는 노동이기도 하다.

관리자는 직원이 규정된 근무 시간 외에 얼마나 많은 시간을 일했는지 알 수도 있고 모를 수도 있다. 하지만 많은 이들이, 심지어 대부분은 물어볼 생각이 없다. 관리자들은 할당한 업무에 얼마나 많은 시간이 걸리는지 알고 싶어 하지 않는다. 그리고 대부분의 노동자들은 얼마나 많은 시간을 일했는지 명확히 알지 못한다. 이 문제는 부분적으로 근무 시간 바깥에서 벌어지는 업무의 많은 부분이 계량화하기 훨씬 더 어렵다는 점에 있다. 그리 오랜 시간이 걸리지는 않지만 어느 정도는 항상 이뤄지고 있는 이메일 확인. 방해받지 않고 생각할 시간 30분 정도를 확보해두는 일. 나중에 찾아볼 수 있는 방식으로 문서를 정리하는 일. 발표 자료에 오타가 없는지 네 번째로 확인하고 발표 연습을 하는 일 등등.

멀리사 그레그는 『사적 영역에 틈입하는 노동(*Work's Inti-*

macy)』이라는 책에서 대침체의 여파를 겪는 호주 노동자 수십 명의 직장 생활을 연구했다. 스마트폰, 값싸고 이동성이 좋아진 노트북, 와이파이의 지속적인 확산으로 재택근무는 어느 때보다 수월해졌다. 그레그는 디지털 테크놀로지가 중산층의 일 강박(이 부분은 뒤에서 더 논의하겠다.)을 '완성한' 책임이 있을 뿐 아니라, 중요한 "기능 변형(function creep)"으로 이어졌다는 점을 밝혀냈다. "처음 시작할 때에는 감당할 수 있을 것 같았던 업무량이 더 큰 기대와 책임으로 쌓이는 것으로 나타나지만 인식되지 않고 있다." 그레그는 이렇게 썼다. "그리고 집에서 하는 업무가 계속 눈에 띄지 않는다면, 앞으로도 결코 인식되지 않을 것이다."[16]

많은 직원들에게 업무를 집으로 가져올 수 있는 능력이라는 건, 완전히 별개의 시간제나 정규직 직원에게 할당되었을 업무까지 자신이 흡수해버리는 것이나 마찬가지다. 때마침 금융 위기 이후에 가까스로 일자리를 지켜낸 사람들은 해고된 동료들의 임무까지 맡아야만 했다. 이런 상황에서 재정비할 이유를 찾으려는 회사는 거의 없다. 같은 비용에 더 적은 인원으로도 업무가 돌아간다면, 망가지지도 않은 것을 왜 바꾸겠는가?

문제는 당연하게도 노동자들이 망가지고 있다는 점이다. 망가진 결과가 눈에 띄기까지는 여러 해가 걸리겠지만, 분명히 그렇게 될 것이다. 최근 일어나고 있는 원격근무로의 전환은 우리가 얼마나 많은 업무를 처리하고 있었는지 알아차릴 수 있는 귀한 기회가 될 것이다. 집에서 은근슬쩍 이루어지는 업무와 대비되는, 사무실에서 했던 '공식적인' 업무만이 아니라 전체 업무 말이다.

그러므로 잠깐 멈추고 자기 일에 대해 이렇게 한번 해보자.

이런 일은 자체 감사, 또는 목록 만들기, 또는 분석이라고 생각될 수도 있지만, 자기가 하는 일에 대해 스스로에게 정말로 솔직해지는 건 중요하다. 슬랙에서 '자리를 지키는' 데 몇 시간을 쓰고 있는가? 얼마나 많은 시간을 메일함을 확인하는 데 쓰고 있는가? 매주 몇 시간씩을 회의(또한 어떤 유형의 회의)에 쓰고 있는가? 디지털 캘린더가 있어서 한 가지 다행인 점은 특정한 주에 얼마나 많은 시간을 회의에 썼는지(그리고 어떤 성격을 띤 회의였는지) 쉽게 추적해볼 수 있다는 점이다. 실제로 그렇게 해본다면 어떨까? 그것을 도식화할 하나의 방법은 다음과 같다. 핵심 업무가 무엇이든 얼마나 많은 시간을 그 업무에 할당하는가? '핵심'을 정의하기는 까다로울 수 있지만, 일주일에 모든 업무를 완수할 시간이 열 시간뿐이라고 할 때 최우선으로 처리해야 하는 일이다. 판매 수치일 수도 있고, 발표나 프로젝트일 수도 있고, 연구 보조금 초안일 수도 있다. 매일 컴퓨터로 어디에 시간을 쓰는지 점검할 수 있는 프로그램도 있다. 하지만 디지털 감시 기능은 딱 그 정도만 알려줄 수 있다. 결과를 보고 멋쩍을 것 같아도, 우리가 시간을 어떻게 써왔는지 파악해야 한다.

업무 결과물이 대개 가시적으로 잘 드러나지 않는 관리자들에게는 이 일이 특히 어렵게 느껴질 수 있지만, 결정적으로 중요한 일이다. 매일 시간을 어떻게 쓰는지 생각해보자. 모두가 같은 장소에 있는 순간을 즐기기 때문에 회의를 소집하는가, 아니면 각각의 회의에 구체적인 목적이 있는가? 당신이 소집하는 회의는 직원들에게 도움이 되고 있는가, 아니면 당신이 손쉬운 방법으로 정보를 다운로드하는 자리일 뿐인가? 질문에 대한 답이 주로 당신에게 도움이 된다는 거라면, 아마도 당신이 남들에게 떠넘기는 제3의 관리 업무로 더 많은 업무를 만들어내고 있는 것이다. 그건 당신 잘못이 아니다. 보여주기식 업무가 더 많은 보여주기식 업무를 양산하는 흔한 함정의 일부다.

얼마나 많은 업무를 실제로 하고 있는지 파악해보면, 그 업무가 어디에서 어떤 방식으로 완수되어야 하는지에 대해 생산적인 대화를 시작할 수 있다. 관리자나 임원이라면, 그 결과를 팀원들과 공유할 수 있다. 이러한 시나리오에서 당신은 생산성을 체크하려는 게 아니며, 직책을 없앨 기회를 찾는 게 아니라는 점을 명확히 하고 그 약속을 지켜야 한다. 그렇게 하지 않으면 사람들이 얼마나 많은 시간을 실제로 업무에 투입하는지를 속이도록 부추기게 되며, 애초에 우리는 그런 문제 때문에 이 자체 감사를 진행하고 있다.

일단 자체 감사를 완수했다면, 자기 자신에게 몇 가지 질문을 해볼 수 있다. 어떤 업무가 실제로 가장 중요한가? 어떤 업무가 부차적이거나 불필요하거나 완전한 낭비인 것처럼 느껴지는가? 같은 팀의 다른 사람이 더 효과적으로 해낼 수 있는 업무는 무엇이고, 내가 다른 누구보다 효과적으로 할 수 있는 업무는 무엇일까? 우리는 약 700명의 노동자를 대상으로 한 설문 조사에서 응답자들에게 이 과정을 약식으로 진행해달라고 요청했다. 많은 이들이 "자기들의 실제 업무"로 분류한 일을 하는 데는 아주 일부의 시간만 쓴다는 사실을 알게 되었다. "해야 할 일이 항상 있는 편입니다. 하지만 솔직히 제가 하는 일 대부분은 일주일에 30시간이면 해치울 수 있을 겁니다." 시애틀의 한 데이터 분석가는 이렇게 말했다. "일주일에 35시간 미만으로 제 일을 할 수 있습니다. 아마 아침에 몇 시간, 오후에 몇 시간만 하면요." 런던의

IT 컨설턴트도 이에 동의했다. 하와이의 한 테크니컬 라이터는 일주일에 "집중해서 아주 생산적인 업무를 하는 건 몇 시간"뿐이라고 인정했다.

다음으로 해야 할 일은 실제로 일하는 시간을 '실제 업무'를 하는 시간에 가깝게 맞추는 방법을 알아내는 것이다. 그러려면 하고 있는 일에 우선순위를 매겨야 할 것이다. 그 우선순위는 전통적인 근무 시간 동안 하는 일인지, 남들이 보는 데서 하는 일인지가 아니라, 업무 완수에 실제로 중요한 일인지를 기준으로 삼아야 한다.

이쯤에서 직무 기술서를 다시 살펴보고 그 내용이 요구되는 일과 실제로 일치하도록 변경해볼 만하다.(이 내용은 다음 장에서 좀 더 깊이 살펴보겠다.) 동료나 관리자의 명시적인 동의 없이 혼자서 자기 직무를 재고하고 있다면, 직무 기술서는 업무 습관을 더 유연하게 바꾸기 위한 대화를 시작하는 중립적인 방법이 될 수 있다. 이건 제 직무 기술서입니다. 그리고 이건 제가 제 시간을 실제로 어떻게 쓰고 있는지 파악한 겁니다. 제 직무 기술서를 바꿔야 할까요, 아니면 제가 집중하는 일을 바꾸어야 할까요?

어떤 사람에게는 여전히 이런 대화가 어려울 수 있다. 하지만 그게 일과 중에 자기 시간을 어떻게 배분하고 있으며 어떤 업무에 우선순위를 두는지 더 잘 알 수 없다는 뜻은 아니다. 실제로 어떤 일에 책임을 지고 있는지 자기 자신, 또는 자신의 팀과 합의에 이를 수 없다면, 언제 어떤 식으로 업무를 수행할지를 변경할 수 없다.

고정되어야 하는 업무는 무엇이고
유연해질 수 있는 업무는 무엇인가

조직은 당연히 변화에 저항한다. 이 점을 스스로 되새겨야 한다. 팬데믹 기간 동안 회사는 원격근무로 곤란을 겪지 않았다. 직원들이 모두 차분하고 평범하게 기존 상태를 유지했기 때문이다. 직원들은 곤란을 겪었다. 열다섯 명 규모의 회사조차 항로 변경이 대형 증기선만큼 힘겨울 수 있기 때문이다. 대부분의 기업은 거의 준비되지 않은 상태로, 평상시 업무 흐름을 어떻게 조정해야 할지 지시도 없이 빠르게 사무실을 비웠다. 그 결과는 이렇다. 사람들은 그냥 이전에 했던 일을 온라인상에서 그대로 하려고 했다. 모두가 팬데믹과 그에 따른 스트레스와 대혼란을 견디고 있었기에 업무가 어떻게 바뀔 수 있고, 왜 바뀌어야 하는지를 충분히 생각할 만한 여유가 거의 없었다.

먼저 얼마나 많은 업무를 하고 있는지 알게 되었다면, 어떤 종류의 업무를 '고정적'으로(정해진 시간에 남들과 함께 실시간으로) 해야 하고, 어떤 종류의 업무를 개인 사정에 맞춰 유연하게 할 수 있는지를 알아볼 차례다. 일주일 동안 진짜로 하는 실질 업무량을 구분하기까지 스스로 정말 솔직해야만 했다. 그리고 이제는 다른 면에서 스스로에게 솔직해야 한다. 어떤 종류의 업무가 현재 습관적으로 또는 의례적으로 고정되어 있는가? 사무실 내에서의 소통이 이뤄지지 않아 정말로 아쉬운 점은 무엇인가? 일에 관한 아이디어 중 더 나은 대안이 없다는 이유만으로 붙들고 있는 것은 무엇인가?

가장 좋은 출발점은 바로 회의다. 사무실 생활의 거의 대부분을 차지하는 요소다. 팬데믹 이전에는 사무실에서 일했고 동료에게 아이디어를 구하고자 했다. 슬랙 메시지나 이메일로 하기에 너무 복잡하면, 동료들의 자리에 들러서 잠시 시간을 내달라고 했다. 어떤 이들은 이런 식으로 지나가다가 하는 소통을 정말 좋아하지만, 이런 것이 일에 집중하지 못하도록 방해한다고 느끼는 이들도 있다.

이러한 예상치 못한 자연스러운 상호작용이 사람들이 사무실에 가지 못할 때 주로 아쉬워하는 부분이다. 하지만 사람들이 실제로 아쉬워하는 건 양면적이다. 업무 시간 중에 끼어드는 역동적인 시간을 애타게 바라는 사람들도 있다. 이는 실제로는 사무실 한곳에 지금처럼 오래도록 나와 있을 필요가 없다는 걸 보여주는 증상이기도 하다. 그러나 대부분은 생산적으로 협업하는 대화, 하고 있는 일에 좋은 기분과 활기를 불어넣는 대화를 원한다. 그러나 지나가다가 짧게 하는 회의 자체가 필수적인 건 아니다. 필수적인 건 진짜 아이디어를 도출하고 사람들 간에 소통하는 공간이다. 그리고 그런 공간은 어디에서나 찾을 수 있다. 그런 일이 어디에서 벌어질 수 있는지에 대해 제한적으로 생각하지 않는다면 말이다.

과거 자리에 들러 짧은 회의를 했던 시나리오로 돌아가보자. 아마 동료의 책상이나 사무실 옆을 한 바퀴 돌면서 그가 다른 사람과 이야기하느라 바쁜 모습을 확인했을 것이다. 문제 될 건 없다. 나중에 다시 확인해보면 되니까. 이제 그렇게 하는 게 좀 더 복잡해졌다. 동료에게 전화를 걸어볼 수는 있지만 그들이 다른 일로 바쁜지, 방해가 되는 건 아닌지 알 수 없다. 그런 상황은 불편하다. 선배 직원인 경우라면 특히 더 그렇다. 직장인 사투리대로 '그들의 일정표에 시간을 표시'하기로(미팅을 잡기로) 결심한다. 그날 업무가 끝나갈 무렵 30분이 비어 있다.

약속한 시간이 되어 줌이나 마이크로소프트 팀즈를 켠다. 그리고 한두 사람이 앞에 있던 회의가 길어지는 바람에 3분 늦는다. 가벼운 인사를 나누느라 몇 분이 지난다. 한동안 이야기를 나누지 않았기 때문에 곧바로 회의를 시작하면 무례할 수도 있다. 그들에게 말하려던 아이디어가 생각나고, 그들은 몇 가지 아이디어로 화답한다. 그러고 나면 갈림길이다. 회의를 빨리 마무리하고 다음 회의 전까지 자기 시간을 10여 분 가질지, 아니면 다른 프로젝트에 관해 계속 이야기할지 정해야 한다. 이 시간을 일정표에 표시해두었고 재택근무 중에 한 일과 생각을 분명히 드러내고 싶기 때문에 10여 분을 더 이야기하고, 그러다가 누군가 어색하게 줌을 종료하고 나면 다음 회의에 3분쯤 늦게 된다. 한 후배 직원이 일정표에 표시해둔 회의다.

문제는 이것이 회의가 아니었어야 한다는 것이다. 이 대화가 불필요했던 건 아니지만, 오후 시간을 잡아먹는 다른 회의들 틈에 끼어들어 엄격하게 일정이 잡힌 실시간 회의 형태로 또다시 30분을 잡아먹을 만한 일은 아니었다.

"회의 관련해서는 엔트로피가 있는 거 같아요." 미팅사이언스(Meeting Science)라는 회사를 운영하는 에릭 포레스(Eric Porres)가 말했다. "회의는 걷잡을 수 없이 커져갑니다. 우리는 미팅을 30분이나 한 시간 단위로 잡도록 배웠고 거기에 익숙해져 있습니다. 어떤 회사를 들여다보면 모든 회의를 30분, 60분, 90분 단위로 잡습니다. 우리는 말하죠. 저런, 큰 문제가 있네요. 일을 처리할 시간이 전혀 없군요. 그렇다면 언제 실제로 업무를 하시는 건가요?"

미팅사이언스는 회사의 디지털 일정표에서 풍부한 정보를 모으고, 회의가 끝날 때마다 개인들에게 전송되는 열세 개 문항의 익명 설문 조사와 함께 방금 무슨 일이 벌어졌는지를 분석한다. 회의 안건이 있었는가? 자신이 무엇을 해야 할지 당신은 알고 있었나? 명확한 다음 단계가 있었는가? 회의는 만족스러웠는가? 내가 그 자리에 있는 것이 중요했나? 제시간에 시작했는가, 아니면 늦게 시작했는가?

기업은 엄청난 시간을 회의에 쏟기 때문에 대부분은 회의에서 무슨 일이 벌어지는지, 그것이 직원들에게 미치는 전반적인 효과가 무엇인지 거의 이해하지 못한다. 예를 들어 사람들은 일반적으로 오후 시간에 의사 결정을 잘하지 못한다. 우리에게는 정보를 처리하고 다음에 해야 할 일을 준비할 시간이 필요하다. 그러나 회의 사이에 충분한 시간을 확보하지 못해서 화장실에 갈 새도 없을 지경이다. 아침에 어떤 회의가 5분 늦게 끝나면, 그것이 나비 효과를 일으켜 그날 내내 직원 500명에게 영향을 미칠수도 있다. 5분은 별로 크게 느껴지지 않지만, 회의에 늦게 들어가서 느끼는 쫓기는 느낌이 온종일 쌓이다 보면 엄청난 차질을 빚을 수 있다.

"사람들이 우리 회사와 계약을 맺고, 맨 처음 자기들 데이터를 받아들면, 항상 저절로 욕부터 내뱉습니다." 포레스는 말했다. "자기들이 얼마나 회의를 많이 하는지 모르고 있어요. 측정하지 않고서는 최적화도 불가능합니다. 10월 근무 시간의 75퍼센트가 회의에 쓰였다는 사실을 실제로 알고 나서야 그 문제를 처리할수 있어요. 야근하고 시간이 없고 가족과 보낼 여유가 없는 게 당연하다는 걸 깨닫죠. 수면 다음으로 시간을 가장 많이 잡아먹는 것이 수많은 회의입니다."

어떤 회의는 정말 중요하다. 미팅사이언스에 따르면, 대개 참석을 요청받는 회의 중 약 20퍼센트는 그렇다. 어떤 회의는 이메일이나 전화로 대체할 수도 있다. 어떤 회의는 사실 그냥 두 사람 사이의 대화라야 한다. 다른 여덟 명을 청중으로 앉혀두고 두 사람이 대화를 나눌 일이 아니다. 어떤 사람은 회의 소집을 자기가 중요한 사람이라는 걸 과시하는 방법으로 생각하지만, 실제로는 모두가 그 사람을 원망하게 만드는 방법이다. 어떤 회의들(팬데믹 때까지 인기를 얻고 있었던 이른바 침묵의 회의 같은 것)은 실제로는 그냥 시간을 확보해서 사람들이 어떤 문서, 발표 자료, 보고서를 정말로 읽고 그에 관해 아주 간략하게 이야기를 나누는 것이었다. 일과 시간이 너무나 많은 회의로 꽉 차 있어서 그렇게라도 하지 않으면 할 수 없었기 때문이다.

테크 기업 휴고(Hugo)는 회의 일정과 기록을 한데 묶어 고객사들이 일주일에 몇 번이나 회의를 하는지 점검한다. 예상했겠지만 팬데믹 기간 동안 회의 횟수는 다음과 같이 나타났다. 1월부터 5월까지 평균 횟수는 주 12회에서 약 15회까지 늘어났다가, 여름 동안 약 14.5회로 살짝 내려갔다. 하지만 9월 초 회의 횟수는 다시 늘어나기 시작했고, 11월에는 일주일에 평균 16.5회가 되어 주중 매일 3회 이상 회의를 하는 셈이었다.(마이크로소프트 팀즈 데이터를 보면 이 같은 회의의 급증은 전 세계적이다. 2020년 2월부터 2021년 2월까지 팀즈 회의 시간 평균값은 35분에서 45분으로 늘어났다.)[17]

휴고 사용자들은 원격근무를 하면서 회의를 더 많이 하기 시작했고, 자녀들이 등교를 재개하자마자 그 횟수는 다시 급등했다. 사람들은 스트레스가 심해질수록 더 많은 회의를 소집했다. 회의는 대개 프로젝트나 특정한 의사 결정에 대해 더 많은 통제권을 갖기 위해서 열린다는 게 흔히 갖는 생각이다. 회의가 많을수록 통제력이 높아지고 그에 따라 스트레스가 줄어들 것이라고 생각하기 쉽지만, 회의가 늘어난다고 스트레스가 줄어들지는 않는다. 과업을 완수하거나 완수한 특정 과업에 대해 명확하고 납득할 만한 피드백을 받는 등 실제로 스트레스 수준을 낮춰주는 일은 회의를 통해 좀체 이뤄지지 않기 때문이다. 오히려 상태를 점검하는 회의, 아무도 아이디어를 내놓을 준비가 되지 않은 아이디어 회의, 다음 회의를 위한 회의가 기본이다. 이 모든 회의는 우리의 일과 시간을 잡아먹으며, 하는 일 없이도 우리가 자신을 비롯하여 사람들의 필요에 융통성 있게 대처할 수 없는 상태에 빠뜨린다.

휴고나 미팅사이언스 같은 회사는 사람들이 조직 안에서 얼마나 많은 회의를 하고 있는지 되돌아보게 하고, 더 나은 회의를 할 수 있게 돕는다. 예를 들어 미팅사이언스는 사람들이 20분 및 50분 단위로만 회의 일정을 잡을 수 있게 하며, 개별 직원들의 일정표에서 과도한 회의가 개인의 준비 상태와 스트레스 수준에 뚜렷한 영향을 미치기 시작해 과부하가 걸리는 지점을 찾아낸다. 이 모든 것이 중요하다.

하지만 그렇다고 해서 모든 회의를 없애야 한다거나, 예상을 벗어난 회의가 회사 전체의 실패를 알리는 신호라는 뜻은 아니다. 우리가 참여했던 가장 훌륭하고 생산적인 어떤 회의들은 한 지점에서 시작해서 예상치 못한 완전히 다른 지점에서 끝났다. 지나치게 자세한 분석과 최적화를 하다 보면 일에서 활력과 뜻밖의 재미를 쥐어짜 없애버릴 위험이 상존한다. 그렇기 때문에 반드시 회사의 도움이 필요하지는 않지만 균형감은 필요하다. 정기적인 회의는 여러 해 동안 해온 것이라 해도 백일하에 검토되어야 한다. 회의의 목적을 이해하는 데 그칠 게 아니라, 어떤 회의가 해당 목적을 달성하는 최선의 방법인지를 먼저 이해해야 한다.

많은 회사들이 업무를 완수하는(그리고 바쁨을 과시하는) 주된 형태로 회의에 너무 의존해온 탓에 대안을 떠올리기 어려울 지경이다. 아니면, 대안을 떠올리더라도 대대적으로 신기술을 채택하는 등 너무 기술적으로 앞서가는 듯하다. 그렇지만 해결책 중 일부가 얼마나 구식인지 알면 놀랄 것이다.

룸(Loom)을 예로 살펴보자. 룸의 전제는 진부하다. 이메일이나 슬랙, 불필요한 줌 회의 대신에 룸을 이용하면 짧은 동영상을 스스로 녹화해서 다른 사람에게 빠르게 보낼 수 있다. 이런 식으로 설명하니 재미있으면서도 교묘한 업무용 스냅챗같이 들린다. 그리고 우리도 그렇게 생각했다. 적어도 룸의 콘텐츠 마케팅 담당자 카리나 파리크(Karina Parikh)와 통화를 하기 전까지는 그랬다. 그 통화는 CEO와 실제 인터뷰를 하기 전에 가졌던 일종의 사전 인터뷰였는데, 파리크의 이야기가 훨씬 더 강렬했다.

팬데믹 이전에 파리크는 완전히 다른 회사에서 일했다. 미국 각지의 동물보호소가 입양을 성사시키는 소프트웨어를 이용하려 할 때 지원하는 일을 하는 회사였다. 동물보호소를 운영하는 이들은 대부분 최신 기술에 익숙하지 않다. 그래서 그들에게 소프트웨어로 문제를 해결하는 방법을 일러주는 가장 손쉬운 방법은 전화나 이메일이 아니라, 그들과 비슷한 누군가가 어떻게 문제를 해결하는지 시범을 보이는 실제 동영상, 즉 룸을 만드는 것이다. 룸은 이메일로 전송된다. 사용자는 동영상 재생 버튼을 누르기만 하면 된다.

그러다가 팬데믹이 발발했고, 3월 말에 파리크의 일자리는 없어졌다. 파리크는 휴식을 취하면서 여러 동영상 게임을 섭렵했다. 그러던 어느 날 트위터 타임라인을 보다가 룸 블로그의 편집장인 수재나 메이저스(Susannah Magers)의 트윗을 우연히 보게 되었다. 그것은 룸 형식으로 올라온 구인 광고였다. 메이저스는 한 단락의 글을 써넣는 대신에 구인 광고를 직접 녹화했기 때문에, 파리크는 시간을 들여 지원하기 전이었는데도 메이저스가 어떤 사람인지, 그와 함께 일하면 어떨지 감을 잡을 수 있었다.

파리크가 채용되었을 때, 그는 룸으로(달리 무엇이겠는가?) 환영을 받았다. "제가 경험했던 신규 입사자 교육 과정 중에서 가장 순조로웠어요." 파리크는 설명했다. "제가 일했던 다른 회사들에서는 대개 이랬거든요. 여기, 노트북이요. 온라인에서 봅시다!" 룸으로 하는 '환영'은 사무실에 걸어 들어가서 엄청나게 많은 사람들을 연달아 만나는 것에 비하면 덜 무서웠지만, 채용을 알리는 이메일에 한 무더기의 사람들이 회신하는 것에 비하면 더 친밀한 느낌이었다. 파리크는 자기 일정에 맞춰 동영상을 시청할 수 있었고, 사이사이에 내용을 받아 적었다. 출근 첫날, 파리크는 팀 사람들과 아이스 브레이킹 게임을 했다. 룸을 이용해서 모두가 자신이 무서워하는 것과 우연히 유명인을 만났던 경험을 이야기했다. "슬랙에 접속해서 동료들의 얼굴이 나오는 화면을 보는 것과는 아주 달랐어요."라고 파리크는 말했다.

룸은 대면 상호작용의 친밀함을 놓치지 않으면서 그것을 하루 중 언제든 유연하게 적용하고 이용할 수 있도록 지원한다. 사무실에 있는 누군가에게 보여주고 싶은 아이디어가 떠올랐다면? 룸을 이용하라. 소프트웨어 업데이트 방법이나 새로운 도구 사용법을 시연하고 싶다면? 룸으로 시연하라. 브라우저에 추가 프로그램을 다운로드하고, 언제든 동영상 녹화를 하고 싶을 때 그것을 누르기만 하면 된다. 자동으로 파일이 생성되고, 이메일이나 슬랙과 연동하면 파일을 곧바로 보낼 수 있다.

특정 테크놀로지를 홍보하려는 게 아니라, 텍스트에 기반하지 않는 대화(특히 구석 조그마한 칸에 뜨는 자기 모습을 보지 않아도 되는 대화)를 목청 높여 지지하려는 것이다. 동영상은 수많은 이모티콘으로는 표현할 수 없는 방식으로 어조와 분위기를 전달한다. 결국 우리 두뇌는 얼굴 표정 같은 시각적·청각적인 단서를 사용해서 말에 맥락을 더한다. 시각 요소를 이용하면 혼동을 피할 수 있고, 진지함을 드러낼 수 있으며, 무엇보다도 마음을 편안하게 하는 데 도움이 된다. 조직 행동을 연구하는 로더릭 크레이머(Roderick M. Kramer)에 따르면, 재택근무로 시각 요소가 부재하게 되면서 "상황에 대한 불확실성이 악화될 수 있고, 그로 인해 정보를 과잉 작업하게 될 수도 있다."[18] 요컨대 자신이 일을 잘하고 있는지, 곧 해고되는 건 아닌지, 상사를 짜증 나게 하고 있지는 않은지 편집증적인 상태에 빠져들게 된다.

하지만 지속적인 화상 회의도 해결책은 아니다. 2000년대 초반의 전화 회의로 돌아가는 것 또한 마찬가지다. 그보다는 그런 상호작용을 필요에 맞게 적절하게 조절해야 한다. 룸은 신규 입사자 교육이나 연수에 아주 유용하다. 하지만 집중적으로 신속하게 이루어지는 커뮤니케이션에는 그다지 적절치 않다. 결국 이 모든 프로그램은 그것들이 대변하는 것, 즉 실질적인 유연성보다는 중요하지 않다. 상태를 점검하는 아침 회의는 슬랙 체크인이 더 적절할 수 있다. 슬랙 체크인은 모든 직원이 자신이 하고 있는 일뿐 아니라 그날그날 도움을 구할 일을 돌아가며 말하는 것이다. 좀 더 실험적인 방식을 원한다면, VR 기기 오큘러스를 이용해 팀 빌딩을 할 수도 있다. 팬데믹이 한창이던 때 룸이 연례 단합대회를 대신해 다 같이 '해적선 만들기'를 진행했듯이 말이다.(VR 단합대회에는 뜻밖의 즐거움이 있었다. 한 공간에 모인 것 같은 느낌이 들었고 사람들에게 '다가가서' 안부 인사를 나눌 수 있었다. 이번 단합대회에서 결점이라면 이런 것이 있었다. 플랫폼에 접속해 있던 아이들 여러 명이 해적선에 돌을 던져댔고, 이제 그것은 회사 전체의 농담거리가 되었다.)

가상현실 직장이라는 게 아주 괴상하게 들릴 수도 있다! 하지만 회의, 주 5일 근무 등 사무실 생활의 일부로 자연스럽게 받아들여 온 거의 모든 것들도 마찬가지다. 팬데믹 이전에 전 세계 기업들은 주 4일 근무제를 다양한 형태로 실험 중이었다. 구체적인 시행 방식은 회사마다 다르지만, 기본 방침은 똑같다. 더 적게 일하면서도 이전과 동일한 급여를 받는다. 그리고 이것은 일부 스타트업이나 밀레니얼 세대에 집중된 부가 혜택이 아니다. 가장 대중적이고 성공적으로 주 4일 근무를 시행한 회사로, 뉴질랜드에 있는 아주 견실하고 아주 전통적인 방식의 신탁관리 회사인 퍼페추얼가디언(Perpetual Guardian)이 있다.

퍼페추얼가디언이 처음 주 4일 근무 프로그램을 시행했을 때, 일부 직원은 월요일에 쉬었고 일부는 금요일에 쉬었고, 또 다른 직원들은 주중에 하루를 쉬고 싶어 했다. 어쨌든 갓 입사한 신입 직원부터 최고참 관리자까지 모두가 주 4일 근무를 했다. 그 효과는 놀랄 만큼 뚜렷이 나타났다. 2개월간 시범 시행이 끝난 후에 생산성은 20퍼센트 증가했고, '워라밸' 평가 점수는 54퍼센트에서 78퍼센트로 상승했다. 주 4일 근무제가 정착된 후에 회사 전체 수입은 6퍼센트 올랐고, 수익성은 12.5퍼센트 상승했다. 다른 실험들도 비슷하게 놀라운 성과를 냈다. 일본 마이크로소프트는 주 4일 근무를 실시해서 생산성을 40퍼센트 높였다. 주 4일제를 시행하는 영국 기업 250개를 조사한 2019년 연구 결과, 이 기업들은 9200만 파운드(약 1500억 원)를 절감했으며, 그중 62퍼센트에서 직원들의 병가 일수가 줄어들었다.[19]

팬데믹 기간 동안 버퍼(Buffer, 현재 7만 5000개 넘는 브랜드가 사용 중인 소셜미디어 캠페인 도구를 개발한 회사)는 주 4일 근무제로 전환한다는 극적인 결정을 내렸다. 2020년 4월 회사는 직원들을 대상으로 설문 조사를 벌여 가족 또는 자기 돌봄에 가장 큰 장벽은 무엇이며, 회사가 어떻게 하면 그것을 없애거나 완화할 수 있을지를 물었다. 12퍼센트가 더 많은 유급 휴가를 바랐고, 24퍼센트가 근무 시간 단축을 선호했으며, 40퍼센트가 주 4일 근무를 시행해보고 싶다고 답했다.

그래서 버퍼는 주 4일제 시범 운영을 시작했다. "주 4일 근무제 도입은 웰빙과 정신 건강을 위한 것이고 인간적으로 우리 자신과 가족을 우선시하려는 것입니다." 버퍼 CEO 조엘 개스코인(Joel Gascoigne)은 이렇게 설명했다. "장보기가 훨씬 더 큰 과제가 되었으니 장 보러 가기에 적당한 시간을 고를 수 있는 겁니다. 자녀 교육을 책임져야 하는 상황에 놓인 부모들이 자녀와 더 많은 시간을 보낸다는 거고요. 더 적은 시간에 동일한 생산성을 얻으려는 시도가 아닙니다."[20]

그럼에도 생산성은 올라갔다. 직원들은 주 5일 근무와 비슷한 수준이거나 그 이상으로 생산적이라 느꼈으며, 직원들의 스트레스 수준도 개선되었다. 여기에는 개발자들과 엔지니어들도 포함되었다. 실제 코딩에 쓰는 시간은 (제품 코딩은 3.4일에서 2.7일로, 모바일 및 인프라 코딩은 3.2일에서 2.9일로) 줄어들었지만, 실제 작업량을 나타내는 '생산성 영향력'은 크게 증가해서 모바일 및 인프라의 경우 두 배로 늘어났다.[21] 버퍼는 이런 상태가 지속 가능한지 알아보기 위해 시범 운영을 6개월 더 연장하기로 했고, 2021년 2월에는 주 4일제를 공식적으로 채택하기로 결정했다.

주 4일 근무는 원격근무와 대면근무의 병행을 모색하는 기업들이 추구하는 바와는 살짝 다른 해법이다. 하지만 원칙은 궁극적으로 동일하다. 주 4일제를 채택한 기업은 중요한 업무의 우선순위를 정하는 방법을 찾았고, 궁극적으로 작업량을 줄일 가능성을 제시했다. 하지만 사람들에게 생산성을 높이기 위해 노력하라고 말하기만 하면 되는 간단한 일이 아니었다. 일본 마이크로소프트의 시도를 보면, 모든 회의 시간을 30분 미만으로, 회의 참석 인원은 최대 다섯 명까지로 제한했다. 다섯 명이 넘는 사람이 참석해야 할 때는 회의가 아닌 발표로 진행해야 한다는 논리가 있었다.

퍼페추얼가디언에서는 사무 공간에 작은 깃발들(빨강, 노랑, 초록)을 꽂아두고, 개인들이 자기가 대화를 나눌 수 있는 상태인지 표시할 수 있게 했다. 그리고 사무실을 전체적으로 개편해서 사람들이 계단을 오르내리느라 허비하는 시간을 절감했다. 이들은 직원들이 휴대폰(더 나아가 집중을 방해하는 것들)을 넣어둘 수 있는 보관함을 제공했다. 그러자 인터넷 서핑 시간이 35퍼센트 감소하는 효과를 보였다.[22] 하지만 가장 중요한 변화는 리더십과 관련 있었다. 관리자를 포함한 모든 직원을 이 프로젝트에 참여하게 했고, 다른 사람의 시간을 낭비하는 일을 줄이겠다는 데 다같이 동의했다. 그러지 않으면 시나리오 전체가 망가질 수 있다는 점을 모두가 이해했다. 무신경한 사람이 단 한 명만 있어도, 회의가 계획에서 이탈하거나 메일함이 꽉 막히거나 업무 흐름이 계속 방해받을 수 있을 테니까. 따라서 퍼페추얼가디언은 처음 주 4일 근무 계획을 발표했을 때, 관리자가 있는 각 팀 단위로 어떻게 하면 주 4일 근무가 각자의 업무 특성에 맞게 제대로 돌아갈지 아이디어와 전략을 제시하도록 했다. CEO가 직원들에게 어떻게 하라고 지시하는 것이 아니라, 직원들이 CEO에게 어떻게 자신들이 주 4일 근무제가 굴러가게 할지 알리는 방식이었다.

주 4일 근무가 가져온 진짜 혁신은 그 밖의 계획에 따른 유연근무제와 마찬가지로 가짜 생산성을 진정한 조직 차원의 협업으로 의식적으로 바꾸는 데 있다. 이 전략이 주 4일 근무를 시행하는 회사들에서 효과적으로 작용해 하루를 아낄 수 있었던 것이다. 여러분의 회사에서는 비즈니스와 직원들의 생활 리듬에 맞춰 아침이나 한낮에, 또는 2시 이후 아무 때고 시간을 아낄 수 있다. 이것이 마법처럼 느껴진다면 이 전략이 진짜로 신비롭다거나 신비로움을 가장하고 있기 때문이 아니다. 당신이 그만큼 업무가 이뤄지는 방식에 관한 경직된 이해를 철저히 내면화하고 있다는 의미다.

팬데믹으로 인해 많은 조직들이 어쩔 수 없이 그 어느 때보다 더 유연해졌다. 사무실의 현상 유지에 핵심적인 요소들(업무가 어디에서 어떤 방식으로 행해져야 하는지에 대한 관념들)이 임의적이라는 점이 갑작스레 밝혀졌다. 그러나 사무실에서든 남들 앞에서든 우리가 이전에 따랐던 방식 중 일부는 그럴 만한 이유가 있었다는 점도 알게 되었다. 그렇다면 관건은 정직함을 기르기, 지나치게 완벽을 추구하는 형식적이고 부자연스러운 행동을 그만두기, 그리고 그 둘 간의 차이를 보는 상상력이다.

경계선이 아닌 가드레일 설치하기

데이지 다울링(Daisy Dowling)에게 메일을 보내려는 사람들은 대개 막다른 골목에 다다른 상태다. 다울링은 주로 (그의 표현 그대로) "늘 오랜 시간 일하고 있지만 애정이 넘치는 부모도 되고 싶어 하는, 대단히 야망이 넘치고 아주 헌신적이면서 극도로 열정적인" 사람들을 상대한다. 많은 사람들이 그렇듯 언제나 모든 것을 이루려고 분투 중인 이들이다. 그러다가 그들은 부모 역할에 집중하는 커리어 코칭을 받으러 다울링을 찾아온다.

다울링은 팬데믹 이후로 고객들이 거의 실존적인 위기에 새롭게 맞닥뜨렸다는 것을 알게 되었다. "사람들은 재택근무가 자기가 안고 있는 문제를 해결할 묘책이라고 생각했죠." 그는 말했다. "상사가 재택근무를 허락한다면, 걱정하던 문제들이 모두 해결될 거라고요."

재택근무(적어도 팬데믹 기간 동안의 재택근무)의 현실은 그들을 그런 환상에서 깨어나게 했다. 하지만 그들은 재택근무가 명확하고 구체적인 기술이라는 점을 아직 이해하지 못했다. "사람들은 파워포인트 발표를 하거나 도면을 그리는 것은 배우고 실습하고 피드백을 받는 식으로 계속 배워나가야만 하는 기술이라고 생각하죠." 다울링은 말했다. "하지만 아무도 재택근무가 기술이라고는 진지하게 생각하지 않습니다. 배우지도 않고, 문제로 다루지도 않죠. 그냥 이런 겁니다. '집에서 노트북으로 접속하세요.' 그 정도로는 충분하지 않은데 말입니다."

누군가 사무실에 들어서는 순간, 그에게는 즉각 해야 하는 일의 본보기, 즉 일이란 '어떤 모습인지'가 주어진다. 이전에 직장에 다녀봤을 수도 있고 부모가 직장에 대해 이야기해주었을 수도 있다. 곧바로 직장 분위기를 이해하게 되고, 시간이 지나면서 기업 문화도 이해한다. "누가 가르쳐주지 않아도, 저절로 배우는 거죠." 다울링은 우리에게 이렇게 말했다. "반면에 재택근무를 하면, 완전히 고립됩니다."

다울링의 설명에 따르면, 문제의 큰 원인은 관리자들이 이런 교육을 해본 적이 없다는 것이다. 많은 이들에게 재택근무는 처음 겪는 일이다 보니, 관리자들과 똑같은 문제로 힘겨워할 가능성이 높다. 하지만 문제의 핵심은 여전히 똑같다. 기대 수준이 설정되지 않았거나 명확하지 않고, 경계가 모호하며, 커뮤니케이션은 원활하지 않다. 직원들은 하루에 16시간에서 18시간씩 일과 양육을 병행하면서 비참하고 피로에 찌들고 비생산적인 모습으로 변해간다.

아침에 몸을 일으키자마자 제일 먼저 업무부터 하는가? 왜 아니겠는가? 금요일 밤에도 업무를 하는가? 달리 할 일이 뭐가 있겠는가? 주말에도 내내 일하는가? 물론이다. 주말이 뭐지? 패러디처럼 들리겠지만, 그렇지 않다. 2020년 추수감사절에 한 동료가 우리 캘린더에 시간을 표시했다. "여행을 떠나거나 가족들과 시간을 보낼 계획 없잖아요." 그는 반쯤 농담처럼 말했다. 어떤 사람들은 전통적인 업무 시간 동안 육아에 빼앗긴 시간을 벌충하느라 연장 근무를 했다. 그리고 어떤 사람들은 회사의 재무상태가 곧 위기에 처할 것이고, 대량 해고가 임박해 있다는 공포에 시달렸다. 다른 사람들은 따분하게 시간을 보내거나, 아니면 격리 상황을 활용해서 경쟁에서 치고 나가려는 의욕을 앞세우다가 함께 일하는 동료들에게 걸었던 기대를 망각해버렸다.

팬데믹이 진행되는 동안 어떤 회사들은 사무실 직원들을 일시적으로 또는 영구적으로 해고했으며, 다른 회사들은 일시적인 임금 삭감을 시작했다. 하지만 대다수 조직들에서 사람들이 우려하던 경제적 종말은 닥치지 않았다. 그렇지만 정신없었던 처음 몇 달 동안에는 닥쳐올 경기 침체 정도를 포함해 모든 것이 불분명했다. 우리가 스스로를 지켜내기 위해 시도한 주된 방법은 생산성과 헌신성을 입증하는 것이었다. 이전 불황기에 이 두 가지는 얼마나 오랜 시간 사무실에 있었는지로 입증될 수 있었다. 하지만 아무도 당신을 볼 수 없는 상태라면, 얼마나 열심히 일하고 있는지 어떻게 모두에게 보여줄 것인가?

한 가지 답은 맡은 바 업무를 정확하게 완수하고 제시간에 제출하는 것이다. 하지만 기진맥진하고 불안한 상태의 팬데믹 두뇌(pandemic brain, 코로나바이러스와 같이 공존해야 하는 생활 때문에 기능이 축소되었다고 여겨지는 두뇌 상태─옮긴이)가 받아들이기에는 너무 단순한 해법이다. 스트레스로 일에 집중하기가 어려워지고, 이런 어려움은 기진맥진하고 불안한 상태에 빠진 다른 이들의 팬데믹 두뇌가 보내오는 이메일과 메시지가 늘어나고 회의 소집 횟수가 늘어나면서 더욱 가중된다. 사람들은 일을 충분히 하지 못한 것

같으니 더 많은 시간을 일해서 이를 메우려고 한다. 하지만 그 시간들은 산발적이고, 피로와 음주와 그 밖에 집중력을 분산시키는 일들로 인해 업무 효율성이 떨어진다. 늘 반쯤 일하고 반쯤 일하지 않는 것처럼 느껴지는 둔주(遁走) 상태에 말도 안 되게 쉽게 빠져든다.

밤이 되면, 관리자가 당신에 대해 어떤 생각을 하고 있을지 상상하느라 머릿속이 시끄럽다. 팀즈에서 관리자가 질문했을 때, 점심 준비를 하던 중이라 바로 대답을 못 하고 시간이 조금 걸렸는데, 내가 농땡이를 부리고 있었다고 생각하지는 않았을까? 내 일은 더 많은 이메일을 보내거나, 그룹 채팅에 더 많이 참여해서 더 많은 시간을 투입하는 걸 보여주겠노라고 계획한다. 또다시 다른 업무를 추진해서 이전에는 업무와 무관했던 생활의 구석구석까지 일로 채우겠노라고 결심한다.

나쁜 소식이 있다. 일단 이 경계가 해체되고 나면, 다시 되살리는 일은 말도 안 되게 어렵다. 어떤 사람들은 이런 이유로 개인 휴대폰 번호를 인사팀 외에는 직장 내 누구에게도 알려주지 않거나 휴대폰에서 회사 이메일을 꺼놓는다. 업무가 일상의 한 부분을 차지해버리고 나면, 그것을 몰아내는 데 정말이지 결연한 노력이 든다. 경계선은 더 이상 제 역할을 하지 못한다. 우리에게는 가드레일이 필요하다.

가드레일은 경계선과 개념적으로 중대한 차이가 있다. 경계선은 토지 경계선처럼 중립적이고 가변적인 경계 표시로 생각되기 쉽다. 우리의 모든 시간을 업무로 채우려고 압박하는 거대한 트럭과는 맞상대가 되지 않는다. 이와는 달리 가드레일은 우리에게 보호가 필요하다는 점을 감안하여 설치된다. 우리가 취약하고 제멋대로라서가 아니라, 오늘날의 일을 견고하게 떠받치는 힘, 특히 성장과 생산성에 대한 강박이 무차별적으로 파괴적이라서다. 이 힘은 우리의 최선의 의도마저 무력화하고, 우리를 불안정하게 만들어서 권력을 얻는다.

경계선은 개인의 문제지만, 가드레일은 구조의 문제다. 예를 들어 사무실을 포함해 '어디든 원하는 곳에서 언제든 원할 때 일하면 된다'고 모두에게 말한다면, 관리자들이 하는 방식으로 일하거나 사무실에 자주 모습을 보이는 사람들이 일에 더 헌신적이라고 여겨지게 될 가능성이 꽤 높다. 하버드 경영대학원 교수 프리스위라지 초드리(Prithwiraj Choudhury)는 이렇게 지적했다. "회사 전체가 원격근무를 하지만 고위직 임원들은 사무실에서 일하는 경우라면, 중간 관리자들은 이 임원들과 대면할 기회를 얻기위해 줄서기를 할 것이다."[23]

가드레일이 없다면, 오래된 사무실의 위계는 스스로 재생산될 것이다. 돌봄 책임이 없는 특권을 누리는 사람이 그런 책임을 분담하고 있는 사람보다, 더 꾸준하게 대면 상호작용을 즐기는 사람이 그런 일이 피곤하다고 느끼는 사람보다 우위에 있다. 팬데믹 이후 유연근무는 그저 이전과 똑같은 커다랗고 불명확한 일덩어리가 되어 늘 유리한 자리에 있던 사람에게 똑같이 유리하게 작용할 것이다.

하지만 다른 방법도 있다. 지난 1999년에 스탠퍼드대학교 조직관리론 교수 크레이머는 조직에서 신뢰가 어떻게 형성되고 유지되며 파괴되는지 조사했다. 과거 연구들을 살펴보니 패턴이 감지되었다. 직장이 작동하는 방식에 관해 명시적 규칙이 있으면 조직 내에서 높은 수준의 "상호 신뢰"를 조성하는 데 도움이 되었다.[24] 공정하게 시행되는 분명한 규칙은 조직에 가드레일이 된다. 사람들에게 책임을 묻고 처벌하는 방법만이 아니라, 기업 문화를 형성하는 구조적 요소가 된다는 뜻이다.

문제는 업무와 관련된 경계선에 관하여 그러한 규칙들, 가이드라인들, '모범 사례'들이 여러 해에 걸친 기업들의 질적 저하 탓에 휭하니 빠져나가버렸다는 것이다. 직원들에게 '워라밸'을 제공한다고 주장하는 기업들이 정확히 반대되는 이상을 염두에 두고 채용이나 승진을 진행한다. 업무 외의 의무가 적은 사람일수록 이상적이다. 하지만 회사가 전달하는 메시지에 감히 토를 달려는 사람은 없다. '균형'과 '경계선'이란 단어는 회사가 기업 문화에 관해 하는(이메일이나 직원들에게 하는 말을 통한) 거짓말의 일부가 되면서 결국 의미를 완전히 잃어버린다.

이는 물론 유해한 기업 문화다.(이에 대해서는 2장에서 상세히 얘기해보려 한다.) 대부분의 기업에서 이런 문화는 어떤 형태로든 계속된다. 회사가 핵심 가치를 선언하고 나서 실제로는 이를 실현할 정책을 제정하고 시행하지 않을 때 그런 일이 벌어진다. 이런 경우 희미해지는 경계선에 저항하는 일은 전적으로 직원의 몫이 된다. 일이 개인의 생활을 침범하지 못하도록 가드레일을 유지하는 일은 당신의 과업, 당신이 혼자서 해야만 할 일이다. 실패할 경우, 기업 문화나 관리자 탓이 아니라 당신 탓이다. 당신은 일련의 규칙을 정하고 따르지 못했다. 어느 누구도 그 규칙을 따르고 있지 않더라도 말이다.

하지만 어렵게 얻어낸 경계선을 어떻게든 지켜냈다고 해보자. 회사의 요구를 거절하는 데 문제가 없다고 해보자. 조직에서 높은 위치를 차지하고 있으며 특권을 누리고 있다면, 잘해낼 수 있을지도 모른다. 그런 자리에 있으면서도 잇속을 못 챙긴다면, 당신은 얼간이다. 팀 페리스(Tim Ferriss)가 『나는 4시간만 일한다』에서 제안한 내용이 이것이다. 이 책은 2007년에 처음 출간된 이래 210만 부가 넘게 팔렸다.

이 책에서 생생하고 대담한 자기 자신의 삶을 예로 들면서 페리스가 설파하는 메시지에는 사람을 들뜨게 하는 면이 있다. 간단히 말해, 그는 인생이 이처럼 어려워야만 하는 게 아니라고 말한다. 페리스는 사람들이 삶에서 "일을 위한 일"을 없애고 삶에 의미를 부여하는 일들로 그 시간을 채우는 방법에 대해 유용한 지침 몇 가지를 제시한다.(자부하건대 이 책에서 제시하는 것과 그리 다르지 않다!) 하지만 자신의 사치스러운 라이프스타일을 달성하기 위해 그가 제안하는 전술들은 적절한 사회적 자본이 없거나 조직 내 지위가 불안정한 상태에서 실행하기에는 아무리 봐도 위험하다. 그는 독자들에게 자신의 이기심을 인정하고 직장 상사를 구슬리는 기술을 연마해서 원하는 것을 얻어내라고 독려한다. 그 책의 몇몇 대목에서 그는 부모를 졸라서 원하는 것을 얻어내는 방법을 알고 있는 요령 좋은 응석받이 아이의 이미지를 떠올리라고 한다.

"비싼 걸 얻어내기는 어렵다는 사실을 알아야 한다."라고 페리스는 썼다. "놀이터에서 보냈던 날들을 돌이켜 생각해보자. 언제나 덩치 큰 깡패 같은 아이 하나가 있고 수없이 많은 희생자들이 있었다. 하지만 조그만 아이 하나가 죽기 살기로 덤벼들면서 방벽을 때리고 흔든다. 그 아이는 이길 수는 없을지도 모른다. 하지만 전력을 다한 싸움을 한두 번 주고받고 나면, 덩치 큰 아이는 상대를 괴롭히지 않기로 한다. 괴롭힐 다른 상대를 찾는 게 더 쉽다. 그런 아이가 되자."[25]

　페리스의 책을 읽다 보면 카타르시스를 느낄 수 있다. 업무 환경 때문에 좌절을 겪거나 번아웃에 빠진 상태라면 더더욱 그렇다. 전략적으로 생산성을 억제해서 재택근무 시범 시행일에 더 많은 성과를 내라고 하는 대목에서는 구역질 나는 조작질에 헛웃음이 절로 나온다. 페리스 수준의 생산성을 내려면 해야 할 일을 인정사정 볼 것 없이 남들에게 떠넘겨야만 하며(페리스는 한 절 전체를 할애해서 하찮은 업무를 노동력이 싼 해외에 있는 개인 도우미들에게 아웃소싱하는 방법을 설명한다.) 끊임없이 올바른 행동의 수위를 넘나들어야 한다. 거의 백인 남성만이 구사할 수 있는 전략인 셈이다.

　경계선은 이론적으로는 효과가 있을 수 있지만, 조직 내에서 특권을 누리는 일부에 한해서만 그렇다. 대다수 직원에게는 지속 가능한 선택지가 아니다. 상위 직급이 아니거나 여성이거나 유색인이거나 장애인이라면 특히 더 그렇다. 이런 사람들이 경계선을 지키려고 노력할 경우, 까다롭고 냉담하고 잘 동조하지 않는다거나 무서운 '밀레니얼 세대다운', '팀워크가 결여된' 사람이라는 직장 내 평판을 얻게 된다. 승진에서 누락되거나 결국에는 해고될 수도 있다는 뜻이다. 일주일에 4시간만 일해서는 이런 문제에서 벗어날 수 없다. 필요한 건 구조적인 해결책이다.

　지난 2016년에 프랑스에서는 엘콤리(El Khomri)법이라고 알려진 법안이 통과되었다. 직원 수 50명이 넘는 회사의 직원이라면 공식적인 업무 시간 이후에 이메일을 보내거나 회신하지 못하도록 금지하는 법이다. 프랑스는 다른 많은 유럽 국가들과 마찬가지로 미국에 만연해 있는 강박적 '직업 윤리'에 오랫동안 저항해왔다. 이들은 하루 일정에서 식사와 휴식에 충분한 시간을 갖는 식으로 이에 맞섰다. 주간 일정에 35시간의 근무 상한선을 두고, 연간 일정에는 5주간의 유급 휴가를 두어 이에 맞섰다. 이 모든 정책이 자리를 잡은 건(그리고 노조의 노력으로 유지되고 있다.) 이 나라의 노동자들이 게을러서가 아니라, 이들이 개인의 일은 개인의 인생과 등가가 아니라는 자신들의 신념에 충실하기 때문이다. 이런 정책들은 가드레일이다. 정책을 따르지 않는 것은 사회적인 결례 정도가 아니라, 소송에 걸릴 수 있는 범법 행위다.

이메일과 온라인을 통한 연락이 이 가드레일을 넘나들고 있다는 사실이 분명해졌을 때, 사회 지도자들은 이 사안을 개별 기업 또는 기업 내 개인들에게 맡겨서는 정말로 '국가적 목표'인 이런 제재를 달성할 수 없다는 점을 인식했다. 법을 제정하여 자본주의 성장의 관성을 늦출 수는 있지만, 완전히 저지할 수는 없다. '임원'이라면 주 35시간 근무 상한선을 어겨도 된다. 그런데 임원이 아닌 노동자들이 규칙을 상시 위반했다. 2016년 연구 결과를 보면, 프랑스 노동자 중 71.6퍼센트가 주 35시간 이상 근무를 했다.[26] 엘콤리법은 적어도 현재의 형태로는 실효성이 없다. 직원 수 50명이 넘는 회사 직원 100명 이상을 대상으로 조사한 2018년 연구에 따르면, 조사 참여자 중 97퍼센트가 이 법이 발효된 2017년 1월 이후 이와 관련한 변화를 목도한 바가 없다고 답했다.[27] 근본적으로 노동법(code du travail)인데도, 기업이 이 규정을 위반하더라도 실질적인 처벌이 따르지 않는다.

프랑스 재계를 규제하려는 여러 시도와 마찬가지로, 이번 입법도 프랑스가 급속히 팽창하고 있는 글로벌 시장의 일부라는 점을 이해하지 못했다. 다국적 기업들은 기존 근무 시간 외에 처리해야 하는 업무가 제각각이었다. 또 오후 6시처럼 특정 시간 이후 업무 이메일을 엄격히 중단시키면, 오랫동안 돌봄 의무가 없는 이들만 누릴 수 있는 특권이었던 표준 근무 시간을 고정시키게 된다. 프랑스인 직원 하나는 이렇게 설명했다. "제게 아이가 있다면, 저는 일찍 퇴근해서 아이를 학교에서 데려오고 함께 시간을 보낸 후에 오후 늦게 다시 일을 시작하는 편이 더 좋을 겁니다. 오후 6시 이후에 이메일에 접속해서는 안 된다고 하면, 어떻게 그럴 수 있겠어요?"[28]

이 법은 일과 생활을 구분하는 가드레일을 새로 설치하려는 것이다. 그러나 너무 설득력이 없고 융통성도 없어서 현재의 업무 현장에서 실현하기 어렵다. 하지만 이 실패가 남긴 유용한 교훈이 있다. 단순히 옛날식으로 업무를 복원하는 것만으로는 직원들을 보호할 수 없으며, 어떤 정책을 발표하는 것만으로는 아무런 관행도 바꿀 수 없다. 진짜 가드레일은 새롭게 실현되는 유연근무를 토대로 구축되어야 한다. 이를 제대로 구축하는 것도 말도 안 되게 어렵지만 이를 유지하는 건 엄청나게 더 어렵다. 그리고 이것이 유지될 수 있는지 여부를 좌우하는 건 존중이다.

직장에서 우리는 "시간 내주셔서 감사합니다."라고 말하며 대화나 회의, 이메일, 업무 요청을 시작할 때가 많다. 대부분은 동료의 시간을 진정으로 존중하고 싶어 한다. 하지만 우리는 보통 간결함만으로도 존중하는 거라고 생각한다. 마치 불필요한 회의나 숨은 참조 이메일로 상대방의 시간 10분을 빼앗는 대신 5분만 빼앗는다면 상대를 훨씬 더 존중하는 것처럼 말이다.

다른 사람의 시간을 존중하려면 세심함과 소양이 요구되며,

정책과 실행에 신중하게 접근해야 한다. 많은 팀 단위 정기 회의가 여러 해 전에 자리 잡은 것이다. 그 회의를 만든 사람은 더 이상 관리자가 아닐 수도 있으며, 회의는 종종 다소 임의적인 시간에 소집된다. 아마 회의를 만들 때만 해도 팀원 모두에게 적당한 시간이었을 것이다. 하지만 사람들의 근무 일정이 훨씬 더 유연해진 현재 시점에서는 팀의 필요에 별로 부합하지 않는다.

남을 존중하려면 어떤 회의가 유용한지, 하루 중 어느 때가 적당한지, 그 형태는 어떠해야 하는지를 지속적으로 고려해야 한다. 이메일도 마찬가지다. 이것은 이메일로 보내야만 하는 사안인가? 지금 보내야만 할까? 내가 지금 당장 이 이메일을 받는다면 어떤 기분이 들까? 내 이메일이 동료의 시간을 더욱 존중할 수 있도록 제때 메일함에 도착하게 하려면 어떻게 해야 할까?

테크 기업 프런트(Front)는 프랑스 여성 마틸드 콜랭(Mathilde Collin)이 설립한 회사다. 콜랭은 이메일을 그냥 없애버릴 수는 없지만, 이메일을 보내는 일에 대한 다른 사람들의 사고방식을 근본적으로 바꿀 수 있다는 걸 깨달았다. 사용자들은 프런트를 통해 업무 흐름, 채팅, '다음 업무(next steps)'를 이메일에 통합할 수 있다. 예컨대 수만 통의 고객 서비스 이메일을 응대하는 회사라면, 직원들이 서로에게 책임과 조치 및 후속 조치를 위임할 수 있다. 이 시스템에서는 직원 한 명에게 한 번에 '배정하는 업무'의 숫자를 제한하고, 정해진 시간(가령 공식적인 업무 종료 시간 15분 전) 이후로는 추가 업무 배정이 되지 않도록 할 수 있다.

이는 고객 서비스 업무 흐름을 관리하는 도구로 유용하다. 그렇지만 더욱 흥미로운 점은 프런트가 자사 내부에서 자기들 프로그램을 사용하는 방식이다. 프런트의 직원들은 자기 메일함을 원천 봉쇄할 수 있다. '부재중' 상태라면 받은 메일은 곧바로 지정된 수신자에게 전달된다. "이건 부재중 상태에 대한 제 생각을 완전히 바꿔놓았어요." 프런트의 홍보 임원인 헤더 매키넌(Heather Mackinnon)은 이렇게 설명했다. "다른 누군가가 이메일을 받아서 실제로 처리할 거라는 걸 알고 있죠."

많은 이들이 휴가를 갈 때 '부재중' 자동 회신을 설정해놓는다. 하지만 여전히 우리는 쌓이는 이메일을 확인할 수 있다. 여전히 "간단한 질문 하나만 할게요."라고 요청하는 문자, 전화, 메시지를 받는 처지에 놓일 수 있다. 받은 메일함을 계속해서 확인해야 할 것 같은 압박을 느낄 수도 있다. 휴가에서 돌아오면 얼마나 많은 업무가 기다리고 있을지 두렵기 때문이다. 하지만 프런트는 힘의 장(場) 역할을 한다. 당신의 업무에 그어놓은 경계선을 존중하지 않는 사람들이 있다 해도 당신에게 연락이 닿기 전에 되돌려 보내는 것이다.

많은 이들이 업무에서든 업무가 아닌 생활에서든 스스로에게 이야기한다. 내가 하지 않으면 그 일이 저절로 되어 있지는 않을 것이라고. 하지만 그건 대개 자기 충족적 서사다. 다른 사람들이 뭔가 하도록 실질적으로 허용하지 않는다면 내가 없어도 실제로 일이 되어 있을 거라는 신뢰를 쌓을 여지가 없다. 자기 스스로를 어떤 과정에 필수적인 존재로 여기면 실제로도 그렇게 된다.

그런 마음가짐의 많은 부분은 그저 직장 불안정성에 대응하는 오래된 메커니즘일 뿐이다. 필수적인 존재가 되는 건, 적어도 이런 사무직에게는, 불황기 동안 자기 자신을 지키는 보호막을 구축하는 일이다. 그것은 두려움과 절망에 바탕을 두고 구축된 생존 전략이다. 그리고 이런 전략은 모두를 비참하게 만들지만,

보호막을 쌓은 본인이야말로 가장 비참하다. 프런트는 이메일을 개인이 짊어지는 부담에서 공동 분담의 과업으로 완전히 바꾸어 놓을 수 있다는 점에서 정말로 유용하다. 하지만 그렇게 하기 위해서는 동료들을 정말로 신뢰해야 하고, 업무 과정에서 자기만의 핵심 역할을 소중히 여기는 마음을 덜어내야 한다.

그뿐 아니라 이 과정에는 부수적인 효과가 따른다. 하고 있는 일이 어느 정도 진행되고 있는지, 그 일이 남들에게 어떤 영향을 미치는지 훨씬 더 잘 이해하게 된다. 회사 전체가 이메일에 대한 이런 '힘의 장' 접근 방식을 채택한다고 해보자. 휴가에 대한 기업 문화가 생겨나기 시작한다. 휴가를 내려는 사람은 누가 자기의 업무 부담을 덜어줄 것인지 더 잘 알게 된다. 이들은 다른 사람들이 시간을 내주는 데 더 고마워하게 되며, 또한 이상적으로 다른 이의 시간을 더 존중하게 된다. 서로 더 잘 협동하고, 돌보고, 존중하면서 일의 책임을 이관할 수 있을 것이다. 더 중요하게는, '방어막'이 있다면 직원들은 자신의 요청이 다른 사람들에게 부담을 지울 수 있다는 사실에 더 유념하게 될 것이다. 최고의 효과는 다른 직원들에게도 동료들의 시간을 잡아먹는 자기의 요구 사항들을 검토하게끔 만드는 것이다.

뒤에서 논의하겠지만, 적절한 자원 없이는 신뢰를 구축할 수 없다. 또한 우리가 위반하면서 오랫동안 보상을 누려왔던 그 경계선을 없애고, 그 자리에 회사 차원의 가드레일을 설치하지 않는다면 신뢰는 유지될 수 없다. 가드레일을 뛰어넘는 것이 개인을 차별화하는 수단으로 보여서는 안 되며, 가드레일을 존중하는 것이 지속적으로 진정 높이 평가받는 자질이어야 한다.

이 같은 존중의 구조를 재정립하는 과정을 어떻게 시작해야 할까? 관리자거나 회사를 경영하는 입장이라면, 혼자서만 효과가 있을 거라 생각하는 아이디어들을 제시해서는 안 된다. 팀원을 실질적으로 보호해줄 가드레일을 세우기 위해서는 규모가 크든 작든 팀원들과 논의를 거쳐야 한다. 가드레일은 업무의 성격이나 업무를 하는 사람들에 따라 팀별로 달라질 수 있다. 어떤 팀은 구글 캘린더에 오후 4시 이후로는 미팅을 잡는 것 자체를 불가능하게 설정할 수도 있다. 다른 팀은 근무 시간 이후에 밀도 있는 커뮤니케이션을 하는 건 괜찮지만, 이메일 수신은 반드시 정해진 업무 시간 내에 이뤄져야 한다고 정할 수도 있다. 누군가 휴식 시간 중에 일하려 한다면, 잘못을 지적해야 한다. 그런 일이 일어나게 내버려두면 그런 행동을 정상적인 것으로 여기게 된다. 휴가를 냈다면, 일하지 않는 것이 해야 할 일이다. 어떻게 하면 팀원들이 휴가도 일상 업무만큼 진심으로 받아들이도록 적극적인 목표를 설정할 수 있을까? 정책이 무엇이든 빈말뿐인 '제안'에 그쳐서는 안 되며, 직원들의 자발적인 협조를 얻어야 한다.

명확히 해두자면, 이것은 정말 어려운 변화 가운데에서도 한 차원 더 어려운 변화다. 가드레일 유지하기는 어렵고도 지속적인 작업이다. 특히 너무나 많은 구습과 일에 대한 낡은 발상이 가드레일을 약화시키려 든다. 그러나 일에서든 인생에서든 진정한 유연성을 얻기 위해서는 가드레일이 필요하다.

한 세대를 낙오하게 두면 안 된다

키얼스틴은 팬데믹이 한창이던 때 대학을 졸업했고, 곧바로 불안정한 구직 시장에 뛰어들었다. 그는 정부 계약 업체에 신입직을 어렵사리 찾아냈다. 업체는 안전하게 재택근무를 하도록 허락했다. 출근 첫날에도 떠들썩한 입사 축하는 없었다. 그냥 자기 노트북을 열고 끝없이 이어지는 교육 과정을 줌으로 이수하기 시작했다. 키얼스틴이 기억하기로 그 교육들은 유용했다. 하지만 너무 공적이라서 사람들과 친해질 기회는 거의 없었다. 심지어 신입 동기들 사이에서도 그는 동떨어져 있다고 느꼈다. "저는 그저 줌 화면만 들여다보면서 우리가 친구가 되기를 바랐어요." 그는 이렇게 말했다. "하지만 우리에겐 교감할 기회가 전혀 없었습니다."

키얼스틴은 시간이 지나면서 일상적인 업무 리듬에 익숙해졌다. 하지만 여전히 자기가 입사한 회사 안에서 이방인이라고 느꼈다. 회사의 원격근무 정책은 좋게 봐도 마구잡이식이었다. 직원들은 채팅할 때 구버전 스카이프를 사용했다. 줌 회의에서는 거의 모든 동료 직원들이 카메라를 꺼두었다. 입사 후 몇 달이 지나도록 키얼스틴은 다른 직원들을 채팅 아바타와 목소리로만 분간할 수 있었다. 한때 그는 직장 및 상사 평가 사이트인 글래스도어(Glassdoor)에서 자기 회사에 대한 글을 '과도하게 찾아다니며 보기' 시작했다. 기업 문화가 어떤지 알아보고 싶었기 때문이었다. 그는 붕 떠 있는 듯했고, 온전히 배우지 못했고, 자신감이 없었다고 스스로 인정했다. 다른 직원들로부터 배울 방법이 없었다. 새 일자리를 시작부터 원격근무를 하는 것도 문제지만, 직장생활의 시작 자체를 그런 식으로 하게 되는 것은 더욱 큰 문제다.

"대면 환경에서 헤쳐나가는 방법에 대해 제가 익혔던 그간의 모든 기술들이 원격근무로 사라져버린 걸 알고 충격을 받았죠." 키얼스틴은 이렇게 말했다. "이제 그런 기술들이 하나도 통하지 않아요." 키얼스틴만 그런 것이 아니다. 우리는 이 책을 쓰는 동안 젊은 직장인들로부터 팬데믹 동안 겉도는 느낌을 받았다는 이와 비슷한 이야기를 들었다. 모두 취직된 데 감사해했지만, 많은 이들이 낙오되고 보이지 않는 존재가 되었다고 느꼈고, 어떤 경우에는 자기 일을 실제로 어떻게 수행해야 하는지 확신하지 못했다. 사무실 바깥에서 일할 수 있도록 회사의 업무 흐름을 조정하는 동안 젊은 직장인들을 멘토링하는 정책을 다듬는 데 시간을 쏟는 사람은 거의 없었다. 많은 이들이 자기만의 소파에 갇혀 난해한 이메일과 슬랙 화면에 뜬 이모티콘을 해독하려 애썼다.

신참이라면 누구나 그렇듯이 대부분은 일을 망치는 걸 두려워하며 나이브하게 들릴지 모르는 질문을 하게 될까 망설인다. 이미 실패하고 있는 걸까 봐 두려워하기 때문이다. "저는 일을 시작하고 처음 몇 년 동안 습득하는 소프트 스킬(soft skill, 팀워크, 커뮤니케이션, 문제 해결, 리더십, 시간 관리 등 대인관계를 원활하게 하는 기술. 업무를 진행하면서 다른 사람과의 일상적인 상호작용을 통해 습득하는 경우가 많으며, 외국어, 프로그래밍, 학위 등의 하드 스킬에 비해 정량화하기 어렵다.─옮긴이)의 많은 부분을 놓치고 있다고 생각해요." 아일랜드에 살고 있는 22세 하지크는 우리에게 이렇게 말했다. 그는 다른 직원들과 어울리는 게 거의 불가능하다는 걸 알게 되었고, 팀장이나 같은 팀 팀원들에게 가볍게 질문할 자신감이 부족했다. "제가 관리자 바로 옆에 앉아 있었다면, 잠깐 대화를 나누고 넘어갈 수 있었겠죠." 그는 말했다. "하지만 슬랙으로 관리자에게 말을 걸어서 물어보는 건 잘 안 하게 되어요. 그 순간에 뭘 하고 있는지 모르니까요. 근무를 해가면서 배우는 부분이 엄청나게 줄어들었어요."

키얼스틴은 사무실에 발을 들여본 적이 없었다. 직장 생활이 추상적인 관념처럼 느껴졌다. 때로 정말 채용된 건지조차 확신이 들지 않는 지경에 이르렀다.(물론 채용되었다.) 더 큰 문제는 키얼스틴의 표현을 빌리자면, 동료들과의 대화가 "즉각적인 업무 관련 목표물을 얻기 위한 정보 교환"으로 제한되면서 그의 일이 전적으로 거래처럼 느껴진다는 점이었다.

이런 경험의 일부는 팬데믹으로 곤란에 빠진 탓으로 돌릴 수도 있겠다. 많은 조직들이 재택근무라는 비행기를 만드는 동시에 비행을 시도해야 했기 때문이다. 하지만 자기 주도적인 일정, 너무 수다스러운 동료와의 거리 두기, 사무실 가십이나 정치에서 벗어나기 등 진정한 유연근무의 특전 중 많은 부분이 젊은 직원들에게는 불리한 여건이 될 수 있다. 원격근무를 해야 하는 젊은 직원들의 근무 중 교육을 돕기 위해서 기업들이 의도적으로 체계적인 멘토링 프로그램을 만들지 않는다면, 한 세대를 낙오하게 할 위험을 무릅쓰는 셈이다.

우리는 이 책의 많은 부분을 할애해 사무실에서 자연스럽게 오가는 대화와 소통이 실제보다 근사하게 부풀려져 있다고 주장했다. 하지만 가십, 퇴근 후 한잔, 보디랭귀지가 한데 어우러져 신규 입사자에게 어떤 식으로든 행동 규준을 알려준다는 것도 알고 있다. 한담, 잠깐의 대화, 관리자가 사무실을 지나다니는 경로를 관찰하는 일. 사소해 보이지만 이런 것들이 한데 모이면 그 어떤 회사 매뉴얼보다도 훨씬 가치가 있다. 그러나 그런 측면을 원격근무나 재택근무 환경에 적용할 수 없는 것도 아니다.

표류하거나 고립된 직원들이 우리에게 들려준 거의 모든 이야기에는 동일한 근본 원인이 있었다. 선한 의도를 가진 관리자들은 사무실에서의 일을 집으로 억지로 쑤셔 넣으며 팬데믹에 맞춘 시스템 안에서 일하느라 기진맥진해 있었다. "제가 합류했을 때, 팀장님은 '아, 우리가 사무실에서 일했다면 밖에서 같이 점심 먹으면서 당신을 더 잘 알아갔을 텐데요.'라고 했죠. 그분은 무언가 빠뜨린 게 있다는 점은 알고 있었지만, 그런 종류의 경험을 대신할 전략은 없었어요." 하지만 키얼스틴은 자신의 팀장이 더 많이 해주지 못한다고 탓할 생각이 없었다. 팀장도 원격으로 입사한 신규 직원 관리에 대한 어떠한 지원이나 실습도 받지 못한 게 분명했다.

팬데믹이 끝나기 직전에 정부 연수를 시작한 중견 변호사 조에게 원격근무는 이미 원거리에 있던 관리자가 완전히 사라진다는 의미였다. 그는 팬데믹 이전에 자신의 상사가 "몹시 바빠 보이고 그 점에 대해 끊임없이 미안해하는 사람"이었다고 설명했다. 이들이 사무실을 벗어나면서 상황은 더욱 악화되었다. "저는 그분한테서 완벽하게 사라진 존재가 되어버린 기분이 들었어요." 그는 말했다. 키얼스틴과 마찬가지로, 조는 자기 상사가 잘못했다고 생각하거나 상사에게 나쁜 감정이 들지는 않는다. 그도 팬데믹 초기에 육아 문제까지 겹쳐 힘겹게 지냈을 게 분명했다. 하지만 조의 사무실은 팬데믹이 시작되었을 때 원격근무에 맞춰 일과나 업무 흐름을 조정하는 공식 계획을 마련하지 않았기 때문에, 상사의 힘겨운 분투가 조에게까지 영향을 미쳤다.

원격근무 첫 주에 조의 상사는 중간 점검 일정을 취소하고 나서 새로운 일정을 잡지 않았다. "우리는 몇 달이 지나도록 다른 연수생들과 이메일을 주고받지 않았어요. 그동안 딱 한 번 전화로 이야기했을 뿐이죠. 함께 하는 회의는 전혀 없었습니다." 마지막 날에도 퇴직 면담이나 퇴직 절차는 전혀 없었다. "마지막 날 사무실에 노트북을 반납하기 직전에 20~30명의 사람들에게 그만둔다고 인사 메일을 보냈어요. 그리고 개인 이메일 주소를 참조로 달아두었는데, 딱 한 명만 답장을 보냈더라고요." 그는 기억을 꺼내놓았다.

이는 의도적으로 설계된 지원 시스템이 부재한 유연근무가 조직 내에서 경험이 가장 부족한 직원에게 어떤 식으로 상처 줄 수 있는지 보여주는 아주 전형적인 사례다. 조의 사무실이 원격 근무 제도를 제대로 시행했다면, 그의 관리자는 자기 필요에 맞게 일정을 조정하거나 업무의 일부를 다른 직원이나 다른 부서에 위임할 수 있었을 것이다. 관리자 본인이 지원을 더 받았다면, 아마 멘토링할 시간이 없다고 휘하 직원들 관리를 얼렁뚱땅 넘어가려 하지는 않았을 것이다. 조직은 분명한 인사 정책과 절차를 정교화해서 지침이 부족한 직원이 편안하게 의견을 제시할 수 있게 할 수도 있었을 것이다. 뭔가 있었다면, 그게 무엇이든 아무것도 없는 것보다는 나았을 것이다.

우리는 직장 생활을 시작한 지 얼마 되지 않은 직원들에게 팬데믹 초기 몇 달 동안 있었으면 하고 바랐던 자원(resource)이 무엇이었는지 물었고, 그들의 답변에는 어떤 회사에든 유용할 만한 아이디어가 가득했다. 가장 중요한 점은 결정적으로 그들이 상사나 성과 평가 담당자가 아닌, 명확히 구분된 멘토를 원했다는 것이다. 한 응답자는 이중 멘토 프로그램을 제안했다. 신규 직원이 선배 직원에게 장기적인 커리어와 관련된 조언을 얻을 뿐 아니라, 회사에서 비슷한 위치에 있는 동료 직원과도 짝을 지어서 더 일상적인 고민에 대한 조언을 받을 수 있으면 좋겠다는 것이었다.

다른 응답자는 직원들이 모여 결속을 다질 수 있는 행사를 더 많이 계획했으면 하고 바랐다. "화상 회의로는 충분하지 않아요." 조는 우리에게 말했다. 하지만 어떤 종류의 결속이 도움이 될지 정확히 설명하려니 어려워했다. "어쩌면 사람들이 이미 하고 있는 일들을 가져와서 직장 내에서 할 수 있게 하는 거죠. 팀 대항 퀴즈 대회, 펜팔, 비디오 게임, 독서 동호회나 영화 동호회 같은 거요. 이렇게 쓰다 보니 뭔가 바보 같은 기분이 드네요! 하지만 뭐라도 해봐야만 하니까요." 키얼스틴은 결국 자기 회사의 다양성, 형평성, 포용성(Diversity, Equity, Inclusion, DEI) 프로그램에서 동료애를 찾았다. "우리는 첫 모임에서 대부분의 시간을 자기소개를 하고 격리 상황에서의 워라밸에 대해 얘기하면서 보냈어요."라고 그는 말했다. "하지만 따로 시간과 공간을 정해서 프로젝트팀에 속하지 않은 사람들을 만나고, 그들의 업무 성과만이 아니라 개인적인 부분도 알게 되어서 참 좋았어요." 중요한 것은 이런 모임들이 교류와 더불어 감정을 발산하고 공감을 표할 수 있는 안전하고 비공개적인 기회로 주어졌다는 것이다. 이런 것은 직장 동료와의 대면 소통이 갖는 (인정받지는 못하더라도) 가장 주요한 가치다.

초년생들은 화상 모임보다 훨씬 더 확장된 체계를 갈망했다. 이들은 다른 직무가 어떻게 돌아가고 있는지 더 잘 이해하기 위해서라도, 다른 팀 선임자들과의 화상 회의에 참석할 기회를 원했다.(대면 회의에서 조용히 옆자리에 앉아 있는 것과 비슷한 것이었다.) 이들은 특정 유형의 사내외 정보 제공 지원을 받을 수 있도록 이메일 템플릿에 접근하고 싶어 했다. 이들은 이메일 답장을 어느 시간대에 하는 게 규범인지 알고 싶어 했다. 한마디로 이들은 직장에서 해야 할 일이 무엇인지, 어떻게 하면 그것을 성공적으로 할 수 있는지 누군가 말해주기를 바랐다. 그런 지침이 금세 답답하게 느껴질 수 있다고 인정한 이들조차 모호한 기대만 있고 아무 지침도 없는 상태에서 헤매는 것보다는 낫다는 데 동의했다.

원격근무를 하면서 배제되었다고 느끼는 사람들과 이야기를 나누다 보니, 멘토링 기회나 지원을 제공하는 단일한 본보기는 없다는 점을 실감했다. 직원들이 재택과 사무실 출근 두 가지 중에서 시간을 나누어 쓸 수 있도록 하이브리드 근무를 시행하는 조직들에서는 이런 문제들 일부를 금세 줄일 수 있다. 더 큰 쟁점들은 사무실에서 며칠을 보내는 것만으로 해결되지는 않는다. 의도적으로 설계를 해야만 해결이 가능하다. 진정한 유연근무는 쉽고 걱정할 일이 없는 것처럼 보일지는 모르지만, 실제로는 세심한 계획과 명확한 커뮤니케이션의 결과물이다. 임박한 일들을 유심히 살펴서 더 악화되기 전에 미리 필요한 것과 문제점을 규명하려 노력해야 한다. 처음에는 몹시 번거롭게 느껴질 수도 있다. 특히 "일단 이전에 하던 대로 되돌려봅시다."라는 게 너무나 명확한 선택지처럼 느껴지는 경우라면 더 그렇다.

하지만 그건 더 이상 선택지가 아니다. 우리는 그 시점을 이미 지나쳐버렸다. 지속 가능한 일의 미래를 제대로 구축하려 한다면, 일군의 직원을 몽땅 배제해서는 안 된다. 그들은 나쁜 습관을 들이게 될 것이고, 게임의 규칙을 재구성하느라 끝없이 시간을 낭비하게 될 것이다. 누군가 그냥 알려주기만 했으면 되었을 텐데 말이다. 결정을 내려야만 한다. 문제가 아예 없는 척함으로써 그 문제가 온갖 유무형의 방식으로 조직에 부담을 지우도록 내버려둘 것인가, 아니면 계획적인 멘토링 프로그램과 체계 등에 투자함으로써 앞으로 이익을 거둘 것인가?

자원을 투여해 '진짜' 변화를 만들자

경계선은 그것을 설정하는 데 비용이 별로 들지 않지만 허물어지기 쉽고 그저 이론에만 그칠 수도 있다. 군건한 가드레일을 구축하는 데는 시간과 비용이 든다. 가드레일 없이는 업무가 개인에게 떠넘겨져 결국에는 개인에게 과부하가 걸릴 것이다. 이는 아무리 강조해도 지나치지 않은 사실이다. 이러한 변화에 얼마간 자금을 투자하지 않는다면, 엉망이 되어버릴 것이다.

앞서 이야기한 프런트의 예로 돌아가 이메일로부터 자유롭게 해주는 일의 잠재적 가능성을 살펴보자. 그것은 직원들이 휴가를 가거나 남을 돌볼 시간을 갖거나 병이나 수술에서 회복할 수 있게 해주는 방법이었다. 어떤 회사에 누군가 단기로든 장기로든 휴가 중일 때 그의 업무를 대신할 직원 수가 충분치 않다면, 결국에는 분노와 과로가 들끓게 될 것이다.

수술에서 회복하기 위해 일주일의 휴가가 필요한 상황이라고 가정해보자. 당신은 동료들이 공백을 채워주고 이메일을 처리해줄 거라고 보장받는다. 하지만 그들은 풀가동 중이라서 추가 업무를 감당할 수 없다. 이메일에 회신이 되지 않거나 불충분한 회신이 간다. 회복해서 업무에 복귀하고 나면, 여러 날을 써서 상황을 수습한다. 어쩌면 병원에서도 이메일을 계속 확인해야 할지도 모른다. 하다못해 상황이 덜 엉망이 되게 하고 동료들에게 수동 공격형 불만을 남기지 않기 위해서라도. 하지만 이건 당신 잘못도, 당신 동료들의 잘못도 아니다. 팀 또는 회사가 휴가에 필요한 자원을 제공하지 못한 것이다.

휴가에 자원을 들이는 데는 두 가지 방법이 있다. 생산성에 대한 기대치를 일시적으로 확실히 낮추는 것이다. 아니면 충분한 인력보다 살짝 더 많은 수를 고용하여 노동력의 일정 비율이 언제든 휴가를 사용하더라도 회사 전체에 과부하가 걸리지 않게 할 수 있다. 많은 회사들이 이론적으로는 이 방식을 택한다. 평균적으로 직원들에게 할당된 업무의 기준치는 말하자면 일과의 80~85퍼센트를 차지해야 한다. 그렇게 해서 동료가 아프거나 장기 휴가를 가거나 하루 휴가를 내는 경우에 15~20퍼센트 일을 더 할 수 있도록 하는 것이다. 우리가 진행한 조사의 응답자 중 다수가 인정했듯이 그들은 대체로 짧은 시간 동안 핵심 업무를 수행해낸다.

그러나 많은 기업들, 그중에서도 특히 최근에 '구조 조정'(흔히 '경비 절감 효율성 조치'를 뜻하는 말로 쓰인다.)을 겪은 기업들은 직원들이 능력치의 100퍼센트에서 200퍼센트 사이로 일하는 것을 기준으로 삼는다. '초과' 노동에 대해서 절대로 비용을 지불하지 않기 위해 대형 유통망에서 주로 채택하는 '적시' 스케줄링(just-in-time scheduling, 고용주가 소비자의 수요에 따라 시간제 및 임금 근로자의 근무 일정을 설계, 공유, 조정하는 스케줄링 방식—옮긴이) 전략의 사무실 버전이다. 알고리즘은 하루와 일주일 단위의 과거 고객 수준을 파악해서 '충분한' 노동을 제공하려면 얼마나 많은 직원들이 필요한지 결정한다. 실제로 이런 식의 일정 계획은 판매 직원들의 정신 건강을 사정없이 파괴한다. 전체 근무 시간 동안 풀가동 상태로 일하는 것은 지속 가능하지 않다. 그리고 알고리즘이 예상하지 못한, 고객이 몰려드는 때가 오면, 고객들은 더 오래 기다리면서 짜증을 더 내게 되고 서비스 품질은 곤두박질치고 스트레스는 치솟는다. 모든 게 엉망진창이 되어버린다.

유통업계에서 보이는 이런 사례에서 교훈을 얻어야 한다. 기존 업무를 간신히 쳐내는 정도로 직원 수를 유지한다면, 이론적으로는 휴가를 허가하지만 어떤 식으로든 휴가 동안 업무 부담을 직원 스스로에게 떠안기는 시나리오를 설계하는 셈이다. 그러면 휴가 중에도 업무 일부를 계속 하려고 하거나, 동료가 더 큰 부담을 떠안거나, 필수 업무의 일부가 이뤄지지 못해 팀원 모두의 업무 속도가 느려질 수 있다.

우리는 전 직장에서 이런 전략이 진행되는 것을 목도했다. 조직이 준비가 안 된 상태에서 너무 빠르게 확장되면서 자금이 과도하게 지출되었고 조직을 축소해야 했다. 인력 감축이 회사 전반에서 시행되었고, 미술, 디자인, 교열처럼 이미 과도한 업무를 감당하고 있던 부서도 포함되었다. 발행하는 기사 수에 대한 기대치를 낮추는 대신에, 각 디자이너와 교열자가 얼마나 빨리 얼마나 많은 기사를 담당해야 하는지에 대한 기대치를 올렸다. 그 결과는 전사 차원의 병목 현상, 일상적인 불만, 그리고 번아웃이었다. 어느 시점엔가는 교열자 단 두 명이 웹사이트 뉴스 면 전체의 오타와 비문을 검토하고 있었다. 한 명이 하루라도 꼭 필요한 휴가를 쓰거나 아프게 되면 웹사이트 전체를 맡아야 하는 부담을 동료 직원에게 지우는 셈이었다. 일이 돌아갈 리 없었고 그들의 삶도 굴러갈 수 없었다.

우리의 전 고용주는 일반적인 린스타트업(Lean Startup, 단기간에 제품을 만들어서 시장의 반응을 측정한 후 다음 제품 개선에 반영하는 것을 반복하며 꾸준한 혁신을 통해 성공 확률을 높이는 경영 방법론. 가설을 세우고 빠르게 실행하고 빠르게 배우고 방향을 계속 수정해나가는 방식이다.—옮긴이) 방식으로 회사를 운영했다. 우리는 '산만하다'는 얘기를 자주 들었다. 그것은 다른 말로 하면 '인력이 부족하다'는 말이었다. 그렇다면 기업은 과소 채용과 과잉 채용 사이에서 어떻게 아슬아슬한 줄타기를 하는가? 인력을 '빡빡하게 운영'하는 것과 20명의 직원들에게 이전에 25명이 나눠 했던 일을 하라고 요구하는 것에는 어떤 차이가 있는가? 다음 장에서 명확히 하겠지만, 기업들은 해마다 수백만 달러를 컨설턴트에게 지급하며 적정선을 찾기 위해 노력하는데, 역사적으로 그 의미는 보통 중간 관리자와 지원 부서 직원을 줄이는 것이다. 그 결과 노동자들은 점차 스스로를 관리해야 하고, 해고자가 본래 맡았던 필수 지원 업무를 하게 되는데, 실제로 채용된 목적에서 벗어난 업무를 하다 보니 형편없이 수행할 때가 많다. 이런 상황을 예측할 수 있는 단서는 이렇다. 업무 시간이 계속 늘어난다. 그리고 정해진 근무 시간 내에 일을 끝내지 못한다면, 또다시 우선순위를 제대로 정하지 못한 당신에게 잘못이 있다는 메시지가 전달된다.

　　미국에서, 특히 노동조합이 없는 직장에서는 이런 종류의 만성적인 인력 부족은 나름의 논리를 갖게 된다. 감원하고도 버틸 수 있다면, 감원해야만 한다. 감원하지 않는다면, 이익을 내버리는 셈이다. 적절한 인력 배치와 유지는 더 나은 업무 환경을 만드는 방법이 아니라, 그저 '부풀려진 상태'일 뿐이다. 직장에서는 인력 부족의 부정적 효과를 상쇄하려는 시도로 경력 개발, 보너스, 복지 혜택, 간식, 우울증 치료견, 헬스클럽 회원권 보조, 회사 굿즈, 해피아워, 명상 앱 접속권 등이 제공된다. 목록은 사실상 끝없이 이어진다. 한 인사 담당자는 우리에게 직원들이 스트레스와 과로에 불평하면서도 복지 혜택들은 전혀 이용하지 않는다는 사실이 늘 놀랍다고 말했다. 하지만 당연하다. 그들에게는 그럴 시간이 없다. 삶의 질을 정말로 개선하는 것은 명상 앱이 아니라, 직원을 몇 명 더 늘리되 업무량은 늘리지 않는 것이다.

인력 감축은 단기적으로는 비용을 절감할 수 있지만 업무 의욕, 창의성, 생산 품질, 품질 유지에 실질적인 영향을 미친다. 직원들이 상호 소통하는 방식이나 외부 세계와 소통하는 방식에도 영향을 미친다. 이는 어떤 식으로든 확산되어 회사의 전반적인 평판이나 구직자를 모집하고 영입하는 역량에 반영된다. 충분히 납득되지 않을지 모르지만, 이직률과 번아웃 비율이 높아지면, 결국 채용과 교육 훈련, 치료비 등에 막대한 비용을 쏟아붓게 된다. 게다가 아무도 진정으로 좋아하지 않는 형편없는 회사가 된다. 또는 비영리 단체라면, 조직 외부 사람들이 존중하고 소중히 여기는 비전을 갖고 있으면서도 조직의 가치와는 정반대로 직원들을 대하고 있을지 모른다.

업무 유연성에 실질적인 비용을 들이는 건 이런 문제를 개선하는 하나의 방법이다. 자기 돌봄을 위한 의무적인 연수일을 준수하는 것뿐 아니라, 자기 돌봄이 가능하도록 충분한 인력을 채용하는 것도 그렇다.

"직원과 회사가 동반 성장하는 경우라야, 성장이 제대로 굴러갑니다." 급성장한 캐나다의 금융 스타트업을 위한 지원 센터를 운영하는 러스 암스트롱(Russ Armstrong)은 말했다. 그는 성장과 생산성에 초집중하는 것은, 회사가 실질적인 충원으로 이를 뒷받침하기만 한다면 그 자체로 나쁜 일은 아니라는 주장을 펼쳤다. "사람들이 무리해서 일하느라 미칠 지경이고 자기 능력 밖의 일을 하느라 허덕이는 게 아니라고 어떻게 확신하나요? 직원들이 실제로 무슨 일을 하고 있는지 이해해야만 합니다. 업무 흐름 어디에 구멍이 난 걸까요? 직원들이 좌절하는 원인은 뭔가요? 어떻게 하면 그들의 불만을 완화할 수 있을까요? 더 많은 일이 그에 대한 답이라면, 어떤 핵심 인력을 배치해서 그 일을 관리할 수 있을지 알아야 합니다. 대개는 전문가를 채용해서 업무 부담을 덜어주고 문제가 되는 부분을 해결하는 게 답입니다."

다시 말해 직원들의 사기 진작을 위해 퇴근 후 해피아워를 의무화할 것이 아니라, 실제로 조직을 뒷받침할 인력을 투입해서 애초에 사기를 진작할 필요가 없게 하면 될 일이다.

모든 직원에게 보편적으로 접근 가능하지 않다면, 진정으로 유연하다고 할 수 없다. 미네소타대학교 역사학과의 선임 지도교수 데이비드 페리(David Perry)는 이를 몸소 체험했다. 맞벌이 부모로서 페리는 자신이 운이 좋다고 여긴다. 고용주는 다운증후군을 가진 아들을 양육할 수 있도록 충분한 유연성을 허용해주었다. 하지만 치료 예약과 기타 불가피한 일을 위해 시간을 빼야 하는 상황은 대부분의 휴가 정책이 얼마나 불공평한가를 드러냈다.

"최선의 업무 환경은 합의에 바탕을 둡니다."라고 페리는 우리에게 말했다. "우리는 여러 요구 사항 중에서 도덕적이고 타당하다고 생각되는 것을 가려내서 그 요구가 충족되도록 지원합니다." 페리의 경우, 장애가 있는 아들을 둔 것은 유연근무제를 누릴 만한 충분히 "도덕적"인 이유였다. 하지만 인사팀이 아이 없는 직원에게 그의 반려동물이 아프다고 해서 비슷한 휴가를 기꺼이 허락할까? 아니면 최근에 나이 든 친척과 같이 살게 되어 더 많은 돌봄을 제공해야 한다면? 겉으로 보기엔 '멀쩡한' 직원이 심각한 번아웃을 겪고 있다면?

페리는 공정하고 유연하고 단순하고 직관적인 휴가와 복지 시스템은 어떠해야 하는가를 숙고하기 시작했다. 이 시스템은 투명해야 하는 한편 오류, 그리고 이론적으로는 심지어 남용에 대해서 관용적이기도 해야 했다. 그는 이것이 "워라밸을 위한 보편적 설계"라고 했다.

'보편적 설계(universal design)'는 건축과 도시계획 분야에서 자주 사용되는 용어로, 연령이나 능력에 상관없이 모두가 이용할 수 있는 공간, 도구, 생활 환경을 만들려는 운동을 가리킨다. 보편적 설계의 강점은 그 혜택이 그것을 가장 필요로 하는 사람들에게만 주어지지 않는다는 데 있다. 예를 들어 인도의 연석을 깎아 경사로를 만들면, 휠체어 사용자가 인도를 이용할 수 있을 뿐 아니라, 자전거를 타거나 유아차를 끄는 사람도 공간을 훨씬 더 쉽게 이용할 수 있다.

직장 내 휴가 같은 사안에서 보편적 설계란 이유 여하를 불문하고(신생아 돌보기나 응급 의료 상황처럼 남들이 보기에 도덕적이고 필수적인 것이든, 다른 여러 이유로 그냥 휴가가 필요한 것이든) 정해진 휴가 시간을 쓸 수 있게 하는 정책을 수립한다는 뜻이다. 페리에 따르면, '다른 여러 이유'를 분명히 하지 않는 게 이 정책의 가장 중요한 부분이다. "매주 화요일 오후에 휴가를 내서 스페인 기타를 연주하는 일이 아기를 돌보는 일과 같진 않죠. 하지만 정말로 공정한 직장이라면, 양쪽 모두에게 휴가를 허락할 겁니다."

페리는 이런 생각이 논란을 불러일으킨다는 점을 알고 있다. 물론 기업들이 규칙과 예외를 제시하는 인사 정책을 설계하는 건 당연하다. 하지만 다양한 직장에서 노동자들은 인생의 서로 다른 시점에 서로 다른 요구 사항을 갖게 될 것이며, 일부 직원의 요구는 훨씬 더 쉽게 인사팀의 관심을 끌 것이다. 새로 아기를 낳은 사람에게는 후하게 휴가를 주면서 아이를 갖지 않기로 한 사람에게는 안식 휴가를 제공하지 않는 게 공정한 일일까? 억울함을 키우고 싶지 않다면, 그러지 않을 것이다. "직장 생활을 하는 동안 노동자들에게는 각자 다른 요구 사항들이 있을 것입니다."라고 그는 말했다. "임종을 앞둔 부모님을 모시는 중년 직원이 필요로 하는 것과, 야망이 넘치지만 번아웃에 빠진 젊은 직원이 필요로 하는 것은 다릅니다. 직장 생활 전반에 걸쳐 직원들을 세심히 관리해야 하지 않을까요?"

워라밸을 위한 보편적 설계는 당연히 더 포용적이다. 즉 추가 요구 사항이 있는 직원이 채용되었다고 해서 급하게 새로운 정책을 도입하는 대신 처음부터 모두가 접근 가능한 원칙을 마련할 수 있다는 뜻이다. 페리는 지난 3년 동안 워라밸을 위한 보편적 설계를 훌루(Hulu) 같은 기업과 노스웨스턴대학교 같은 곳의 인사 부서에 소개해왔고, 그런 시스템이 도입되면 결국 더 행복하고 더 생산적인 인력으로 이어질 수 있다고 믿는다. 그럼에도 그의 최종 목표가 생산성은 아니다. 그보다는 노동자들이 생활을 지탱하는 데 정말 필요한 시간을 확보할 수 있어야 한다고 주장한다.

인사 정책에 보편적 설계 같은 것을 도입하려면 신뢰가 필수적이다. 다시 말하지만 대부분의 기업은 신뢰를 구축하는 데 익숙하지 않다. 페리는 장애인 복지 네트워크를 찾아다녔던 본인의 경험을 통해 많은 인사 부서의 휴가 처리 방식이 얼마나 복잡한지 알고 있다. 또한 고용주의 선의를 끝없이 악용하고자 속임수를 쓰는 가상의 직원들을 막으려 설계된 엄격한 사기 방지책 때문에, 많은 장애인들이 지원 정책을 이용할 수 없었다는 것을 알고 있다.

물론 소수의 사람들이 휴가를 과다하게 쓰거나 신의에 기반한 경비 처리 시스템을 업무와 무관한 지출에 악용하는 등의 방식으로 시스템을 이용할 수도 있다. 하지만 극소수를 막기 위해 인사 복지 혜택을 설계하면, 진정한 신뢰와 존중을 불러일으키는 시스템이 아니라 악의적인 행동을 방지하는 시스템을 근간으로 삼게 된다. "우리는 도움받을 사람들의 숫자를 극대화하는 시스템보다는 악용을 막는 시스템을 구축하려 계속 애쓰고 있습니다."라고 그는 말했다. "보편적 시스템을 수립하면, 예상치 못한 부가 혜택을 발견할 수 있고, 그리고 그건 모두를 위한 겁니다."

이 모든 재검토의 핵심에는 바로 이런 깨달음이 있다. 의도적인 노력이 많이 필요하겠지만, 한번 만들어진 혜택은 오래도록 파급될 것이다. 그러나 방안을 마련하는 일을 누군가의 책임으로 명시하지 않는다면, 이런 일은 아예 일어나지 않거나 완수되지 못할 것이다. 이번 팬데믹 동안에 여러 대기업이 원격근무 관리자를 상근직으로 채용하여 원격근무를 지속 가능하게 만드는 방법을 끊임없이 고민하고 재고하는 업무를 맡겼다.

아마도 이것이 그들의 풀타임 업무가 되거나, 어쩌면 업무의 절반 정도를 차지할 수도 있다. 하지만 이 임무를 누군가의 기존 업무 책임에 추가해서는 안 된다. 그렇게 하면 이 임무를 얼마나 하찮게 여기는지 분명히 보여주는 셈이다. 모든 관리자에게 단순히 이런 식으로 생각하라고 지시만 해서도 안 된다. 그들이 실제로 할 수 있도록 교육 훈련과 도구가 주어져야 한다. 다음 장에서 이야기하겠지만, 원격근무를 하려면 우리가 서로를 관리하는 방식에 실질적인 변화가 요구될 것이다. 단순히 모든 관리자의 기존 직무 기술서에 '유연근무 조정자'를 끼워 넣으려 한다면, 실패를 맛보게 될 것이다.

노동자들이 업무 유연성을 실험할 만큼 충분히 안심하지 못한다면, 유연근무 또한 실패할 것이다. 수년간 직원들은 지속 가능하지 않은 유형의 유연성을 업무에서 발휘해왔다. 그들은 고용 안정을 얻기 위해 스스로를 갈아 넣는 한이 있더라도 요구받은 것은 무엇이든 했다. 이들은 부단히 노력하고 또 노력했다. 그러다 보니 이제는 허물어지고 있다. 유연성은 자포자기 상태의 방어적인 웅크림에서 비롯된 대처 전략이었다. 그러니 모든 직원이 유연성이 그저 회사에만 유리한 것이 아니라는 입장을 갖게 되려면, 시간과 헌신이 필요할 것이다.

그 과정에서 반드시 새로운 프로그램이나 도구를 도입해야 하는 것은 아니다. 앞서 몇 가지 가능성 있는 선택지를 조명해보았지만, 업무 툴도 언제나 적을수록 더 좋다. 그렇다고 해서 사무실을 없앨 필요는 없다. 다시는 직장 동료들을 만나지 못할 거라는 뜻도 아니다. 하지만 그 과정은 오랫동안 외면해왔던 것을 요구하고 있다. 우리가 하고 있는 엄청난 일의 양과 그것이 얼마나 지속 불가능한 상태가 되어버렸는지, 그리고 어떻게 하면 실질적인 유연성이 계속해서 우리를 나아가게 할 수 있는지 철저하게 솔직해져야 한다.

'유연성'은 너무 오랫동안 인생에서 가장 신성한 부분까지 피할 수 없게 집어삼키는 거대한 쓰나미처럼 일을 대하는 것을 의미해왔다. 이러한 파괴에 맞서 싸우는 건 단순히 유연성이라는 단어를 적극적으로 재정의하는 것만을 의미하지 않는다. 우리 삶과 자아에서 그토록 오랫동안 수몰되었던 부분이 구해낼 가치가 있다는 점을 마음에 새긴다는 의미다.

2

기업 문화

NCR(National Cash Register) 회장 S. C. 알린(S. C. Allyn)은 종종 회사의 초창기에 관한 이야기를 들려주곤 했다. 그는 2차 세계대전에서 살아남았고, 1945년에 자신의 공장을 확인하기 위해 독일로 돌아갈 수 있었던 최초의 민간인 중 한 명이었다. 도착하자마자 그는 공장 하나가 없어진 것을 알게 되었다. 직원들은 너덜너덜해진 옷을 입고 잔해를 뒤지고 있었지만, 알린을 보자 웃으면서 그를 끌어안았다.(적어도 알린의 이야기에 따르면 그랬다.) 그리고 곧바로 재건 작업에 들어갔다. 이 이야기의 교훈은, 그리고 회장이 그토록 자주 이 이야기를 반복했던 이유는 그들의 기업 문화가 독특한 회복력을 가졌다는 점이었다. 전쟁은 독일 전역을 휩쓸었고, 파괴와 죽음을 남겼다. 그럼에도 NCR의 직원들은 충실하고 헌신적이었다. 곤경에 처했지만 생산력 있는 가족이었다.

이는 컨설턴트인 테런스 딜(Terrence Deal)과 앨런 케네디(Allan Kennedy)가 1982년에 출간한 중요한 저서인 『기업 문화(Corporate Cultures)』의 주요 일화다. 이 책은 직원들의 헌신을 몹시도 바라는 경영진과 동료 컨설턴트들을 위해 구상되었고, 알린의 이야기 같은 일종의 세속적인 우화들을 담고 있다. 하지만 임원이나 컨설턴트가 아닌 우리는 이 이야기에서 어떤 교훈을 얻을 수 있을까? NCR에 그토록 굳건한 기업 문화가 있었기에 문자 그대로의 공습에도 살아남을 수 있었다고? 아니면 NCR의 직원들이 너무 헌신적이라서 이루 다 말할 수 없는 죽음과 파괴 속에서도 가족과 함께 있거나 가족을 돌보는 대신에 공장의 재건을 도울 필요를 느꼈다고?

딜과 케네디도 이 일화가 기괴하다는 걸 알고 있는 것 같다. 하지만 그렇다고 해서 이 일화가 "미국 산업계의 신화와 전설" 중 하나라는 주장을 접지는 않는다. 그들은 이런 유형의 이야기들이 "직원들이 안정감을 갖고 사업 성공에 필요한 업무를 해나갈 수 있게 하는" 환경을 조성한다고 단언한다.[1] 이는 사실이다. 회사와 회사를 이끄는 사람들이 취하는 행동은 그들이 말하거나 만들어내는 이야기와 연결되어 회사의 업무 환경, 즉 기업 문화의 틀이 된다. 하지만 다른 이야기들과 마찬가지로, 그것은 생산성, 수익성, 주주 가치 등을 명목으로 도덕적으로 타락하거나 악용될 수 있다.

기업 문화는 기껏해야 조직의 목표를 분명히 하는 사명 선언이다. 그것은 제품에 관한 것이기도 하지만, 그 기업이 직원을 대하는 방식에 관한 것이기도 하다. 예를 들어 피앤지(P&G)의 기업 문화 성명은 이런 문장으로 시작한다. "P&G는 회사 내부에서 뿐 아니라 전 세계적인 차원에서 삶을 개선하기 위해 노력합니다." 넷플릭스는 주장한다. "우리는 무결성, 탁월함, 존중, 포용, 협업에 가치를 두고 있습니다." 딜로이트(Deloitte)의 "공유된 신념"은 "솔선수범", "진실된 봉사", "서로에 대한 배려", "포용성 증진"을 담고 있다.

전부 이론적으로는 좋아 보인다. 하지만 대부분의 조직에서 명시된 기업 문화와, 직원들이 일상적으로 그 문화를 경험하는 방식 간에는 오랜 단절이 있었다. 실제 기업 문화는 한 직장에서 일하면서 받는 형언할 수 없는 느낌이다. 그것은 "모든 직원이 주말에 출근하는 게 당연하다." 또는 "아무도 주말에 출근하지 않는 게 당연하다."일 수도 있고, "인사팀에 찾아가면 상황을 바꾸는 데 도움이 될 것이다." 또는 "인사팀에 찾아가면 다시는 승진하지 못할 것이다."일 수도 있다. 실제 기업 문화란 사무실에서 소곤소곤 오가는 대화나 회식 자리에서 나누는 이야기 또는 문자 메시지로 전달되는 불문율의 형태를 취하기도 하고 글래스도어(익명의 직장 평가 사이트—옮긴이)에 넘쳐나는 회사 리뷰에서 드러나기도 한다.

　나쁜 기업 문화가 노골적으로 드러나며 직원들이 이윤을 내기 위해 스스로를 갈아 넣어야 한다는 게 전혀 비밀이 아닌 회사도 있다. 하지만 때로 웹사이트에 쓰인 활기찬 문구가 착취, 배제, 그리고 대개 엉망진창인 직장 내 관행에 연막을 치는 역할을 하기도 한다. 조직이 "가족 친화적"이라고 하면서 여성 팀장들에게 가임 연령대 여성 팀원의 숫자를 제한하도록 조용히 권장한다면, 기업 문화가 좋지 않은 것이다. 조직이 내세우는 가치에 '포용'이 들어 있는데, 모든 사람이 접근 가능한 사무실을 만드는 데드는 비용이 너무 크다고 생각한다면, 기업 문화가 좋지 않은 것이다. 1개월 유급 휴가를 실시하는 법률사무소인데도 아무도 1~2주 이상 휴가를 쓰지 않는다면, 기업 문화가 좋지 않은 것이다.

　기업 문화는 수년 또는 수십 년에 걸쳐 형태를 갖추면서 서서히 확고해진다. 하지만 기업 문화는, '문화'란 당연한 것도 의무도 아닌데도 손대기 힘든 것으로 취급되기 일쑤다. 기업 문화는 고급 사무실이나 출퇴근 시간 기록표가 필요하다는 생각만큼이나 구성물이다. 그렇지만 생활이 업무 중심으로 돌아가지 않게 하려는, 또는 업무의 유연성을 높이려는 시도가 기존의 기업 문화에 위협처럼 느껴질 경우에 대비해야 한다. 왜냐하면 실제로 그렇기 때문이다.

다음은 기업의 대표, 관리자, 직원 모두로부터 되풀이해 받게 될 질문이다. 물론이죠. 사람들이 어디에서 어떤 방식으로 일할지 더 많은 유연성을 가지면 좋죠. 하지만 우리 회사의 기업 문화는 어떻게 하죠? 이런 반응은 불편한 진실을 은폐한다. 많은 조직의 문화는 형편없었다. 아무도 감히 그런 말을 입 밖에 내지 않더라도, 기업 문화는 유해하거나 억압적이거나 무의미했다. 경영진이 기업 문화의 분위기와 파라미터를 정하면, 그것은 조직 구조의 위아래에서 관리자들에 의해 시행되고 재생산된다.

이 책을 쓰기 위해 진행했던 인터뷰 초기에 우리는 코브(Cove, 공유 사무실 및 공유 회의실 조율을 지원하는 회사)의 CEO 애덤 시걸(Adam Segal)과 이야기를 나누었다. "일의 미래는 실질적으로 사람들을 관리하는 것이 될 겁니다." 과거에는 관리가 대부분 대면으로 이루어졌지만, 이제는 관리자가 비대면으로 대화를 나누고 성과를 판단하는 방법을 고안해야 한다는 사실을 언급한 것이었다.

그 말이 내내 우리 기억에 남았다. 관리자만 기존의 전술을 수정해야 하는 건 아니다. 그보다는 조직 자체가 경영 관리가 여러 해 동안 복무해왔던 목적과 오늘날 관리자에게 요구되는, 거의 수행 불가능한 모든 역할을 다시 생각해봐야 할 것이다. 관리자의 역할은 어떻게 해볼 도리가 없을 만큼 과잉 규정되어 있다.

대중문화 속에서 관리자는 쓸모없는 동시에 지나치게 강력한 존재로 그려지고, 실제로는 대체로 과로하며 적합한 훈련을 받지 못한다. 하지만 관리자 없이는 당신이나 당신의 팀, 또는 회사 전체를 위해 새로운 기업 문화를 구축할 수 없다.

과거에도 현재에도 훌륭한 기업 문화는커녕 훌륭한 경영의 모델도 거의 없다. 그 이유는 아주 간단하다. 명시적이든 아니든 조직의 목표가 노동자의 건강이나 안정성과 연동되는 경우가 드물기 때문에, 아무리 관리한다 해도 바로잡을 수 없는 틈이 생긴다. 조직은 가능한 한 이윤을 많이 내려 하며, 그런 요구가 직원들에게 미칠 영향은 거의 고려하지 않는다.

이어지는 내용은 우리만의 우화다. 이윤과 최적화가 나머지 모든 것을 배제하려 들 때 기업 문화에 일어나는 변화, 그로 인한 소외감과 불안정성과 분열을 메우는 더디지만 필수적인 과정을 시작하는 방법에 관한 이야기 말이다. 유연근무제가 업무 문화를 바로잡지는 못할 것이다. 하지만 유연근무제를 중심으로 축적되는 경영 관행, 신뢰, 책임감은 업무 문화를 바꿔나갈 진정한 잠재력을 가지고 있다.

자신의 생산성을 관리하라

일의 역사에 관한 책을 여러 권 읽다 보면, 동일한 테마가 되풀이해서 등장하는 것을 알 수 있다. 인간은 의미와 존엄성을 갈망하며, 그것을 찾는 한 가지 방법은 필요한 (업무라는 이름으로 알려진) 과업을 완수하는 것이다. 하지만 이렇게 의미를 갈망하는 인간은 현대의 일, 즉 스스로를 어떤 장소로 끌고 가서 정해진 시간 동안 남을 위해 일한다는 발상에 발끈하기도 한다. 일은 우리에게 만족을 줄 수 있지만, 누가 일을 항상, 그것도 남의 일정에 맞추어서 하고 싶겠는가?

초기의 경영 관리는 이를 해결하도록 설계되었다. 그것은 일반 구성원들에게 잘 받아들여지지 않았다. "나는 한 인간으로서 규칙적인 시간이나 규칙적인 행동을 하는 것에 [……] 극도의 거리감을 느꼈다." 19세기 양말 생산업자는 이렇게 썼다. "사람들은 상당히 불만스러워했다. 마음대로 들어오고 나갈 수 없었으니까. 휴가도 마음대로 쓸 수 없었고, 해오던 대로 계속할 수 없었다."[2] 왜 불만스럽지 않았겠는가? 산업혁명 이전의 노동은 결코 호락호락하지 않았지만, 대부분 일하는 사람이 자기 방식대로 할 수 있었다.

공장 같은 형식화된 근무 환경에 내몰린 노동자들은 하루 여섯 시간 근무를 부담스러워했고 아마 목표한 생산성이 달성될 때까지 일시적으로만 시행될 것이라고 여겼다. 근태는 좋지 않았다. 다른 이들을 대신해 고된 노동을 수행하도록 노동자들을 길들이려면 뭔가 조치를 취해야 했다. 고용주들은 엄격히 관리 감독을 하고 벌금을 부과하기 시작했다. 사회심리학자 쇼샤나 주보프(Shoshana Zuboff)가 지적한 대로 "노동자들은 다른 대안을 모두 소진해버린 경우에만 공장 규율의 엄격한 신체 제약에 굴복했다."[3] 초창기 공장 설계는 구빈원과 교도소를 모델로 삼았다.[4] 정적 강화(positive reinforcement)가 시도되었지만, 당근은 대개 배제되고 채찍으로 대체되었다. 점점 더 많은 노동력을 충당했던 아이들에게조차 그랬다.

다시 말해 초기 기업 문화는 위협을 토대로 세워졌다. 이 위협은 징계 처분과 짝을 이루어 연일 반복적인 과업에 따르도록 인간의 신체를 길들이는 데 사용되었다. 이런 신체를 억압하는 문화는 오늘날에도 선적 창고부터 열악한 작업장에 이르기까지, 착취적인 직장에 여전히 만연해 있다. 그러나 이는 정교하지 않고 종잡을 수 없는 방식으로 생산성을 강요한다. 앞으로 설명하겠지만, 현대 자본주의의 발전은 좀 더 정밀한 것을 요구한다.

이러한 형태의 경영 관리는 20세기에 접어들면서 프레더릭 윈즐로 테일러(Frederick Winslow Taylor)라는 기계 공학자의 아이디어에서 시작되었다. 철강 회사 베들레헴스틸의 직원이었던 테일러는 노동자들의 타고난 게으름을 한탄했다. 그들의 나태한 태도에 대응하기 위해 그들의 움직임을 면밀히 연구하기 시작했고, 석탄을 삽으로 뜨는 인부들이 표준 크기의 삽을 쓰는 경우 더 많은 무게를 옮기면서도 빨리 지치지 않는다는 사실을 알게 되었다. 그는 공장 작업장에서 스톱워치로 사람들의 움직임을 측정하여 통상적인 작업 순서에서 불필요한 동작을 없애고자 했다. 그는 종종 대놓고 조작을 하기도 했는데, 선철 운반인을 감시하면서 짐 싣는 사람 중 가장 힘센 이들을 부추겨 할 수 있는 한 가장 빠르게 짐을 싣는 실험을 했다. 그들이 그 임무를 빠르게 마치고 나면, 그는 "1등급" 인력들이 충분한 휴식 없이 빠르게 일하기만 하면 하루에 더 많은 짐을 운반할 수 있다고 결론지었다.[5]

테일러는 완벽한 생산성 구현이 가능하다고 믿었다. 불필요한 과잉은 어디에나 있었고, 최적화의 여지는 늘 열려 있었다. 베들레헴스틸 작업장과는 한참 멀리 떨어져 있는 우리에게도 이 이야기는 아주 익숙하게 들린다. 오늘날과 마찬가지로, 그 결과 노동자들은 비참해졌다. "우리는 할 수 있는 한 최대한 빠른 속도로 일하고 싶지는 않아요." 1914년에 한 기계공은 테일러에 반발하며 이렇게 말했다. "우리는 우리가 편안하게 일할 수 있다고 생각하는 속도로 일하고 싶습니다. 평생 우리가 얼마나 많은 일을 할 수 있는지 알아보려고 세상에 태어난 게 아니라고요. 우리는 일이 우리 생활에 보조적인 역할을 하도록 일을 조절하려 애쓰고 있습니다."[6]

시간이 지날수록 테일러의 이론들은 '과학적 관리'라는 이름으로 불렸고, 이런 이름은 경험적 신뢰성을 후광 삼아 하급자에 대한 냉정하고 무자비하며 비정한 대우를 합리화하는 데 이용되었다. 데이터를 조작했거나 잘못 해석했다는 비판에도 아랑곳없이, 테일러의 아이디어는 계속해서 퍼져나갔다. 과학을 산업계에 접목할 가능성은 과학자들을 너무 달뜨게 했고, 특히 노동자의 목표가 회사의 목표와 일치되도록 강요한다는 점에서 그러했다. 앞으로 나올 수많은 경영 이론들과 마찬가지로, 테일러주의는 대학교에서 배우는 이론이 되면서 성문화되었다. 역사학자 질 레포어(Jill Lepore)는 2009년에 "테일러는 모든 미국 경영대학원을 [……] 굳건히 하는 기본 재료였다."라고 썼다.[7] 테일러주의 추종자들은 테일러의 가르침을 더욱 확장했다. 예컨대 경영공학자 프랭크 길브레스(Frank Gilbreth)와 릴리언 길브레스(Lillian Gilbreth) 부부는 초기 카메라를 이용해서 노동자들을 관찰했다. 동작 연구(motion study)라고 불리는 이 분야는 "낭비되는 동작을 제거하려는 목적"에서 노동을 약 열일곱 가지의 구분되는 동작으로 정리했다.[8]

이렇듯 더 강력한 형태의 경영 관리는 직원들의 모든 움직임을 과도하게 감시하고 계량화하는 도구를 관리자들에게 쥐어주었다. 테일러주의하에서는 데이터를 더 많이 가질수록 더 큰 지배력을 더 잘 행사할 수 있다. 하지만 테일러주의는 유능하고 충직한 노동자를 확보하고 엄격한 위계질서를 확립해서 윗사람이 행사하는 비인간적인 '과학적' 방법에 이들이 저항하지 못하도록 해야만 유지될 수 있다. 중간 관리자를 투입하라. 테일러는 이 역할을 "기능적 관리 감독"이라고 명명했다. 실제로 이는 각자 전문 분야가 있는 감독관이 잇달아 있다는 뜻이었다. 감독관으로 일하는 작업반장은 작업을 살피고, 규율반장은 근무일에 효율적인 리듬을 가져오는 기계적 반복을 강요한다. 이처럼 최적화에 대한 강력한 집중이 직장 바깥, 그리고 가정으로까지 퍼져나갔다는 사실에 주목하자. 레포어는 2009년 저작에서 사무실에서의 효율화가 집에서 더 많은 여가 시간을 얻도록 기여하지 못했다는 점에 주목했다. 사무실에서의 효율화로 인해 가정 생활은 더 정신없어졌다. 그는 "과학적 관리는 사무실에 두고 올 수 있는 그런 것이 아니다."라고 썼다.[9]

테일러주의는 여러 해 동안 진화하여 긍정적인 관심을 기울이면 직원들을 더 열심히 일하도록 할 수도 있다는 함의를 갖는 경영 이론이 되었다. 예를 들어 1930년대에 경영 이론가 체스터 바너드(Chester Barnard)는 뛰어난 관리자란 "조직의 비공식적인 사회적 자산에 관심을 두고 가치를 만들어내는 사람"이라고 정의했다.[10] 달리 말하면 기업 문화를 만든다는 것이다. 웅크리고 있는 노동자를 매서운 눈으로 노려보는 감독관 대신에, 관리자는 생산성과 직원들의 정서적 웰빙 유지를 책임지는 조직의 간사로 새롭게 이해되었다.

오늘날 테일러주의의 유산은 직원을 감시하는 컴퓨터 소프트웨어에서 가장 두드러진다. 그것은 직원이 방문한 웹사이트의 화면을 감지할 뿐 아니라 자판을 입력하고 마우스를 움직이는 데 걸리는 시간을 계산한다.(이에 대해서는 뒷부분에서 자세히 얘기하겠다.) 또한 그 유산은 데이터를 수집하고 분석하는 관리 과정에서도 발현되며, 노동자들을 한계점까지 몰아붙이는 것과 그들을 망가뜨리지 않는 것 사이에서 마술적인 균형점을 찾아내기만 한다면 완벽한 생산성이 가능하다는 발상에서도 발현된다.

그러한 균형점을 유지하는 일은 불가능한 건 아닐지라도 이미 위험하다고 입증되었다. 조직의 최상위자들은 흔히 직원들 대다수에 대한 접근성이 부족하며, 직원들이 매일매일 직장 생활을 하면서 겪는 일들을 막연하게만 알고 있다. 따라서 유지 임무는 중간 관리자들에게 주어지며, 그들은 조직의 최상위와 최하위 사이를 연결하는 결합 조직 역할을 한다. 관리자들이 왔다 갔다 하며 전달하는 산물이 이런저런 형태의 기업 문화다. 그들이 기업 문화의 주요 전달자다. 관리자들은 그 누구보다도, 심지어 CEO보다도 기업 문화에 더 많이 관여하고 기업 문화를 형성하고 그것의 방향을 정한다.

조직맨

20세기 동안 사무직이 확장되면서 노동자들은 편안함과 만족감이라는 전망에 설복되었다. 공장 바닥에서 똑같은 접합부를 반복해서 용접하는 힘든 일 대신에, 사무실에 앉아 똑같은 보고서를 반복해서 다듬을 수 있게 된 것이다. 업턴 싱클레어(Upton Sinclair)의 잘 알려진 표현대로, 당신의 칼라는 화이트가 될 것이었다. 최소한 대부분의 경우에 봉급을 안정적으로 받으며 일하게 될 것이었다.

장기간 이어지며 불안정과 트라우마를 가져온 대공황과 2차 세계대전 이후에 그런 제안이 얼마나 크게 매력적이었을지 짐작될 것이다. 회사는 재정적 안정뿐 아니라 소속감까지 제공했다. 회사와 사명에 대한 소속감, 그리고 급속히 팽창하는 중산층과 그에 수반되는 문화적 과시에 대한 소속감 모두 해당되었다. 퇴역 군인 수백만 명이 공동의 사명감을 다시 갖게 되리라는 기대를 안고 엘크스회에서 로터리클럽에 이르기까지 여러 시민단체에 몰려들었듯이, 이와 비슷한 열망으로 많은 노동자들은 대규모의 기업적 성취에 전념하며 일상을 의미 있게 느낄 수 있기를 바랐다.

이른바 조직맨(organization man)이라는 이름으로 대변되는 새로운 기업 문화가 이런 감정을 중심으로 자라나기 시작했다. 기자 윌리엄 화이트(William Whyte)는 베스트셀러가 된 자신의 1956년작에서 유능한 중산층 사무직 노동자라는 특정 계층을 설명하느라 이 용어를 처음으로 만들어냈다. GM, GE, 3M 같은 회사에 사무직으로 고용된 이들은 사무실에 자기 방을 얻게 될 처지는 아니었지만, 그 정도만 되어도 괜찮았다. 그들은 열심히 일했고, 일을 잘하면 그 혜택이 회사의 계층 사다리 위아래 모두에게 돌아간다고 믿었다. 다시 말하지만, 이는 그 시대의 징후였다. 당시는 이런 집단주의 감성이 역대로 최고조에 달했던 때였다. 우리가 살고 있는 현재의 고도로 개인화된 시대에는 꽤 낯선 감

성이지만 말이다.[11]

화이트가 말한 대로 조직맨은 자신감이 넘쳤다. "개인의 목표와 조직의 목표는 동일한 하나로 조화를 이룰 것이다."[12] 당시 두드러진 기업 문화는 리더와 직원 둘 다의 충성심과 신뢰였다. 이는 오늘날 화이트의 책을 읽으면서 이질적인 유토피아를 들여다보는 기분이 드는 이유다. 조직맨은, 그러니까, 만족한다. 조직맨은 야심이 없지만, 그렇다고 게으르지도 않다. 그는 겉보기에 일과 무관한 생활을 유지하기를 몹시 바라며, 두각을 나타내는 데는 관심이 없다. "수습 사원들은 높은 자리에 오르기를 바라지만, 그렇다고 개인 업무량에 치일 정도는 아니길 바란다."라고 화이트는 썼다. "흔히 그들은 일종의 안정된 상태, 곧 흥미를 느낄 만큼 높은 자리긴 해도, 남들이 쳐낼 만큼 목을 쭉 빼고 있을 정도로 지나치게 높은 건 아닌 지위를 찾아낼 생각이라고 한다."[13]

하지만 세계대전 후 사무실 문화의 어두운 단면이 바로 그 문장 안에 들어 있다. 자신을 널리 알려라. 다르게 사고하고, 현 상황에 도전하고, 빠르게 높은 자리에 오르라. 그러면 공격의 표적이 될 것이다. 개성은 장려되지 않았다. 그것은 직장 생활을 망치는 길이었다. 목표는 자신을 낮추고, 주어진 일을 하는 것(하지만 더 많은 일은 하지 않는 것!)이며, 다른 사람들도 같은 일을 하도록 권하는 것이다. 노동자들은 순응했다. 화이트에 따르면, 온화한 미소를 띠고서 그렇게 했다. 그들은 급여, 연금, 오랜 기간 동안 직업 안정성이라는 형태로 실질적인 진짜 지원을 받았다. 화이트는 "조직 생활의 해악이 아니라, 조직 생활에서 얻는 혜택이 노동자들에게 갈피를 못 잡게 했다."라고 설명했다. "그들은 친목에 속박되었다."

이러한 속박은 가정에까지 확대되었다. 가정에서 조직맨 문화의 기풍은 (백인) 중산층의 생활 구조를 형성하는 데 중요한 역할을 했다. 초기에 교외 지역이 형성되었던 것은, 말 그대로 조직맨과 그 가족, 그들의 사교 생활을 수용하고 배양하기 위해서였고, 이들의 사교 생활 또한 회사의 부속물이 되었다. 사회적 지위는 지역의 컨트리클럽 회원 자격 같은 특전을 통해 굳건해졌다. 조직맨의 가족, 특히 조직맨의 아내는 일종의 회사 자산이 되어 모임을 주관하고 사람들과 어울리는 능력으로 평가되었다. 직원들은 고객이나 임원 둘 다에게 환심을 얻는 데 가족 생활을 적절히 이용해야 했다. "사실상 어디쯤에서 업무가 끝나고 '재미로 하는 일'이 시작되는지 구분하기 어려웠습니다."라고 한 관리자는 화이트에게 말했다. "칵테일 파티, 저녁 모임, 회의, 협회 등에 소요되는 모든 시간을 생각한다면, 끝도 없이 일하는 셈이죠. 요즘 세상에서 책임감 있는 임원이라면 깨어 있는 모든 시간 내내 실질적으로 일하고 있다고 생각합니다."[14]

　　2차 세계대전 이후 25년 남짓한 기간 동안 '커리어'라는 개념이 화이트칼라 업계의 주된 화두가 된 건 우연이 아니다. '정규직'이나 '임시직'과 달리, '커리어'라는 개념은 다른 무엇보다도 전략적이며, 일뿐 아니라 직장 문화에 적절히 동화될 것을 요구한다. 커리어에는 매일 나타나서 집중적으로 시간을 할애하고 또한 회사의 사풍에 전심을 기울일 것이 수반된다. 두각을 나타내는 동시에 모습을 감추어야 한다는 뜻이다. 이를 위해 열렬히 합심해서 개인의 자아를 회사의 이익을 위해 헌신을 다해 승화시킬 것, 그리고 조직에서 개인의 진로를 능숙하게 설계할 것이 요구된다. 야망을 갖되, 적당한 정도로만 가질 것.

이같이 모순된 메시지야말로 유해한 기업 문화의 두드러진 특징인데, 직원들이 밟아갈 노선을 거의 보여주지 못하기 때문이다. 그러다 보니 동질성과 배타성에 기초한 문화, 즉 학력, 집안, 복장, 심지어는 말투 등으로 인증되는 가문과 혈통이 결정적인 성공 요인으로 받아들여지는 그런 기업 문화가 수많은 직장에서 여전히 주요한 유산으로 남아 있다. 그런 것들이 뒷받침되지 않고서는 직장 생활에서 승진의 사다리에 오를 방법이 없다. 그 일부 또는 어쩌면 전부를 대부분의 사람들은 손에 넣을 수 없다 해도 상관없다. 맥킨지의 한 이사가 썼듯이 이것이 "이곳에서 우리가 일하는 방식이다."[15]

이런 기업 문화 내부에 있는 사람들에게, 특히 이 문화에 자신을 내맡긴 이들에게는 이런 문화가 보이지 않는 필연적인 존재처럼 느껴지기 시작한다. 그럼으로써 문제는 수월해진다. 보이지 않는 대상에 저항하는 일이 언제나 훨씬 더 어렵기 때문이다. 하지만 이런 종류의 기업 문화 또는 어떤 기업 문화에서도 필연적인 것은 없다. 기업 문화는 사람들이 설계한 것이며, 거의 늘 회사의 경제적 이익을 지향하고 있다. 그렇지만 어떤 기업 문화는 더 오래 지속된다. 노동자, 고객, 리더, 주주에 이르기까지 모든 관련자에게 그런 문화의 작동 방식이 모두에게 최선의 이익을 가져다준다고 믿게 하기 때문이다.

조직맨 문화에서 파생된 파벌 짓기, 특혜, 안정성은 대단히 실질적이었다. 하지만 이 문화가 지속할 수 있었던 건 사무직 노동자, 중간 관리자, 경영진에게 그들의 이해관계가 일치한다고 일시적으로나마 어떻게든 설득할 수 있었기 때문이었다. 많은 기업 문화가 그렇듯이 약간은 강압적인 스토리텔링이기도 했다. 반쯤 거짓인 이야기가 진실로 받아들여질 때까지 되풀이되었다. 매일 출근하다 보면 무력감과 갑갑함을 느낄 수도 있다. 하지만 무엇을 더 요구할 수 있겠는가? 가족은 아메리칸 드림을 실현하는 중이었고, 당분간은 계속해서 그럴 것이다. 처음부터 그 시스템에 편입될 수 있었던 백인 남성들에게는 모든 것이 상당히 잘 작동했다. 작동을 멈출 때까지는 그랬다.

모두가 함께하는 건 아니다

2차 세계대전 이후부터 1970년대 초반까지, 미국은 유례없는 경제 성장과 안정기를 누렸다. 이 시기를 일부 경제학자들은 '미국 자본주의의 황금기'라고 불렀다. 황금기와 그에 따른 기업 성장에 관한 아이디어들이 조직맨이라는 사무실 문화를 가능하게 했다. 하지만 1970년대 초에 들어서면서 경기 침체와 불황의 여파는 가장 강한 기업들의 토대마저 뒤흔들었다. 각 업계의 거대 기업들은 살찌고 행복하고 나이브한 상태로 그 시기를 맞았다. 경기 침체기에 힘들어하는 이들이 지켜보는 가운데, 거대 기업의 이런 특징들은 비대함, 때로는 게으름, 글로벌 경쟁에서의 무방비함으로 빠르게 바뀌어갔다.

　앞서 1장에서 언급했던 대로 이들의 해결책은 인원 감축이었다. 1980년대 들어 8년 동안 포춘 선정 500대 기업들은 3억 개가 넘는 일자리를 감축했다. 현대의 중산층 확대에 기여했을 뿐 아니라 조직의 문화를 지키는 역할을 했던, 안정된 중간 관리자 자리가 대부분이었다. 듀폰, 제록스, GE 등 대단한 명성을 떨치고 있던 회사들이 직원 복지 혜택을 삭감하기 시작했다. 처음에는 일시적인 삭감이었지만, 점차 영구적인 삭감이 되었고, 그러고도 소용이 없자 대량 해고가 이어졌다. 결과는 참혹했다. 집단주의 기업 문화를 믿고, 애사심을 바탕으로 자기 생활을 그에 맞춰왔던 사람들은 신념이 배반당했다는 사실을 깨달았다. 회사에 좋은 일이 이제 더는 조직맨에게 좋은 일이 아니었다.

어맨다 베넷(Amanda Bennett) 기자는 1990년에 낸 『조직맨의 죽음(The Death of the Organization Man)』이라는 책에서 처참한 후유증을 연대기순으로 기록했다. 이 책은 노동자들 한 세대가 가부장적 기업들에서 안정감을 얻다가 어려운 시기가 닥치자 버림받았다고 결론을 맺었다. 책을 쓰기 전에 베넷은 《월스트리트 저널(Wall Street Journal)》에서 일하면서 디트로이트의 자동차 산업을 취재했다. 베넷은 GM이나 포드 같은 우량 자동차 제조 기업의 본사가 전후 경제의 안정성을 즐기는 모습을 지켜보았다. 예를 들어 포드의 임원 식당에서는 흰 장갑을 낀 남성들이 한 접시에 120달러나 되는 점심을 은접시에 담아 내왔고, 비용은 전액 회사에서 부담했다.

조립 라인에서 일하는 노동자들은 주기적인 해고와 재고용 대상이었지만, 본사 일자리는 얼마든지 있었다. 기업은 공격적으로 채용했고, 관리자들로 넘쳐나는 미로처럼 얽혀 있는 조직도를 만들어갔다. 베넷이 설명한 대로 "관리자의 주요 업무는 다른 관리자들과 좋은 관계 맺기"가 되었으며, "조직이 너무 비대해지고 복잡해져서 단지 조직을 탐색하는 데 도움을 주기 위해 채용된 사람들도 있었다."[16] 기업 문화는 거울의 방, 즉 알맹이가 전혀 없는 동어 반복 스토리가 되어버렸다. 우리는 존재하기 때문에 존재한다. 우리는 일하고 있기 때문에 일한다.

거울의 방은 얼마 지나지 않아 저절로 무너져 내렸다. 기업들이 감축을 시작하면서, 조직맨들은 애사심 때문에 "개인적 이익이나 경제적 이익에 반해 일을 계속하게 되었다."라고 베넷은 썼다. "수십 명의 관리자들이 처참한 상황에 직면해서도 회사에 남아서 일하고 또 열심히 일했다. 그들은 무슨 일이 있어도 근무지를 이탈하지 않는 충성스러운 군인들 같았다."[17] 당시에 이 중간 관리자들은 충성스러운 군인 같은 마음이었을지도 모른다. 하지만 그들은 애사심과 복지 혜택, 그리고 곧 최전방에서 희생될 거라는 사실을 알지 못하게 만든 '가족' 같은 직장 때문에 앞을 내다보지 못했다.

직원들이 업무에서 자존감(그리고 자기 정체성의 근간)을 느끼는 사풍을 만들었으니, 그들에게서 업무를 빼앗는 건 매정한 일이다. 베넷은 구조 조정의 여파가 "이혼이나 가족과의 사별과도 같은 강도의 고통"이라고 설명했다.[18] 구조 조정으로 일자리를 잃는 것은 단순히 재정적 안정성을 잃는 것뿐 아니라, 사회 생활에서 배제되는 일이었다. 그들은 사무실이라는 물리적 공간을 빼앗기면서 일상의 리듬, 그리고 생활을 규정했던 겉보기에는 대수롭지 않은 수백 가지 행동으로부터 단절되었다. 많은 이들은 수십 년 동안 회사와 함께했고 어떻게 하면 새 일자리를 찾을 수 있는지 알지 못했다. 그들은 직장 생활을 하면서 커리어를 쌓았고, 직장 생활이 그들의 인생이었다. 직장 생활이 사라지고 나면, 그들의 인생에는 무엇이 남겠는가?

그 결과 새로운 종류의 직장 내 냉소주의가 나타났고, 이는 현재 직장 문화에 깊숙이 박혀 있다. 여러 기업이 1980년대와

1990년대의 인원 감축으로부터 얻은 교훈은, 다시는 대규모 감원이 필요한 지경까지 가지 않겠다는 것이었다. 하지만 기업 문화를 원점부터 다시 생각해보는 대신에, 기업들은 노동자들에게 안정감을 제공했던 회사 생활의 요소들을 체계적으로 해체하는 쪽을 택했다. 전 세계적으로 통용되는 냉혹한 자본주의하에서 한때 회사의 자산으로 인식되고 그런 대우를 받았던 관리자들이 회사의 비용으로 완전히 바뀌어버렸다고 미래학자 R. 모턴 대로(R. Morton Darrow)는 설명했다.[19] 평생 직장이라는 개념은 진기한 것이 되었다. 또 한 차례의 대량 해고라는 유령이 고비마다 어렴풋이 모습을 드러냈기 때문이다. "개인적인 감정은 없어요, 비즈니스일 뿐입니다."라고 되뇌는 주문이 새롭게 등장했고, 사업상 의사 결정의 결과가 개인적인 불안정이라는 결과로 이어지지만 않았다면 이 말이 사실로 느껴졌을지도 모른다.

1982년에 NCR의 "직원을 혹사하는 매출 중심 기업 문화"가 공습에도 살아남았다는 이야기로 독자들을 즐겁게 해주었던 두 컨설턴트 테런스 딜과 앨런 케네디조차 자기들이 저지른 잘못을 깨달았다. 그들은 『기업 문화』의 마지막 단락에 이렇게 썼다. "경기가 안 좋을 때 이 회사들은 공유된 가치와 신념을 깊이 파고들어 진실과 용기로 끝까지 견뎌낼 수 있다."[20]

1999년에 대량 해고, 합병, 아웃소싱을 거의 20년 동안 겪고 난 시점에서 되돌아보면서 딜과 케네디는 자신들이 완전히 틀렸다는 사실을 깨달았다. 그들은 기업 문화를 악화시키고 기업 문화에 독이 되는 "주주 가치와 단기 성과"에 맹목적으로 전념하는 세태를 통탄했다. 이들은 "점점 특색을 잃어버리는 기업들의 행보"와 "단기 목표를 추구하는 무분별한 경영진의 행동"을 성토

했다. 그들은 지난 20년 동안 기업 문화를 파괴하는 인원 감축을 단행한 데에는 잘못된 논리가 있다는 걸 깨달았다. 하지만 이제 그것을 바로잡을 때였다.

새 책 『신 기업 문화(The New Corporate Cultures)』에서 딜과 케네디는 동기를 잃어버린 업무 현장에 동기를 다시 부여하고, 응집력 있는 유대감을 재건하고, 그 과정에 약간의 재미 요소를 집어넣을 온갖 방법을 제안했다. 하지만 그들은 예전부터 기업 문화 개선에 집착해왔다. 둘의 첫 책은 그야말로 문화 "열풍"을 일으켰다. 이 책은, 그들의 표현에 따르면, "비즈니스의 합리적·기술적 외양 안에 놓여" 있으나 그전에는 제대로 이야기된 적 없는 "보이지 않는 힘"을 최초로 설명한 책이었다. 이후 오랫동안 '뚜렷하게 구축된 기업 문화'는, 비용을 절감하고 "린"한 상태를 유지하면서도 어떻게든 직원들이 매사에 덜 시무룩해하고 덜 불안해하도록 하고 싶은 기업들에게 경영대학원이 내놓는 만병통치약이 되었다.

노동자들이 생산성을 다룬 책을 탐독할 때, 경영진과 인사팀은 기업 문화에 집착했다. 그들은 경영 구루에게 몰려들었고, 계량화와 강박적인 최적화의 조합을 시도했으며, '긍정적인' 조직이 더 높은 생산성을 낼 수 있을지 궁금해했다. 기업이 직원들을 장악하고 있던 손에 힘을 뺀다면(그리고 더 민주적인 경영 스타일을 수용한다면) 직원들은 즐거워할 뿐 아니라 가족의 일원처럼 정성을 쏟을지도 모른다. 이런 생각은 직원들에게 실질적인 안정성을 제공하는 대신 각자의 업무에 더 많은 자유를 부여하는 쪽으로 진전되었다. 그러면 이론적으로 볼 때 기업 문화에 활기를 불어넣게 될 것이었다.

리더들이 기업 문화를 실질적으로 바꿀 변화에 전념하지는 않았을지도 모른다. 하지만 그들은 분명히 그런 발상을 좋아했고, 450만 부 이상 팔려나가며 1980년대와 1990년대 기업들의 교본이 되었던 『초우량 기업의 조건』이나 『기업 문화』 같은 책들에서 그런 발상을 얻었다.

『초우량 기업의 조건』을 쓴 두 명의 컨설턴트, 토머스 피터스(Thomas Peters)와 로버트 워터먼(Robert Waterman Jr.)은 수십 개 기업의 개요를 정리했고, 개방적인 정책과 유동성 있는 조직 구조를 강조했다. 그런 기업에서는 "주류가 아닌 소규모의 열성파가 활동하면서" 새로운 전략과 신제품을 만들어냈다. 그들은 조직맨보다는 혁신 강박에 주목했다.[22] 이런 직원들을 뒷받침하려면 직원들에게 자율성을 부여하면서도 동시에 고삐를 쥐고 있는, 비전 있는 관리자가 기업에 필요하다고 주장했다. 그들은 조언했다. "보통 리더는 권위적이거나 민주적이거나 둘 중 하나라고 생각한다. 현실에서 리더는 둘 다인 동시에 둘 다 아니다."[23]

이렇듯 풀었다 조였다 하는 관리를 개화된 것으로 느낄 수도 있다. 이런 관리의 주요 지침은 본질적으로 직원을 어른으로 대우하는 것이다. 하지만 실전에서는 관리자들이 불편할 정도로 고삐를 꽉 쥐는 경우가 흔하다. 피터스와 워터먼이 높이 산 리더들은 "개방성을 신뢰"했지만 또한 "누구랄 것 없이 모두, 엄격한 규율을 강조하는 사람들이었다." "그들은 상당한 자율성을 부여했지만, 일부 부하 직원들이 부여받은 자율성을 가지고 스스로 자기 목을 죌 가능성도 흔쾌히 받아들였다."[24] 그러므로 가족이라 해도 상당비 무자비한 가족이었다.

『기업 문화』와 마찬가지로 『초우량 기업의 조건』은 경영서 분야에 넘쳐나는 유사작, 아류작, 속편, 새로운 글로벌 경제를 이해한 것 같은 성공 기업들의 모든 사례 연구에 영감을 주었다. 이 기업들은 더 민첩하고, 덜 고루하고, 실험에 더 적극적이었다. 이들은 파티를 열었고, 이상한 제품을 출시하는 단합 대회를 열었다. 사람들이 열심히 일하고 열심히 노는 '즐거운' 분위기를 조성하면, 누가 인원 감축에 대해 신경 쓰겠는가. 많은 부분이 우연히 벌어진 것이 아니라 피터스와 워터먼 같은 컨설턴트들에 의해 제안된 것이었다.

이 책들은 새로운 '경영 전략'을 제시한다고 여겨졌다. 하지만 차입 매수를 겪으면서 팀을 어떻게 다뤄야 하는지, 또는 현금 유동성을 어떻게 관리해야 하는지는 거의 언급하지 않았다. 이 책들은 리더에게 기업 문화를 재건하는 방법보다는 남아 있던 잔해를 솜씨를 부려 적은 비용으로 고칠 방법을 일러주었다. 이런 전략은 노동자에게 진정한 자율성이나 평등을 제공하지는 못했다. 상하 위계는 여전히 엄격했다. 복지 혜택은 이전에 있었던 것들의 공허한 메아리 정도였다. 소위 '신경영(New Management)'이라 불리는 새로운 정책들과 팀 빌딩과 요란한 구호는 대개 노동자를 옥죄고 있는 목줄로부터 딴 데로 주의를 돌리게 하려는 방편에 불과했다.

스타트업 문화

기업 문화와 경영에 관한 이런 발상의 유산은 100년 이상 경영 이론에 축적되어 기업 환경에서 일하는 사람들을 둘러싸고 있다.

그것은 개방형 사무실 기획(이에 대해서는 3장에서 좀 더 논의할 예정이다.)뿐 아니라 휴게 공간이나 구내 식당, 점심 제공 등에도 적용되어 있다. 해피아워 단합 행사를 열면서 동시에 퇴직 연금의 회사 적립분은 거부하는 것에도 포함되어 있다. 이는 스타트업 업계에서 가장 두드러지며 또한 가장 유해하다.

『초우량 기업의 조건』에서 1980년대부터 풀었다 조였다 하는 식의 관리를 실행한 관리자들을 기술한 이야기는 오늘날 실리콘밸리 기업들의 청사진처럼 들린다. 3M에는 실패를 용인할 뿐 아니라 포용하고 지지하는 관리자 그룹이 있었다. HP(Hewlett-Packard)와 타파웨어(Tupperware)는 '자유 근무 시간제', 그리고 종종 직원 '기념일'을 포함한 '떠들썩한 행사'를 내세웠다. 캐터필러(Caterpillar)에서는 불도저나 굴삭기 모양의 의상을 차려입고 파티를 열었다. 심지어 업무 공간 '캠퍼스(현재 거대 테크 기업에서 애용하고 있다.)'는 풀었다 조였다 하는 식의 관리를 하는 성공한 기업들을 홍보하면서 언급된다. 3M, 코닥, 차량용 장비 회사 다나(Dana), 종합 화학 회사 다우케미컬(Dow), 생활용품 회사 피앤지, 반도체 회사 텍사스인스트루먼츠(Texas Instruments)가 그런 경우다.

하지만 현대의 스타트업 문화는 언제나 거대 기업들과는 약간 다른 DNA를 갖고 있다. 거대 기업들은 직원들의 기념일에 아무리 떠들썩한 행사를 하더라도, 여전히 열성적인 충성 직원에 기반을 두고 있었다. 스타트업 기업 문화는 거부라는 전제에서 출발했다. 예법, 드레스 코드, 부서 조직에 대한 구식 규칙뿐 아니라, 혁신이나 성장에 대한 전통적인 개념도 거부 대상이다. 1970년대와 1980년대에 있던 사내 냉소주의를 덮거나 치유하려 애쓰는 대신에, 스타트업은 이를 강화하여 '창업가 정신'의 동력으로 삼았다.

당연하게도 경영대학원이 관심을 두었던 건 1980년대를 거치면서 대유행했던 창업가 정신이었다. 그것은 예측 불가능한 직장 생활에 맞서는 신무기였다. "신뢰가 부족하기 때문에 창업가 정신을 강조하는 겁니다." 하버드 경영대학원 교수 하워드 스티븐슨(Howard Stevenson)은 이렇게 논평했다. "창업가가 일을 망치게 되더라도, 메디슨가의 멍청한 광고업자들이나 자기들의 통제 범위를 넘어서는 뭔가에 의존하다가 망하기보다는 자기들 스스로 망하는 편이 낫다는 거죠."

성공담은 창업가 지망생들에게 자극이 되었다. 테크 업계의 거품이 부풀어 오르다가 터져버렸는데도 그랬다. 웹의 규모와 연결성 덕분에 적절한 타이밍에 적절한 곳에서 적절한 아이디어만 있다면 누구라도, 빈약한 기본 팀 하나만 차고에서 운영하더라도, 엄청난 성공과 부를 거머쥘 수 있을 뿐 아니라 산업계 전체를 근본적으로 뒤집거나 '파괴'할 수도 있다는 믿음이 자라났다. 그것은 새롭고 매혹적인 판본의 능력주의였다. 물론 아메리칸 드림은 깨졌다. 하지만 당신이라면 해낼 수 있다. 개인주의가 옛 시절에 있던 집단주의 분위기를 압도했다는 데 일말의 의심이 일고 있었지만, 테크 붐은 그런 의심을 완전히 잠재웠다.

대개 가장 성공한 파괴자들로 구성된 집단인 벤처 투자자들은 이런 판타지에 투자했다. 그러면서 현재 우리가 스타트업 문화라고 알고 있는 것을 구축하는 데 힘을 보탰다. 스타트업 문화에는 기업의 낡고 유해한 요소들, 창업가 정신, 구습을 타파하는 새로운 아이디어에 대한 칭송이 혼재되어 있다. 스타트업 업계는 일종의 이상한 종교 집단을 떠올리게 하는 창립자 숭배를 발전시켰다. 예를 들어 IBM 회사 노래책에는 회장인 토머스 왓슨에게 헌정하는 노래가 들어 있다. 가사는 이렇다. "우리는 당신을 알고 우리는 당신을 사랑하죠. 우린 알아요, 당신이 마음속으로 우리의 안녕을 바라고 있다는 걸요."[25]

그러나 핵심 가치는 온 힘을 다해 강박적일 만큼 회사에 헌신하는 것이었다. 재정적 성공을 위해서만이 아니라 회사의 한층 위대한 이상이나 사명을 위해서. 그 사명은 흔히 이상적인 말들로 꾸며진다. 인터넷이라는 거의 무한대에 가까운 활동 영역과 수백만 달러의 자금이 걸려 있는 상황에서 앱을 만드는 것만으로는 충분하지 않았다. 세상을 전례 없는 방식으로 연결시키고, 다루기 힘든 문제를 해결하고, 고착된 업계를 재구성하며, 요컨대 현재 상황을 '파괴'해야 했다. 그래야만 벤처 자본의 투자를 받을 가치가 있었다. 이는 또한 인생을 모두 걸 만한 가치가 있다는 뜻이기도 했다. 성공의 신의 재단에 경배를 올리려면 사업을 위한 희생이 요구되었다.

스타트업 문화를 들여다보면, 조직맨의 흔적과 더 위대한 기업의 이익에 대한 조직맨의 충성심을 엿볼 수 있다. 하지만 테크 창업자들에게 그렇게 말하면 그들은 12달러짜리 IPA 맥주를 당신 얼굴에 부어버릴 것이다. 스타트업은 스스로가 '대기업'과는 반대라고 생각했다. 자기들은 회사지만, 회사스럽지는 않다. 이를 입증하기 위해서 많은 스타트업이 있는 힘껏 일하고 있는 힘껏 논다는 불경한 문화를 포용했다. 회사 창업자들은 일종의 연장된 청소년기에 빠져들었다. 이들은 온종일 일에 빠져 지냈고, 술을 진탕 마시며 하루를 마무리했다. 가장 치열한 이런 분위기는 어떤 형태의 워라밸이든 최종 파멸에 빠뜨렸다. 대의를 위한 온전한 헌신이란 사무실에서 살면서 파티, 운동, 연애 등 인생의 모든 외부 활동들을 그 공간으로 옮겨놓는다는 뜻이었다. 초기 실리콘밸리 회사들도 자연스럽게 일중독에 빠져들 만한 성격의 엔지니어들을 수십 년 동안 채용했다.[26] 하지만 이것은 차원이 달랐다.

이런 회사들은 성장하면서 어린애 같은 요소 일부를 없애버렸지만 온 힘을 다해 헌신하고 매달리는 분위기는 그대로였다. 이런 분위기는 밤새워 코딩을 하고도 성대한 회사 파티에 참석하고는 했던 초기 무용담을 통해 기업 문화에 안착했다. 스타트업 문화가 자주 눈에 띄고 매력적으로 비치게 되면서 이런 이야기들은 이제 고군분투 포르노(hustle porn)라는 불명예스러운 이름으로 유명해진 하나의 장르로 굳어졌다. 그러는 사이에 파괴적 혁신이라는 복권에 당첨되는 방법에 대한 지침을 제공하는 콘퍼런스들과 '선구적 사상가'들로 채워진, 두 번째 고군분투 업종이 등장하기 시작했다. 무엇보다 먼저 아이디어와 재능이 있어야 한다. 그다음으로는 맹렬히 일에 매달리고 고군분투해야 한다. 그것을 직업 윤리라고 부른다면 온당하지 않다. 그것은 성공이라는 모호한 발상을 추구하느라 개인을 완전히 무화하는 것이었다.

구식 기업 문화의 거부는 소규모 팀 제도를 수용하고 탁구대를 들여놓기만 한다고 해서 이루어지는 게 아니었다. 위계질서를 완전히 없앤다는 뜻이기도 했다. 인사팀 같은 회사의 인프라는(또는 조직도같이 단순한 어떤 것조차) 반드시 필요해지는 순간까지는 회피 대상이었다. 그들은 비행기를 만드는 동시에 날리고 있었다. 즉 한 회사를 지탱하는 요소들의 많은 부분이 충분히 생각하고 주의를 기울여서 장착되는 게 아니었다는 뜻이다.

완전히 형편없는 문화였음이 드러날 것이었다. 하지만 그러한 구조적 약점이 모습을 드러내는 데는 시간이 걸렸다. 그들이 어떤 문제를 일으키든 적어도 한동안은 눈부신 성장으로 상쇄되었고, 허황된 창업 스토리, 창업자 신화, 부풀려진 사명감 등으로 덮여버렸다. 세상을 파괴적으로 혁신하고 있는데, 중간 관리자나 조직도나 인사와 관련된 불만 사항에 신경 쓸 여유가 어디 있겠는가?

그러나 시간이 지나면서 규모가 커지고 주목을 받게 된 구글, 페이스북, 아마존, 우버 같은 스타트업과 그 밖의 수백 개 스타트업은 자기들이 회사라고 생각할 수밖에 없었다. 이에 따라 그들 문화의 기이한 면들이 명문화되었다. 경영 개선은 후순위로 밀려났다. 공허한 특전들이 실질적인 복지 혜택을 대신했고, 인사(HR)에는 신경을 쓰지 않았고, 생산성을 우상화했다. '유연한' 계약직 노동자에 대한 의존도가, 공들여 만든 공짜 회를 먹을 수 있는 식당과 무료 세탁 서비스가 사내 곳곳으로 퍼져나갔다. 그러고는 스타트업이 아닌 세상의 이런저런 구석구석에까지 흘러들었다. 이제 스타트업 문화는 일시적인 유행도 아니고 새로운 것도 아니다. 너무 많은 회사가 제품군이나 회사가 쌓아온 역사와는 무관하게 채택한 새로운 이상이다.

코로나 팬데믹으로 아주 분명해졌지만, 그런 문화는 그야말로 지속 가능하지 않다. 사무실 안에서든 밖에서든 그런 문화를 지탱하는 개인도 지속 가능하지 않으며, 가족도 지속 가능하지 않다. 우리가 속해 있는 공동체나 세계도 지속 가능하지 않다. 이윤은 유지되거나 오히려 치솟을지 몰라도 노동자, 그리고 공동체, 우리가 살고 있는 환경은 붕괴되고 있다.

이쯤에서 잠시 우리가 붕괴라고 말하는 것이 어떤 의미인지 설명하는 게 좋겠다. 경영자라면 이 말이 과장되었다고 생각할 거라는 걸 우리는 안다. 우리 직원들은 비참하지 않아요. 직원들은 나를 미워하지 않는다고요. 어쩌면 사실일 것이다. 하지만 우리가 말하려는 붕괴는 노동과 맺는 관계가 점점 더 지속 가능하지 않게 된다는 점과 관련되어 있다.

먼저 우리가 일하는 시간이 너무 길기 때문이다. 경제협력개발기구(OECD) 발표를 보면, 미국인의 평균 노동 시간은 비슷한 수준의 다른 국가 노동자들보다 길다. 생산성과 소득 수준이 높아지면 여가 시간이 늘어나는 많은 서구 국가들과 달리, 미국인은 생산성이 향상되어도 계속해서 과로한다. OECD는 "미국은 막대한 부를 자랑하는 경제 규모가 예상하는 것보다 연간 269시간 더 일하고 있으며, 이번 조사에 따르면 전 세계에서 두 번째로 과도하게 노동하는 국가다."[27]

이것이 우리가 일하는 방식이다. 《복스(Vox)》의 애나 노스(Anna North)는 이렇게 썼다. "코로나19가 발발하기 훨씬 전에 미국인들은 마치 가족이 없는 사람처럼 일해야 한다고 생각했다."[28] 이런 기대는 2차 세계대전 이후, 특히 사무직 노동자들이 대부분 남성이었을 때 암묵적인 규범이 되었다. 1960년대에는 어머니의 20퍼센트만이 일을 했다. 2010년에는 70퍼센트의 어린이가 어떤 형태로든 어른 모두가 고용되어 있는 가정에서 지냈다.[29] 하지만 특히 미국의 직장 정책은 육아 휴가 정책이나 시간 외 근무에 대한 기대치 등의 면에서 새로운 현실에 맞는 방향으로 진화하지 못했다. "이상적인 노동자는 여전히 가급적 가족에 대한 의무가 없는 노동자다. 부모, 특히 어머니들은 그런 이상에 자신을 억지로 끼워 맞추려 애쓰다가 그 결과 스트레스, 과로, 번아웃에 빠지고, 어떤 경우에는 완전히 노동을 포기하기도 한다.[30]

이런 기대와 실패 중 일부는 미국에만 있는 독특한 현상이다. 하지만 노동자들은 전 세계적으로 분투 중이다. 마이크로소프트는 2021년 업무 동향 지표(Work Trend Index)에서 31개국 3만 명 이상의 노동자들을 조사한 결과, 이들 중 54퍼센트가 과도한 업무를 하고 있으며, 39퍼센트는 탈진한 상태이고, 20퍼센트는 고용주가 워라밸을 전혀 신경 쓰지 않는다고 답했다고 발표했다.[31] 이처럼 많은 시간이 업무에 투여되었지만, 전 세계 GDP는 2012년 이후로 계속 정체 상태다.[32] 2017년 갤럽이 내놓은 글로벌 직장 실태(State of the Global Workplace) 보고서에 따르면, 성인 66퍼센트가 업무에 몰입하지 못한다고 했고, 18퍼센트는 일부러 몰입하지 않는다고 했다. 이 보고서는 회사의 성과를 "정신적으로 몰입하고 싶어 하는 인간의 기본 욕구에 맞춘" 기업이 "직원을 최대한 활용"할 가능성이 가장 높다는 것을 보여준다.[33] 하지만 이런 사실을 알고 있는 조직은 거의 없는 것 같다. 그 대신에 이들은 주먹구구식 경영, 일반화된 노동자의 자율성 부족, 노동자의 번아웃을 초래하는 근무 시간 및 기대치 증가를 통해 생산성과 열정을 억누르고 있다.

맞다, 글로벌 노동력이 실제로 붕괴된 건 아니다. 어쩌면 결코 붕괴되지 않을 것이다. 하지만 앞서 열거한 경향들은 우리가 일에 대해 생각하는 방식, 그리고 일을 수행하도록 요청받는 방식의 중심에서 상황이 악화되고 있다는 신호인 것 같다. 우리가 일과 맺는 관계는 망가졌다. 우리의 태도는 불량하고, 개인에게 너무나 많은 것이 요구되며, 노동에 대한 보상은 투입한 시간에 비례하지 않고, 특히 미국에서는 많은 정책이 우리가 일을 계속해나가는 데 필요한 지원을 제공하지 않는다.

이것이 바로 붕괴가 일어나게 하는 조건들이다. 거시적 수준에서는 붕괴가 일어나지 않을지라도, 우리의 기록을 보면 개인 수준에서는 매일 시시때때로 붕괴가 일어나고 있다. 어떤 의미에서는 당신이 관리자나 경영진이라면, (반드시) 당신에게 직접적인 붕괴는 아니라는 뜻이다. 이 같은 역학 관계는 조직 전체에 영향을 미치며, 따라서 많은 노동자들은 유일한 해결책이 노동조합이라는 사실을 당연히 알게 될 것이다. 또한 당신 회사의 직원들이 자기들의 역할과 리더인 당신에게 만족한다고 해도, 여전히 그들도 이런 체계 속에서 움직이고 있다는 뜻이기도 하다. 직원들의 리더로서, 사람들이 일과 맺는 관계를 재해석하고 고쳐 만들 책무가 결국에는 당신에게 밀어닥칠 것이다. 이런 의미에서 당신에게 지극히 직접적인 일이라고 느껴야 한다. 진부하게 들리겠지만, 사람들의 삶에 중요한 변화를 가져올 힘을 당신이 갖고 있다. 그렇다면 그 힘으로 무엇을 하겠는가?

마치 아무 일도 없었다는 듯이 사무실로 복귀해서 회사 생활의 리듬을 되찾는다면, 모두가 자기 집이 아닌 다른 곳에 있다는 새로운 상황을 즐기는 평온한 날들이 올까? 하지만 팬데믹 기간이 남긴 상처는 여전히 노출되어 있다. 기업들이 계속해서 단기 성장에 집중하고, 리스크와 불안정성을 노동자에게 떠넘기는 규정으로 유연근무에 의존한다면, 불신과 탈진이 계속 커져갈 것이다. 관리자들은 번아웃에 빠진 노동자들에게 회사의 계속되는 요구를 전달하는 부담에 짓눌려 붕괴할 것이다. 그런 기업 문화는 특징이 어떻든지 퇴락할 것이다. 팬데믹 이전에 붕괴하지 않았다면, 곧 그렇게 될 것이다.

　　그러나 우리는 이런 시나리오를 거부할 수 있다. 기업이 언제나 매혹적으로 들리는 '괜찮은' 기업 문화를 정말로 구축하고자 한다면, 직원들에게 제공하는 편의 시설이나 사무 공간만이 아니라 전체 업무 스타일, 최적화와 현재주의(presentism)라는 전반적 분위기를 다시 생각해봐야 한다. 그렇게 하려면 1장에서 논의했던 대로 유연성을 진정으로 포용해야 할 것이다. 한편 이는 '성장'과 '규모'를 뛰어넘는 핵심 가치를 재고하고, 지속 가능한 양질의 생산성에 이르는 방법을 강요나 감시로 이룰 수 없다는 걸 이해한다는 뜻이기도 하다. 생산성은 노동자들이 필수적인 욕구를 충족할 때 얻게 되는 부산물이다.

　　이는 기존 기업 문화에다, 새롭고 현란하고 완결된 개념의 문화를 이식하는 그런 문제가 아니다. 무엇이 기업 문화를 지금처럼 형성하는지 다시 생각해보고, 그 구조를 뒤이은 분투와 연결하여 어떻게 하면 유연성이 이를 바꿀 수 있을지 생각해보는 일이다. 이것은 몹시 고되고 한없이 힘든 일이다. 새롭고 활기차고 지속 가능한 성장을 가능하게 하는 씨앗을 싹트게 하려면 일단 땅부터 갈아야 한다.

유연근무 문화는 어떤 모습일까

폴 허션슨은 금요일에 일하지 않는다. 지난 8년 동안 직장인 대다수가 주말이 오기만을 기다리며 안달을 내고 있을 때, 폴은 배낭을 꾸리고 팟캐스트 몇 개를 찾아서 차에 올라탔다. 샌디에이고 집에서 야생의 공간으로 운전해가는 동안 어쩌면 그는 한두 통의 전화를 받겠지만 늘 그렇진 않고, 전화를 받고 안 받고는 그의 선택에 달렸다. 어느 금요일 아침에 우리는 그에게 전화를 걸었고, 이미 도시를 빠져나가고 있던 그는 이런 이야기를 들려주었다. "시간을 늘려 쓰는 좋은 방법이죠. 그 시간에 저는 생각을 정리할 수 있으니까요."

폴은 30년 동안 사무실에서 일한 적이 없다. 그렇지만 이런 설명도 진실과는 약간 거리가 있다. 그는 소프트웨어 개발자로 일하면서 그가 말하는 "평범한 직장"에서 일한 적이 없었다. 그가 운영하는 회사 아트플러스로직(Art+Logic)에는 공식적인 작업 공간이 있었던 적이 없는데, 이는 화합하는 기업 문화 덕분이라고 한다. 하지만 아직도 폴은 사업상의 조언을 나누는 일에 조심스럽다. 그는 자신에게 효과가 있었던 방법이 다른 사람에게는 그렇지 않을 수도 있다는 걸 인지하고 있다. 그가 운영을 돕는 회사 내부 사람들도 포함해서 하는 이야기다. 아트플러스로직을 진정으로 유연하고, 업무가 전적으로 동시에 이루어지지 않도록 설계한 것도 그런 이유에서다.

폴의 하이킹도 그런 설계의 일환이다. 그가 주중 말미에 시간을 내서 자연으로 떠나는 일은 정신을 맑게 하고 스트레스를 덜어준다. 학교에 다니는 자녀들이 있지만, 양육 부담을 파트너에게 떠넘기지 않는다. 사무실에만 있어야 하는 것도 아니라서 시간은 온전히 그의 것이다. 예순다섯 명의 직원들 중 많은 수가 비슷하게 독자적인 스케줄에 따라 움직인다. 그래픽 디자이너는 2년 전에 아이를 낳고 나서 스케줄을 재조정했다. 그는 한낮에 몇 시간 몰아서 일을 하고 나서 저녁 약 7시부터 10시까지 다시 일을 한다. "그는 생계를 꾸리고 하고 싶은 일을 하면서도 주 양육자가 되겠다는 바람을 실현할 수 있도록 일과를 구성했습니다. 양쪽 다 똑같이 중요하니까요."라고 그는 말했다.

회사 내 다른 개발자는 열혈 골퍼라서 일주일에도 몇 번씩 라운딩을 나간다. "그가 언제 골프를 치는지, 얼마나 자주 치는지 저는 모릅니다. 정말로요." 폴은 말했다. "하지만 그가 원할 때 언제든 시간을 낼 거라는 건 100퍼센트 확신합니다."

이 부분을 읽으면서 사납게 눈을 치켜뜨는 사람도 있을 것이다. 폴과 예순다섯 명의 직원은 꿈의 직장에 다니는구나, 부럽네! 어쩌면 약간 열받는다고 느낄 수도 있다. 금요일에 하이킹이라고! 엄청 좋겠네! 팬데믹 이전에는 다들 그런 정도의 유연근무는 자기 직무에서는 거의 불가능하다고 생각했을 것이다. 하지만 몇 달 동안 재택근무를 하면서 자문했을 것이다. 어째서 자기 근무 시간을 선택하거나 취미 생활이나 돌봄 등을 병행하면서 일하는 게 사치라고 생각했던 걸까?

여러 면에서 이러한 회의적이고 완고한 마음가짐을 깨뜨리는 게 이 책을 쓴 목적이다. 하지만 유연근무제가 눈에 보이지 않거나 그것이 어떻게 작동하는지 알 수 없다면 상상하기 어렵다. 아트플러스로직은 경영진을 포함한 직원들을 위해 굴러가는 유연한 기업 문화의 한 사례다. 회사와 직원의 목표는 솔직하게 설정되고, 명확하게 전달된다. 폴이 "적정한 예상치 설정하기"라고 설명한 매일 하는 업무의 일부다. 이런 예상치는 어떤 업무를 유연하게 하고 어떤 업무는 고정된 대로 해야 하는지를 이해할 수 있게 고안되었다. 예를 들어 직원들은 정규 업무 시간에 대부분 일할 것으로 예상되지만, 미리 내용을 알리고 일정을 지키기만 하면 일정을 자신에게 적합하게 조정할 수 있다.

아트플러스로직 직원들은 시차를 두고 일할 수 있다. 어떤 일을 해야 하고, 누가 그것을 해야 하는지 투명하기 때문이다. 이로써 더 많은 책임성이 주어진다. 그들의 기업 문화는 신뢰에 기반한다. 기업의 강령이나 구인 광고에 나와 있는 공허한 어구가 아니라, 직원들이 예상치를 충족할 거라는 진짜 신뢰 말이다. 그런 신뢰가 있기 때문에 언제 일을 반드시 해야 하는지에 관한 소소하고 때로는 중요한 결정을 내릴 수 있는 진짜 자유가 허락된다. 물론 기업에는 그런 신뢰에 부응하고 그것을 강조하는 장기 전략이 있어야 한다. 이들은 즉각적인 성장이 아니라 장기 비전에 집중하며, 이로써 소중한 직원들을 경쟁 업체에 빼앗기지 않고 지킬 수 있다.

아트플러스로직의 기업 문화는 다른 어떤 회사로도 복제될 수 없다. 마술 같은 공식이 있는 게 아니기 때문이다. 문화는 다른 규모에서 당연히 다르게 발현된다. 직원 수 60명인 소프트웨어 회사에서 작동하는 문화가 직원 수 25만 명인 글로벌 기업에서는 어떤 종말을 가져올 수도 있다. 하지만 아트플러스로직의 성공적인 기업 문화에서 크기가 근본적인 중요성을 갖는 건 아니다. 그들은 기업 문화의 본질적인 부분을 제대로 이해하고 있다. 회사가 직원들에게 요구하고 있다고 말하는 것, 그리고 실제로 직원들에게 요구하고 있는 것, 이 둘은 같은 것이다.

그렇다면 무엇이 건전하고 유연한 기업 문화를 만드는가? 경영 관리다. 고정된 관리, 가볍게 쓰고 버리는 관리, 구식 관리가 아니라 현재의 필요를 충족시키는 경영 관리. 우리에게는 당신의 기존 관리 문화와 그것을 바꿀 방법을 점검해볼 수 있는 내용이 있지만, 그것은 체크리스트라기보다 일종의 지도다. 당신은 그것을 사용해서 자기만의 경로를 찾아낼 수 있다. 당신의 기업에 필요한 변화가 당신이 금세 알아볼 수 있는 아주 간단한 것인 경우는 거의 없다는 점을 명심해야 한다. 가장 취약하고, 가장 눈에 띄고, 가장 망가지고 고갈되어 있다고 느껴지는 부분을 찾아내자. 그리고 그곳을 출발점으로 삼아야 한다.

관리자란 무엇인가

멀리사 나이팅게일과 남편 조너선은 2000년에서 2010년 사이 모질라(Mozilla)의 첫 번째 대규모 채용 때 이 회사에 들어간 직원이었다. 그들은 스타트업의 초창기에 참여한 수많은 인재들과 마찬가지로 젊고 경험은 많지 않았지만, 회사 순위가 상승하면서 자기들도 빠르게 성장했다. 그들은 승진을 거듭하면서 더 많은 관리 책임을 맡게 되었다. 도대체 해야 할 일이 무엇인지 이해하지 못했는데도 말이다.

2017년부터 나이팅게일 부부는 성장 기업에 특화된 새로운 종류의 경영 관리 컨설턴트로 일해오고 있다. 매일 그들은 나쁜 기업들이 직원과 어떻게 커뮤니케이션하고 직원을 어떻게 관리하는지 경청하면서 시간을 보낸다. 그것도 많은 시간을 들여서 그렇게 한다. 그러고 나서 그들은 그것을 바로잡으려 노력한다.

"대개는 악의가 있어서 그러는 게 아니에요." 멀리사는 기업 대부분의 운영 방식에 대해 언급했다. "몰라서 그러는 거죠. 악역 배우들이 있긴 합니다. 권력이라는 환상을 실연하는 사람들이죠. 하지만 많은 전술적인 것들은 주변부에서 벌어집니다. 사무실 근무가 형편없으면 원격근무 또한 같은 이유로 형편없을 겁니다. 경영 관리가 형편없기 때문이니까요."

모질라에서 나이팅게일 부부가 관리했던 초기 팀들은 팀원이 전 세계에 흩어져 있었다. 멀리사와 조너선은 자기 팀의 업무를 조율하는 동시에, 각 팀원들이 각자의 시간대에서 낮 시간 외에는 일을 할당받지 않도록 조율하는 업무를 맡았다. 그 당시는 슬랙이 없던 시절이었다. "협업하는 게 정말 힘들었어요."라고 조너선이 말했다. "우리는 그냥 계속 해나갈 뿐이었죠." 멀리사가 덧붙였다. "게다가 윗사람으로부터 점점 더 많은 권한이 우리에게 주어졌어요. 결국엔 '누가 이 일을 어떻게 해야 하는지 알려줄 사람이 있을까?' 하는 지경에 이르렀어요."

그 대답이 실은 '아니오.'라는 걸 그들은 깨달았다. 그들은 혼자였다. 다른 관리자들을 둘러보니 대개 신규 관리자는 관리가 아닌 업무에 따라 (대개는 그들이 하던 일을 상당히 잘했기 때문에) 뽑히는 경우가 많았고 "관리자가 되고 싶습니까?"라는 질문을 받았다는 것을 알게 되었다. 이런 이동은 늘 승진이나 출세로 표현된다. 연봉 수준 또한 높아진다. 대부분의 직원들은 그러겠다고 대답할 것이고, 그러고 나면 즉시 자기들이 거의 아무런 교육 훈련도 없이 관리에 뛰어들었다는 사실을 알게 된다.

"그런 이들이 결국 엉망진창인 관리자가 되어서 주변 모든 사람들의 생활을 더 엉망진창으로 만들죠." 조너선은 말했다. "다시 말하지만 악의가 있어서가 아닙니다. 몰라서 그러는 겁니다. 아무도 그들에게 어떻게 해야 하는지 알려주지 않았어요."

이런 관행은 특정 업종에 국한되지 않는다. 하지만 나이팅게일은 특히 테크 기업들에 만연해 있다고 했다. 여러 해 동안 그들은 문제 있는 스타트업들과 실리콘밸리에서 물의를 일으켰던 잘못된 행동들에 대한 이야기를 읽었고, 예상되는 문제들에 간단하지만 찾기 힘든 해결책이 있다는 걸 알게 되었다. 그들은 자기 회사를 시작했다. 토론토를 근거지로, 있는 그대로의 문제점을 진단하는 일을 하는 로시그널(Raw Signal)이란 회사다.

그러나 상황은 생각보다 더 좋지 않았다. 경영진의 비전에 담긴 미사여구에도 불구하고 회사에서 일하는 일상적인 경험(기업 문화, 기회, 좌절)이 최고 경영진에 의해 결정되는 경우는 드물었다. 대신에 직속 상사인 중간 관리자가 직무가 수동 공격적인 전쟁 같은 일상 경험으로 느껴질지, 아니면 협력적이고 생산적이고 만족스러운 것으로 느껴질지를 결정하는 분위기를 조성했다.

예를 들어 팬데믹 동안에 워라밸에 접근한 방법을 유지한다고 하자. 능숙한 관리자라면 원격근무자 각자에게 다른 접근 방법을 취할 것이다. 관리자는 직원 개개인에게 필요한 것들, 어떻게 하면 그들이 원격근무를 하면서 열심히 일할지, 직원들이 생활에서 어떤 스트레스와 압박을 받고 있는지, 어떻게 그런 것을 조율하면서 일할지 등을 이해하려 시도할 것이다. 관리자는 직원의 필요에 따라 신뢰와 공간 또는 관심과 지침을 제공할 것이다. 요컨대 적극적이고 역동적으로 관리할 것이다.

하지만 대부분의 관리자는 팬데믹이 초래한 엄청난 혼란은 고사하고 사소한 혼란조차 어떻게 처리해야 할지 훈련받지 못했다. 훈련 없이는 흔히 두 가지 극단적인 방법 중 하나를 택한다. 자기 업무를 눈에 띄고 의미 있는 것으로 만들 다른 방법을 알지 못하기 때문에 불필요할 정도로 세세하게 관리하거나, 그들의 상위 관리자가 하는 방식대로 관리를 뒷전으로 미룬다. 직원들은 피드백이 절실한 상태에 놓여 슬랙 메시지를 보내지만 아무 소용도 없다.

이 모든 것은 팬데믹 이전에 사람들이 주로 사무실에서 일하던 시절에도 마찬가지였다. 원격근무가 새로운 문제를 일으킨 게 아니라 기존의 문제를 악화시켰을 뿐이다. 멀리사와 조너선이 원격근무와 유연근무의 성공 여부가 새로운 테크놀로지의 채택이나 전략적 조직 계획, CEO나 이사회의 선호와는 별로 관련이 없다고 생각하는 이유다. 그건 전적으로 중간 관리에 달려 있다.

"사람들이 원격근무 이야기를 할 때면, 저는 듣고 있죠. '우리는 적게 일하고도 생산적일 겁니다.' 그러면 저는 '그래요, 맞습니다. 기대되는 일이네요.'라고 합니다. 하지만 관리가 제대로 되지 않는다면, 일주일에 5일, 하루 네 시간 근무만으로도 곧바로 번아웃에 빠지게 될 수 있어요."라고 멀리사는 말했다. "상사와 충분히 눈을 마주치지 못하거나 슬랙 메시지를 충분히 보내지 못하면 해고될지도 모른다는 두려움에 사로잡혀 있다면, 업무 시간을 줄이는 건 도움이 되지 않습니다. 사실 더 적게 일하지도 않을 겁니다. 불안정한 상태를 벌충하겠다고 과잉 결과물을 내느라 번아웃에 빠지게 될 거예요."

문제는 번아웃 그 이상이다. 교육 훈련의 부족은 중간 관리자들에게 학습성 무기력 상태를 가져온다. 그들은 직원들을 보호하는 방벽 역할을 하면서 잘못된 의사 결정에 반발하는 대신에, (종종 무지한) 경영진이 요구하는 바를 수동적으로 전달하기만 하게 된다. (괜찮은) 관리가 부족하다 보면, 불평등이 커지고 미세한 차별이 거대한 차별이 되어버린다. 5년, 어쩌면 10년 동안 일을 해온 사람에게 그가 내내 자기 업무의 핵심을 놓치고 있었다고 어떻게 이야기해줘야 할까?

사람들은 몰라서 나쁜 관리자가 될 수도 있다. 그렇다고 해서 책임이 없어지지는 않는다. 나쁜 관리에는 치명적이고 오래 지속되는 부작용이 있다. "관리자가 그저 자기 일에 관심을 기울였더니 급여가 조정된 여성을 본 적이 있습니다."라고 조너선은 말했다. "그 여성이 그 이전에 자기 팀에서 급여를 적게 받은 건 상사가 한쪽에서 시시덕거리고 있었기 때문이 아닙니다. 아무도 그 상사에게 빌어먹을 스프레드시트를 살펴보는 게 그의 책무라고 말해주지 않았기 때문입니다."

멀리사와 조너선이 지적한 대로 "급여를 받고 있다면, 교육 훈련을 받아야 한다. 실제 사람들을 가지고 이것저것 실험해볼 수는 없다." 교육 훈련은 어떤 모습일까? 하루 날을 정해서 업무를 중단하고 훈련 과정을 이수한다거나, 두 시간짜리 인터넷 세미나를 켜놓고 트위터를 훑는 일일 것 같지는 않다. 대다수 현대 조직에서 '경영 관리'가 마치 고등학교 교사가 학교 배구부 코치를 겸임해서 추가 수당을 받는 것처럼 누군가의 기존 직무에 부가되는 일이 되었음을 깨달아야 한다. 평생 경기를 몇 번 해보지 않았다 해도 누군가는 그 일을 해야만 한다. 게다가, 월급이 오르는 일을 누가 마다하겠는가?

경영 관리직으로의 승진은 매출에서든 보조금을 따내는 일에서든 데이터 분석에서든 그 밖에 무엇에서든 뛰어난 생산성을 달성한 노동자에게 보상하는 방법으로 사용된다. 하지만 《하버드 비즈니스 리뷰》에서 발표한 최신 연구에서 언급한 대로 지식, 전문성, 결과물을 산출하는 추진력, 솔선수범 등 높은 생산성과 연관된 기술은 거의 모두 개인에게 주안점을 두는 능력 지표다. 경영 관리는 타인에게 주안점을 두는 기술, 즉 피드백 받아들이기, 동료의 발전을 뒷받침하기, 원활하게 소통하기, 능숙한 대인 관계 등을 필요로 한다.[34]

좋은 관리자는 종종 생산성이 높다. 하지만 생산성이 높은 사람이 항상 좋은 관리자인 것은 아니다. 그들은 결국 그 자리에서 끝난다. 대부분의 기업이 실질적으로 좋은 관리에 충분한 가치를 부여해서 그 특성을 규정하고 그런 특성이 있는 직원을 모집하고 유지하지 않기 때문이다.

경영 관리를 정제된 기술을 요구하는 실질적인 업무가 아니라 '부가적인 것'으로 취급하는 이런 경향은, 나이팅게일 부부가 밝혀낸 것처럼, 신생 스타트업이든 오래된 스타트업이든 양쪽 모두에 만연해 있다. 하지만 자금난에 처해 있는 비영리 단체들, 대학교 학과들(학과장들을 보자.), 1960년대와 1970년대에 제멋대로 확장되어 비대해진 경영 관리 조직이 있는 전통적인 회사들에서도 흔히 볼 수 있다. 당시에 사람들은 형편없는 경영 관리를 해결하려고 조직도를 확장해서 형편없이 훈련받은 관리자들을 더 많이 양산했다. 이제는 그런 문제를 해결하려고 경영 관리를 무시한다.

이들 기업 다수는 중간 관리직을 쓸데없이 비대해진 낭비적인 것으로 치부하며, 데이비드 그레이버(David Graeber)는 이를 '불쉿 잡'이라고 했다. 하지만 그건 형편없는 관리가 정말로 쓸데없는 일이기 때문이다. 누군가에게 더 많은 돈을 지불하면서 그의 주변 사람 모두를 짜증나게 하는 셈이다. 더 많은 사람들이 그런 종류의 형편없는 경영 관리를 겪고 나면, 경영 관리는 '원래 그런 것'이라고 생각하면서 전반적인 경영 관리를 별로 가치 없는 것으로 치부하게 된다. 그럴 때 관건은 어떻게 하면 경영 관리를 별도의 가치 있는 기술, 즉 조직의 전반적인 가치와 회복탄력성에 기여하는 결과물로 취급할지 생각하는 것이다. 그렇지 않으면 아무리 유연한 태도를 포용하는 조직이라고 해도 관리자는 계속해서 이를 무거운 짐처럼 느낄 것이다.

　기업이 나이팅게일 부부 같은 이들을 불러들이거나 다른 종류의 경영 관리 훈련을 계약하기 전에 누가 관리직에 있는지 생각해볼 필요가 있다. 얼마나 많은 사람들이 달리 두각을 나타낼 다른 방법이 없다는 이유로 소질이나 노력 없이도 관리자의 책임을 짊어졌던가? 얼마나 많은 이들이 그 일을 싫어하는가? 얼마나 많은 이들이 더 많은 시간을 들여 팀 관리에 헌신하고 싶어 하면서도, 다른 업무 외에 팀 관리에 전념할 시간과 여유가 거의 없다고 느끼는가?

　다시 말해 아마도 일부 관리자들은 관리자가 되지 말았어야 했다. 어쩌면 당신은 관리자가 되지 말았어야 했다. 어쩌면 관리자가 아니고 관리자가 된다는 건 생각도 해본 적 없는 사람이 실제로는 소질이 있을지도 모른다. 경영 관리는 너무나 오랫동안 승진으로 생각되어서 그 자리가 갖는 실질적인 중요성이 퇴색되었다. 그것은 권력을 차지하는 자리가 아니다. 그것은 팀이 업무에 최선을 다할 수 있는 조건을 실제로 만들어내는 방법을 궁리하는 자리다. 그런 업무는 종종 눈에 띄지 않지만, 회사는 그 일을 매우 중하게 취급해야만 한다.

현재 경영 관리는 어떤 모습인가

오랫동안 사람들은 방황하고, 불안해하고, 자신의 직장에서 관리받지 못한다고 느꼈다. 이제는 경영 관리가 무엇을 놓치고 있고, 그것을 어떻게 완전하거나 유연한 원격근무의 미래에 재통합시킬지 다시 생각해볼 때다.

코린 탄(Corine Tan), 앤드루 저우(Andrew Zhou), 시드 판디야(Sid Pandiya)는 거의 우연히 이를 깨달았다. 세 사람은 직장 생활 초기를 서로 다른 스타트업에서 보냈다. 판디야와 저우는 엔지니어링과 제품 부문에서 일했고, 탄은 사업 개발과 마케팅 부문에서 일했다. 사무실에서 일하던 때에도 그들은 자신들의 일이 점차 고립되어 컴퓨터 화면에서만 이루어진다는 걸 알아차렸다. 직장 동료들은 추상적인 관념, 인간이라기보다는 회신을 기다리고 있는 이메일 정도가 되어갔다. 그들은 모두 근본적인 질문에 답하는 데 관심을 가졌다. 사람들이 서로가 어떤 업무 스타일을 선호하는지 안다면 함께 더 잘 일할 수 있을까? 그래서 그들은 사이크인사이트(Sike Insights)라는 회사를 만들어 원격근무를 연구했다.

2019년 10월에 그들은 링크드인을 통해 테크 기업들에 접촉하면서 몇 가지 기본 질문을 던졌다. 당신은 원격근무를 좋아합니까, 싫어합니까? 이들은 우버이츠(Uber Eats), 글래스도어, 허브스태프(Hubstaff), 에버노트(Evernote), 모질라 같은 기업들의 관리자들, 낮은 직급 직원들, 고위직 임원들과 이야기를 나누었다. 그들은 데이터 분석의 초기 단계에 있었다. 그러다가 팬데믹이 터졌다.

"말도 안 되는 일이죠." 탄은 우리에게 말했다. "우리는 광범위한 데이터 전반을 보유하고 있습니다. 처음에는 '원격근무라니 좋아요!'인 거 같았는데, '글로벌 팬데믹이 모든 걸 바꿔버렸어요, 상당한 스트레스네요.'로 바뀌었고 그러다가 '저는 6개월 전에 입사했는데, 같이 일하는 사람이라고는 한 명도 못 만났어요.'가 되었죠."

사이크인사이트가 수집한 데이터를 보면 암울한 그림이 펼쳐진다. 110개 기업의 직원들과 90시간 이상 줌 미팅을 한 결과, 대부분의 직장이 강제 재택근무의 압박에 시달리고 있다는 걸 알게 되었다. 사람들은 장시간 줌 사용에 지쳐 있었고, 팀원들과 정서적 유대감을 가지려 분투해야 한다는 점에 더 힘들어했다. "우리가 인터뷰했던 어떤 이가 그 상황을 완벽하게 요약했어요."라고 저우는 말했다. "그는 우리에게 '여러 명에게 하는 이야기는 늘었지만 둘이 하는 이야기는 줄었어요.'라고 했어요." 정서적 단절은 불안을 일으켰고, 일하면서 얻는 소소한 무형의 즐거움을 앗아갔다. 그 이유는 분명했다. 감성 지능이 부족한 경영 관리 때문이었다.

설문 조사에 참여한 원격근무 관리자들은 직접 보고를 받고 챙겨야 하는 직원 수가 평균 4.87명이었다. 많지 않게 느껴질 수도 있지만, 대부분의 관리자에게 정서적으로 복잡한 상태인 다섯 명을 상대하는 건 큰 부담이었다. 모두가 스트레스를 받고 있었고 각자 자기만의 필요와 욕구가 있었다. 더욱이 사이크인사이트의 세 사람이 이야기를 나누었던 원격근무 관리자의 21.5퍼센트가 강제적인 재택근무가 시작되었을 당시 관리자 경력이 1년도 채 되지 않았다. 그들은 나이팅게일 부부가 겪었던 것과 똑같은 문제에 봉착했다. 관리자들은 훈련이 부족했고, 업무는 과중했고, 스트레스가 심한 새로운 현실에 놓일 수밖에 없었다. 그 결과로 모두가 고통받았다.

"좋은 관리자가 되려면, 감성 지능이 필요합니다." 판디야가 말했다. "그건 우리 회사의 전사(全社)적인 명제입니다. 관리자의 감성 지능은 기업의 문화를 비참하게 만들기도 하고 탁월하게 만들기도 하거든요. 그런데 같은 공간에 있지 않으면서 감성 지능을 발휘하기는 어렵습니다." 결과적으로 이들 셋은 중간 관리자가 팀원의 스트레스 대부분을 흡수하는 동시에 자기 팀이 보살핌을 받는다는 느낌을 받도록 해야 한다는 압박을 상급자로부터 받고 있음을 알게 되었다.

그들은 해결책을 찾고자 원격근무를 하고 있는 직원들의 정신 건강을 측정해서 팀장들이 "공감 기반 커뮤니케이션"을 할 수 있도록 돕는 코나(Kona)라는 소프트웨어 플랫폼을 만들었다. 매일 아침 코나는 직원들에게 그날의 기분을 표시해달라고 요청해서 직원들의 "상태 확인"을 한다. 직원들은 색을 골라 답한다.(녹색은 기분 좋음, 노랑은 좋기도 하고 싫기도 함, 빨강은 힘들어하고 있다는 표시다.) 좀 더 자세한 설명을 선택적으로 덧붙일 수도 있다. 그 결과는 팀장에게 공유되어 코나 팀이 "사람들의 기분에 대한 전반적인 분위기"라고 부르는 것을 종합할 수 있게 한다.

또한 팀장은 오랜 시간 동안 팀원의 정서 온도를 기록함으로써 어떤 프로젝트나 특별한 정책이 팀에 어떤 영향을 미칠지 감을 가지게 된다. 또 코나는 직원들에게 업무 스타일에 관해 답해달라고 하고, 직원들이 동의하는 경우, 인공 지능을 이용해서 공용 슬랙 채널 같은 플랫폼에서 이루어진 직원 간 커뮤니케이션을 분석한다. 이를 통해 직원들의 성격 프로필을 작성해서 그들이 볼 수 있게 한 다음에, 원하는 경우 공개해서 다른 팀원들이 사용할 수 있게 한다.

개발팀은 코나가 정직한 데이터를 충분히 확보해서 직원들, 특히 관리자들이 보다 효과적으로 실시간 커뮤니케이션을 할 수 있도록 도울 수 있기를 기대한다고 말했다. "슬랙에서 메시지를 입력하거나 이메일을 쓴다고 상상해보세요. 코나가 별안간 나타나서 말합니다. '앤드루에게 숫자를 가득 넣은 데이터 기반의 주장을 하려는 것 같은데, 리서치 결과를 보면 앤드루는 정서적인 주장에 가장 잘 반응합니다.'"라고 판디야가 말했다. 그는 또 다른 그럴듯한 시나리오를 설명했다. 코나가 나타나서 당신이 "거듭 회신하고 있는" 이메일은 시급한 게 아니며, 실은 리베카가 현재 여섯 시간짜리 회의에 참석해 있고 오늘 스트레스가 심하다고 알려주면서 이메일은 내일 보내면 어떻겠냐고 묻는다.

노동자들의 감정 데이터를 기반으로 하는 플랫폼에는 엄청난 위험이 있다. 타인을 조종하려는 동료가 이를 남용할 수 있다. 슬랙이나 캘린더 앱 같은 회사 채널을 통해 오가는 공적 커뮤니케이션을 살펴본다고 할 때, 실제로 개인정보 침해가 일어날 우려가 있다. 그날그날 자기 기분이 어떤지 봇에게 이야기하기를 꺼리지 않거나, 기분을 망쳤을 때 남들이 알더라도 거리낌이 없는 직원도 일부 있을 것이다. 그러나 다수 직원들은 플랫폼이 부자연스럽고 성가시게 침습한다고 생각할 것이다. 하지만 플랫폼의 창립자들에 따르면 바로 그 지점이 중요하다. 불투명성과 커뮤니케이션 부족은 오늘날 너무 많은 경영 관리 문제의 진짜 핵심이다. 대부분의 사람들은 한 치 앞도 모르는 채 움직이고, 해고되지 않으려고 조심스럽게 눈치를 살피면서 모호한 텍스트 뭉치로부터 동료와 상사의 감정 상태를 파악해야 하는데, 이는 그 과제를 거의 신의 영역에 맡겨두는 셈이다. 유연근무로 이전보다 대면 접촉이 줄어든다면, 대면 업무 공간에서 비공식적인 언어 역할을 했던 약한 경련, 눈짓, 자세, 배꼽 잡는 웃음 등을 사람들이 어떻게 표현하고 처리할 수 있을까?

"우린 늘 기업 문화에 관해 이야기하죠. 하지만 우리가 이야기하고 있는 내용은 아주 막연합니다." 저우는 말했다. "문화를 분석한다는 게 정말로 가능하다고 생각해보세요. 팀장들에게 팀의 건강 상태와 경향을 보여주고, 그것을 그들이 내리는 구체적인 의사 결정과 연결할 수 있다고 생각해보세요." 실로 엄청난 아이디어다. 지나치게 열성적인 팀장이 쓸데없이 프로젝트 제출일을 일주일 당기는 바람에, 팀원들이 다른 일을 모두 팽개치고 거기에 매달려 있다고 해보자. 그런 일은 모두를 비참하게 만들고 최종 결과물은 더 나빠진다. 코나 같은 플랫폼은 이론적으로는 그 팀장(그리고 그 팀장의 관리자)이 이런 의사 결정을 되짚어보고 그로부터 교훈을 얻도록 이끈다.

"지금 당장은 이 플랫폼이 좁은 틈새 시장을 노리는 것처럼 느껴지겠지만, 기업들은 이런 종류의 경영 관리를 채택할 겁니다." 판디야는 말했다. "지금부터 10년 후면 이런 하이브리드 스타일을 받아들이지 않았던 기업이 공룡처럼 느껴지겠죠. 마치 2000년대 초에 인터넷을 보고서도 '패스'라고 말했던 기업들처럼요."

하지만 효과적인 경영 관리가 옛날식의 인간적 통찰과 분석을 결합해 이루어지는 이러한 '하이브리드 스타일'은 팀원들이 감정 상태를 매일 '녹색'으로 표시해야 한다고 느끼지 않는 환경이 조성되어야 가능하다. 그리고 축적된 데이터가 들려주는 이야기가 팀장 자신의 인식에 배치되더라도 팀장이 이를 진심으로 수용할 때에만 가능하다.

약간 덜 침습적인 사례로, 마이크로소프트 팀즈를 사용하는 기업에서 관리자들이 이용할 수 있는 마이크로소프트의 '리더십 인사이트'를 살펴보자. 리더십 페이지가 활성화되면 팀장은 팀원 각자와 일대일 대면에 얼마나 많은 시간을 할당했는지, 팀 회의는 어떤 성격으로 얼마나 오래 진행되었는지, 그리고 팀의 '조용한 시간(말하자면 온라인 접속을 하지 않고 일도 하지 않는 시간)'이 언제 자연스럽게 줄었는지 기록을 살펴볼 수 있다. 팀장은 당신이 이메일을 몇 통이나 보냈는지, 또는 정확히 어떤 종류의 일을 하고 있는지는 알 수 없다. 다만 팀즈에 접속해서 그것을 사용하고 있는지만 알 수 있다.

이 정보는 관리자가 스스로의 관리 행동에 대해 더 솔직해지도록 도울 수 있다. 당신은 회의에 집중했다고 생각하지만, 리더십 페이지는 회의 중 75퍼센트는 동시에 다른 일을 하고 있었다고 보여준다. 전에 마이크로소프트가 조사 연구한 바에 따르면, 나머지 팀원들도 마찬가지라는 표지다.[35] 당신은 당신이 모든 팀원들을 정기적으로 동등하게 살핀다고 생각할 수 있지만,

분석 결과는 정말로 그랬는지 아닌지 알려줄 것이다.

사서로 일하는 어떤 관리자는 우리에게 이렇게 말했다. 자신의 경우에 이 분석은, 그중에서도 조용한 시간에 대한 분석 결과는 "눈이 번쩍 뜨일 만한" 것이었다. 그는 오후 5시부터 7시까지 시간을 이메일을 처리하기 위해 따로 빼두곤 했다. 하지만 분석 결과 자신의 이메일이 팀의 '조용한 시간', 즉 일에서 떨어져 있는 시간을 끊임없이 방해하면서 팀원들을 다시 일로 끌어들였다. 지금도 그는 5시에서 7시 사이에 이메일을 보내지만, 그 메일이 모두 팀원들의 실제 업무 시간인 오전에 발송되도록 보내기 예약 기능을 사용한다. 선택은 그에게 달려 있었다. 많은 팀장이 그러는 것처럼 자기 팀원들이 업무 시간 이후에 받은 이메일을 즉시 읽고 응답할 필요가 없다는 점을 이해할 거라고 스스로 되뇔 수도 있다. 아니면 데이터를 살펴보고, 이들이 여전히 이 시간대에도 이메일을 읽고 응답하고 있다는 걸 알고, 자기 행동을 고칠 수도 있다.

좋은 기업 문화와 좋은 경영 관리의 비결은 주말 근무가 없다거나 멋진 테크놀로지를 갖추는 것이 아니다. 탄이 설명한 대로 "탁구대나 해피아워로 빠져나갈 수 있는 게 아니다." 분석만 한다고 해서 마법처럼 더 나은 관리자가 되는 것도 아니다. 당신은 분석을 이용해서 자신이 하는 행동을 알아채고 바꿀 수 있지만, 더 분명한 목적을 갖고 더 깊이 공감하는 경영 관리에 정말로 관심을 기울일 때에만 가능한 일이다.

우리는 이 새로운 현실에서 우리의 일이 어떤 모습일지 알아가고 있다. 그렇지만 혼자서 해내려 한다면, 원격근무는 팬데믹 동안 벌어진 불안하고 끝없이 뒤죽박죽되어 있는 모습으로 계속될 것이다. 이 과정은 상당한 양의 실험과 유예 기간, 커뮤니케이션과 투명성을 필요로 한다. 하지만 우리가 서로 도와서 그 과정을 헤쳐가려면, 특히 관리자로서 조직도의 위아래에 있는 모든 이들이 바쁘고, 혼란스럽고, 복잡하고, 취약하고, 고투하는 인간이며, 지지, 동의, 그리고 경계선을 필요로 한다는 점을 이해해야 한다. 당신은 이런 자세를 남들에게 가르쳐줄 수 있다. 그러나 스스로도 그것을 배워야만 한다.

단일 문화를 없애자

2020년 포춘 500대 기업의 CEO 중 92.6퍼센트가 백인이었다.[36] 같은 해에 317개 기업에서 일하는 4만 명 이상의 노동자들을 대상으로 한 조사 결과, 백인 남성은 신입 직원의 35퍼센트에 불과하지만 고위직 임원의 66퍼센트를 차지하는 것으로 나타났다.[37] 관리자로 승진한 남성 100명당, 흑인 여성은 58명, 라틴계 여성은 71명만이 승진했다. 신임 관리자 위치에 있는 응답자 중 38퍼센트만이 인종을 불문하고 여성이었다.

　전에도 이런 통계 또는 비슷한 이야기를 들어본 적 있을 것이다. 조직이 다양성, 형평성, 포용성 워크숍을 아무리 많이 개최하더라도 리더와 관리자가 진정으로 다양하지 않다면, 단일 문화가 우세할 것이다.

　'단일 문화(monoculture)'란 용어는 농업 분야에서 특정 유형의 작물이나 동물을 재배하고 키우는 것을 설명하는 말에서부터 비롯되었다. 비즈니스는 작물을 재배하지 않지만, 노동력을 양산한다. 모든 조직은 알게 모르게 특정 유형의 노동자가 더 잘 성장할 수 있는 여건을 조성한다. 대다수 기업에서 그러한 노동자의 프로필은 미국 내 대부분의 조건에서 잘 성장하도록 설정된 사람의 프로필과 일치한다. 백인, 남성, 고학력, 중산층, 친절하고 사교적이며, 회사일 외의 의무를 다른 이들(파트너, 부모, 또는 고용한 도우미)에게 넘길 수 있는 사람.

그대로 내버려두면 단일 문화는 자연 파종되어 스스로를 끊임없이 복제할 것이다. 예를 들어, 전문성의 수준부터 목소리 톤에 이르기까지, 백인 남성이 '좋은 리더십'과 '좋은 경영 관리'의 보증 마크라고 이해하는 것은 그에게 좋은 리더십과 경영 관리라고 느껴지는 특징이다. 그는 자연스럽게 그런 특징을 가진 직원들을 승진시키거나 그들에게 특전을 베풀고 그렇지 않은 직원들은 소외시키거나 무시할 것이다.

흔히 단일 문화를 영속시키는 이들은 자신이 그렇게 하고 있다는 사실조차 인식하지 못한다. 하지만 그것이 획일적 문화가 끈질기게 이어지는 방식이다. 사람들은 자기와 비슷한 사람을 계속해서 진급시킨다. 농업에서 단일 재배가 오래 이어지면 결국 토양의 모든 영양분이 소실되어버린다. 농부들이 많은 수확량을 유지하려면 점점 더 많은 비료와 농약이 필요해진다. 이 모든 과정이 생태계를 사정없이 파괴한다. 어째서 이런 일을 되풀이하는 걸까? 대개는 그렇게 하는 게 더 싸고 더 쉽기 때문이다. 그들은 결국에는 자신과 자기 가족을 업계에서 퇴출시킬 일종의 장기적인 황폐화보다는 단기 효과에 집중한다.

토양이 결딴나는 정도에서 그치지 않는다. 수확량도 역시 줄어든다. 일부 사업체는 자기들만의 단일 문화에 대해 서서히 깨달아간다. 어쩌면 인생 경험이 똑같은 사람들로 채워지지 않는 회사가 되는 것이 좋은 일이며, 생산력을 높이고 활기를 북돋우는 것이라고 생각하기 시작한다. 컨설팅 보고서나 경영서 곳곳에서 이런 생각이 점점 인기를 얻고 있다. 보고서나 경영서는 "다양성이 수익을 낳는다." "다양성과 비즈니스 성과 간의 상관관계가 확고하다." "다양성을 옹호하는 비즈니스 사례가 압도적으로 많다." 같은 문장들로 채워져 있다.

다양성을 옹호하는 '비즈니스 사례'들은 사회적·인종적 정의를 실현하라는 사회적 압력이 커지면서 발전했다. 많은 기업이 '다양성, 형평성, 포용성(DEI)'이라는 아이디어를 어떤 방식으로건 채택함으로써 이에 대응했다. 이는 모든 의미에서 채용 및 직원 다양성을 확대하고 다양한 직원들에게 덜 유해한 직장을 만들기 위한 기업 차원의 노력이었다. 일부 직장에는 DEI '총책임자'가 있다. 다른 직장은 워크숍과 교육 훈련을 수십억 달러 규모의 DEI 업계에 위탁한다. 2020년에 컨설팅 회사 베인(Bain)은 서비스 비용을 지불할 의향이 있는 기업들에 광명을 비춰줄 20~30명의 직원을 꾸려 DEI 컨설팅을 시작했다. 해당 부서장을 맡은 줄리 코프먼(Julie Coffman)은 다양성을 "차세대 디지털"이라고 불렀다.[38]

이런 노력들의 성공은 어쩌면 당연하게도 엇갈렸다. 다양한 지원자들을 성공적으로 채용한 기업조차 그들이 그만두지 않게 하는 데는 엄청난 어려움을 겪는 경우가 다반사였다. 더구나 베인 같은 컨설팅 업체는 성취 가능한 척도(예를 들어 어떤 직위를 두고 면접을 본 '다양한' 후보들의 비율)를 성공의 기준으로 삼는다. 그런 척도는 실제로는 특히 리더십과 관련하여 회사의 운영 방식에 어떤 형태의 실질적인 변화도 요구하지 않는다. 2007년과 2016년에 발표된 두 건의 연구 결과를 보면, 어떤 식으로든 DEI 교육 훈련을 하는 회사들이 실제로 더 다양한 관리자들을 채용하지는 않았고, 오히려 흑인 여성 관리자 숫자는 감소했다.[39]

다양성을 기존 단일 문화에 뭔가 덧붙이는 개념으로 생각한다면, 해당 직원들은 항상 조직의 아웃사이더처럼 느끼게 될 가능성이 높다. 당신이 DEI를 끼워 넣어야 할 부품처럼 취급한다면, 회사가 다양성 기조를 기본적인 일상 업무에 통합하지 못한 상태를 외면하게 된다.

한 여성이 DEI 워크숍에 참여했는데, 행사가 열리는 회의실에 휠체어로 접근이 불가했다는 이야기를 우리에게 들려주었다. 휠체어를 탄 동료에게 문밖에서 행사 내용을 들어달라고 했다고 한다. 다른 한 여성은 흑인 역사의 달(Black History Month, 미국과 캐나다 등에서 매년 7월을 흑인 역사의 달로 지정해서 과거 미국의 흑인 노예 해방을 기념하고 차별받았던 역사를 되돌아보며, 다양성을 공론화하는 계기로 삼고 있다.—옮긴이) 동안 DEI라는 이름이 붙은 회의의 연사들이 모두 백인이더라고 했다. 어떤 교수는 교내 DEI 위원회가 자금 지원을 받지 못하고 학장의 지원도 거의 받지 못한다고 했다. DEI 교수 워크숍 참석은 의무 사항이 아니었고, 따라서 참석율도 저조했다. 대개 늘 같은 사람 몇 명이 모였다. 위원회의 모든 업무는 여성 교수들이 도맡았다. 어떤 위원의 얘기대로 "보여주기식 겉치레" 같았다.

이런 맥락의 이야기는 어디에나 있다. 일회성 실수 정도가 아니라 전반적으로 DEI를 오해하고 있다는 증거다. 이때 교육 훈련과 지표는 결국 기업 문화를 지속적으로 바꿀 청사진이 아니라 백인들의 죄책감을 덜어주는 만병통치약 역할을 한다. 기업이 계속해서 다양성에 이런 식으로 접근하는 한, 시간와 비용, 직원들의 인내심은 계속 허비될 것이다. 원격근무와 유연근무로 전환한다고 해서 문제가 완전히 해결되지는 않을 것이다. 아니, 해결 근처에도 못 미칠 것이다. 하지만 원격근무와 유연근무는 오랫동안 요지부동일 것 같던 구조를 해체하고, 그 자리에 뜻밖의 새롭고 더 포용적인 구조를 세우는 출발점이 될 수 있다.

팬데믹 이전에 스테퍼니 나디 올슨(Stephanie Nadi Olson)은 대기업(제멋대로 커진 광고 회사, 테크 대기업, 유통 재벌)과 회의를 할 때마다 이 같은 태도에 맞닥뜨렸다. 이들은 사내 'DEI 문제'를 해결하려고 고심 중이었다.

"코로나 봉쇄 직전에 마지막 출장을 가서 테크 기업 두 군데와 회의를 했어요." 올슨은 말했다. "그들에게 이렇게 말했죠. '저에게 세계 최고 수준의 다양성을 갖춘 조직이 되는 일에 관심 있다고 해놓고, 회사 직원 모두가 시애틀로 이사가야 한다(시애틀시의 다양성 지수는 최근 큰 폭으로 증가한 것으로 파악되며, 급속한 다양화 과정을 겪고 있는 것으로 알려져 있다.—옮긴이)고 하시면 곤란합니다.'"

팬데믹 이전에 올슨이 기업들에 그런 조언을 하면, 이들은 눈빛이 흐려지거나 아니면 공손한 태도로 고개를 끄덕이고 나서 아무것도 하지 않았다. 하지만 팬데믹이 덮친 데다가, 사회 정의 실현과 채용에 대한 회사의 실질적 조치를 새롭게 요구받으면서 이들의 입장도 바뀌었다. "코로나19 덕분에 허락된 기회죠. 그들은 원격근무가 가능하며, 그것이 자기들의 DEI 문제를 진짜로 해결할 방법이라는 걸 알게 되었어요."

　올슨이 내놓은 해법은 치트키나 다름없었다. 올슨의 회사 위아로지(We Are Rosie)는 장단기 임시직 파견 회사의 21세기 버전으로, 마케팅 분야에서 일하는 6000명이 넘는 노동자들을 전 세계 기업과 광고 회사에 연결했다. '로지들(Rosies, 리벳공 로지(Rosie the Riveter)는 2차 세계대전 당시 미국의 군수 공장에서 일한 여성들을 대표하는 문화적 상징이다. 남성 노동자들이 전장에 나가자 여성들이 그 자리를 채웠고, 이후 미국 여성주의의 상징으로 자리 잡게 되었다.—옮긴이)'이라 불리는 고용인들 중 일부는 조직의 '이벤트성' 프로젝트를 맡아 몇 주 동안 일한다. 일부는 선거 캠프에서 일한다. 다른 이들은 블룸버그나 피앤지 같은 전통적인 조직에 장기 취업이 되었다.

　하지만 위아로지는 전통적인 용역 회사가 아니다. 이 회사는 기존의 균열된 직장 현실을 수용하고 직원 입장에서 이를 안정화하려 시도한다. 로지들은 원하는 곳 어디서든 원격근무를 할 수 있다. 이들은 '급여 조건이 좋은 시간제 일자리'를 진짜로 찾을 수 있다. 이들에게는 온라인상에서 굳건한 지지를 보내는 공동체가 있다. 회사가 계약을 무시하거나, 이들을 홀대하거나, 완료하기로 한 프로젝트의 한도를 바꾸려 한다면, 고용주가 아닌 로지들의 의뢰를 해결하는 외부 변호사가 나선다.

　그 결과 노동력의 90퍼센트 이상이 원격근무를 하고, 40퍼센트 이상이 BIPOC(black, indigenous, and people of color, 흑인, 선주민, 유색인)이며, 99퍼센트가 성별과 상관없이 동등한 급여를 받는다. 일부 로지들은 의미 있는 일자리이면서, 40시간 이상으로 늘어나기 일쑤인 '주 20시간'이 아닌 진짜 시간제 일자리를 찾으려 여러 해 동안 애써왔던 엄마들이다. 일부는 PTSD(외상 후 스트레스 장애)를 겪고 있는 참전 용사로 집 밖의 장소에서 하는 전일 근무가 힘든 사람들이다. 일부는 공동체나 파트너의 직업 때문에, 또는 가족과 가까이 있기 위해 현재 살고 있는 시골을 떠나고 싶지 않은 사람들이다. 이들의 공통점은 단순하다. 그들은 다양한 업종에서 단일 문화 때문에 무시되거나 저평가되었다. 그렇다고 해서 그들의 일이 가치가 없는 건 아니었다.

위아로지는 '유연근무'의 긍정적 속성, 특히 다양성과 포용성을 조합해서 유연근무에 흔히 수반되는 착취와 불안정성에 맞선다. 이를 위해 위아로지의 리더들은 노동자들이 목소리를 낼 때 힘을 얻고 지지받는다고 느낄 수 있는 환경을 조성해왔다. 먼저, 팀의 다양성은 회원들 사이에서 실현하고자 하는 다양성을 반영한다. 본사는 해안가가 아닌 애틀랜타에 있다. 회사 설립자는 팔레스타인 난민의 딸로, 여러 언어를 사용하고 여러 종교를 믿는 가정에서 자랐다.

"우리는 마케팅을 중심에 둔 활동가이고, 우리의 뉴스레터와 커뮤니케이션은 활동가 지향적입니다." 올슨은 우리에게 말했다. "그건 로지들이 우리에게 무슨 이야기든 편하게 할 수 있는 환경을 만들죠. 예를 들어 고객사에 면접을 보고 나서 우리에게 돌아와 이렇게 말하는 사람도 있어요. '이봐요, 당신들이 가치관 이야기를 많이 하잖아요. 그래서 저는 그 회사나 면접관이 가치관에 안 맞는다는 걸 알았어요'."

많은 경우 이는 위아로지가 고객사를 걸러낸다는 뜻이다. "이 사업은 접근권과 기회와 부를 분배하는 메커니즘입니다. 전통적으로 접근권이 없었던 사람들에게요." 올슨은 말했다. "우리는 언제나 올바른 일을 해야만 합니다. 로지들이 있는 대기업들이 있고, 우리는 그것이 올바른 일인지 아닌지에 대해 계속 대화해야 합니다."

올슨의 말에 따르면, 문제는 이런 회사의 많은 리더들이 할 수 있는 한 "이 골치아픈 상황을 모면하려고만" 애쓴다는 점이다. 그들은 상황을 이전 방식으로 되돌리고 싶어 안달한다. 지역에 종속적이고, 현재주의에 사로잡혀 있고, 리더십 자질을 '끊임없이 시간을 낼 수 있음'과 동일시하며, 여전히 DEI는 위원회로 해결될 수 있는 문제라고 생각한다. 그들은 절대 인정하지 않지만, 단일 문화를 지키고 싶어 한다. 올슨은 자신이 63세의 백인 남성 CEO들의 생각을 바꿀 수 없다는 걸 알고 있다. 하지만 그들의 조직을 그들이 배제했을 노동자들과 쉽게 연결되도록 할 수는 있다.

물론 암담한 시나리오도 있다. 매일 사무실에 출근하고 계속 승진하는 정규직들 사이에서는 단일 문화가 지속되는 반면에, '다양성'은 전국 곳곳에 있는 사람들에게로, 또는 콜센터 직원, 임원 비서 등의 경우처럼 전 세계 곳곳에 있는 사람들에게로 훨씬 저렴한 비용에 외주화되는 것이다. 조직이 로지들을 채용하는 것보다 더 필요한 것은 그 조직이 위아로지 자체와 더 비슷해지는 일이라는 뜻이다. 다양한 노동자들을 조직도의 위아래에 채용하고 유지하고, 홍보 효과를 위해 가치를 내세우는 데 그치지 않고 실천하기 위해 노력한다는 신뢰를 심어주는 일 말이다.

2018년에 설립된 위아로지는 그 시작부터 DEI를 조직의 DNA에 장착했다. 대다수 기업이 한 세기까지는 아니더라도 상당히 오래된 단일 문화와 싸우고 있다. 이런 전통을 바꾸려면, 그 윤곽과 틈새를 조사해서 네 명의 유색인 여성이 창업한, 형평성과 문화 변화를 내세운 회사 포더컬처(For the Culture)에서 '들여다보기(See)'라고 부르는 일을 해보자. 들여다보기란 어떤 변화가 필요한지 생각할 수 있도록 현재 조직의 분위기를 규정하고 분명히 표현하는 일이다.

그러나 많은 조직들이 스스로를 분명하게 들여다보려 하지 않는다. "사람들은 최선의 의도를 갖고, 문화적인 혼돈과 긴장과 변화에 대응하는 방법을 찾고자 애쓰고 있습니다." 포더컬처의 창립자 중 한 명인 니아 마틴로빈슨(Nia Martin-Robinson)이 말했다. "그리고 사람들은 생각하죠, 내가 이러이러한 DEI 컨설턴트를 찾을 수 있다면, 우리 직원들에게 이러이러한 교육 과정을 이수하게 한다면, 모든 게 좋아질 거라고요. 그래서 그들은 우리를 찾아옵니다. 그리고 말하죠. '우리는 DEI 교육을 진행하고 싶습니다.' 그러면 우리는 말합니다. 회사 직원들과 이야기해봐야 하고, 주된 코호트를 알아야 한다고요. 당신네 회사에 진짜 필요한 게 뭔지 알아야 한다고 말이죠."

"DEI가 아주 중요한 임무로 보이지 않는다면, 부가 임무가 되고 맙니다." 포더컬처의 다른 창립자 사브리나 라카니(Sabrina Lakhani)는 이렇게 설명했다. "교육만으로는 한계가 있어요. 교육이 불평등을 바꾸지는 못하니까요."

이런 종류의 설명은 이 장의 서두에 나왔던 통계와 비슷하다. 누가 리더 자리를 차지하는가? 신입직원, 관리직, 고위 경영진의 비율에는 어떠한 차이가 있는가? 종적인 데이터는 일단 무시하라. 당신은 관리직 구성에서 '인구 대비 불충분하게 대표되는' 집단을 지난해보다 10퍼센트쯤 늘렸을지도 모른다. 하지만 그건 단지 BIPOC 관리자가 단 한 명도 없다가 한 명이 된 것일 수도 있다.

일단 기준을 설정했다면, 다양성에 대한 개념을 더욱 세분화하고 구체적으로 정의해야 한다. 너무 자주 경영진들은 이 지점에서 잘못된 접근법을 취해서 모든 인종으로부터 직원을 '수집'하려 든다. 그 대신에 다음 질문들을 시도해보자. 모든 관리직 직원이 비장애인인가? 자녀가 있는 직원과 없는 직원이 섞여 있는가? 이성애자 부모와 LGBTQ+ 부모가 섞여 있는가? 노동력의 대다수는 단일한 세대에 속하는가? 아이비리그 대학교 졸업자 비율은 얼마나 되는가? HBCU(historically black colleges and universities, 유서 깊은 흑인대학) 졸업자는? 아마 당신은 고위직 임원의 여성 비율을 늘려왔을 것이다. 하지만 이 여성들은 모두 백인인가?

연례 보고서에 발표되는 당신 회사의 다양성 지표를 높이거나 컨설팅 회사에서 공인한 지표를 충족하는 것이 핵심은 아니다. 또한 모든 직원을 그들과 비슷한 배경과 인생 경험을 지닌 관리자에게 배치하는 것도 아니다. 핵심은 신입들의 성장을 방해하는 단일 문화를 계속해서 약화하는 것이다. 이는 많은 경우에 사무실은 어떤 모습이어야 하고 어떻게 운용되어야 한다는 생각에서 벗어난다는 뜻이다. 마틴 로빈슨이 지적했던 대로 기업들은 흔히 변신(transformation)을 열망하지만, 낡은 위계, 권력에 오르는 낡은 경로, 생산성에 대한 낡은 이해를 놓아버리는 것으로서의 변신은 놀랄 만큼 받아들이려 하지 않는다.

단일 문화를 없애는 건 사람들을 채용하거나 승진시키는 일에 국한되지 않는다. 조직적으로 권력과 통제의 중심지를, 너무나 오랫동안 이의 없이 그것을 누려온 사람들로부터 떨어진 곳으로 옮기는 방법을 생각해내는 일이다. 이것은 어떤 의미에서 사내 역학 관계에 대한 급진적인 변화이며, 그 과정에서 어느 정도 긴장이 생겨날 수도 있다. 하지만 이런 변화를 권력 쟁취나 구세력 타파와 같이 일차원적으로 생각하는 건 잘못이다. 그런 생각은 필패의 제로섬으로 이어지며, 포용성은 그런 식으로 작동하지 않는다.

단일 문화를 없앤다고 하면 뭔가 삭제하는 것 같지만, 실제로는 추가하는 것이다. 포용성은 목소리를 더하는 것을 의미하며, 정확히 이 지점에서 그 과정의 영향력과 가치가 나온다. 다양성과 포용성은 한 집단이 갖고 있던 모든 지위와 특권을 빼앗아서 다른 집단에게 부여하는 게 아니라 균형을 맞추는 것이다.

단일 문화에서 배제된 사람들을 영입하는 회사는 위아로지뿐이 아니다. 두이스트(Doist) 같은 '분산형' 회사도 있다. 두이스트는 전 세계 30개국에 직원을 두고 있으며, 직원 유지율이 97퍼센트다. 근무 조건이 적법하게 유연성을 갖추고 있고, 직원들에게 매일 사무실에 출근할 것을 요구하지 않기 때문이다. 비영리 언론사 더나인틴스(The 19th) 같은 조직도 가능하다. 더나인틴스는 진정으로 교차성을 갖춘 보도를 할 수 있는 기자를 채용하는 유일한 방법은 그들이 고향이라고 부르는 지역 공동체에 거주하며 취재할 수 있도록 하는 것임을 이해했다. 당신이 정당하게 그물을 더 넓게 펼친다면, 더 많은 물고기가 그 안으로 기꺼이 들어오려 할 것이다.

하지만 그들이 계속 회사에 다니게 하려면, 계속해서 방향을 제시하면서 단일 문화를 해체해나가야 한다. 즉 직장 내 사교에 대한 요구, 조언을 구하는 방법, 조직 내 계층 사다리를 오르는 방법 등 기업 문화 주변에 굳어 있는 무언의 규범을 모두 검토해본다는 뜻이다. 이런 관념 중 상당수는 완전히 정상화되어 있어서 그 문화에 적응하려고 애써야 하는 사람이 아니라면, 그것이 얼마나 배타적으로 느껴지는지조차 알아내기 어렵다.

예를 들어 사무실에서는 자연히 친목을 도모한다. 그것이 반드시 부정적인 건 아니지만, 많은 미국 직장의 사교 리듬에는 가장 진보적인 직장이라도 대부분이 백인이고, 대부분이 남성 중산층 노동자였던 조직맨 시대의 흔적이 남아 있는 경향이 있다. 친목 활동, 특히 근무 시간 이후의 친목 모임은 흔히 음주에 집중되며, 돌봄 의무가 없고 잡담에 능하고 이를 편안하게 느끼는 노동자들에게 맞춰져 있다.

헬렌의 예를 들어보자. 팬데믹 8개월 차 때 그는 일하는 동안 그보다 더 행복한 적이 없었다고 우리에게 이야기했다. 샌프란시스코 베이에어리어에 있는 테크 스타트업 직원으로서 헬렌은 업무 자체는 팬데믹 발발 이후 그다지 바뀌지 않았다고 했다. 전환은 생각보다 매끄럽게 진행되었다. 오히려 바뀐 것은 회사 문화를 대하는 태도였다.

"저는 완전 내성적이라서 이런 방식이 훨씬 더 편하거든요." 헬렌은 말했다. 팬데믹 이전에 그는 사무실에서 대면 업무와 소통을 하느라 안간힘을 썼다. 남과 어울리기 좋아하는 동료들과 달리, 헬렌은 자신이 어쩌면 시큰둥해 보이지 않을까 걱정했다. 게다가 자기 존재를 인정받지 못하고 잊힐까 봐 전전긍긍했다. 뒤처지지 않으려고 근무 시간 이후 회식에 억지로 참석했고, 어색한 대화나 나누려고 가족과 함께 보낼 소중한 시간을 놓쳤다. 어째서였을까?

그 회사는 업무 시간 이후 모임을 경영 관리상 요구되는 조직 결속력을 높이는 용도로 활용하고 있었다. 헬렌은 계속해서 회사가 생각하는 기업 문화에 자신을 억지로 맞추려 했고 그러다 보니 진이 다 빠졌다. 하지만 팬데믹 이후에 모두가 사무실 근무에서 재택근무로 전환했고, 회사의 기업 문화가 그에게 더 맞는 것이 되었다. 헬렌 자신을 불안하게 만드는 경직된 회의에 참석하는 대신 팀 토의에 온라인으로 참여할 수 있었다. 그리고 경계심을 풀기 시작했다. 자기 제안이나 질문에 의구심을 갖는 대신 조금씩 자신감을 회복했다. 그러면서 업무와 관련되지 않은 대화에서도 좀 더 주도권을 갖기 시작했다.

헬렌은 회사가 워킹맘들을 위해 시작한 슬랙 채널에서 적극적으로 활동했다. 이 채널은 매주 목요일 참여자들이 GIF 파일을 하나씩 올리면서 자신의 근황을 나누도록 프로그래밍되어 있었다. "바보같이 들리지 않나요? 효과가 없을 거 같잖아요. 하지만 굉장해요." 그는 말했다. "엄마들의 멋진 타래가 만들어져요. 재미있고 공감도 가고, 우리가 생각했던 것보다 훨씬 대단한 걸로 바뀌었어요. 실시간 대면 소통을 하지 않고도 몰랐던 사람들과 개인적 관계를 맺는 진정한 방법이죠."

이전 회사에 다니던 초창기에는 사교 문화라고 하면 하루 종일 컴퓨터 화면만 들여다보다가 늦은 저녁 바에서 어울리는 게 대부분이었다. 비공식적 회합은 대개 즉흥적이고 절대로 의무 사항은 아니었지만, 소규모 기업에서 동료와 유대감을 형성하는 귀중한 방법이었다. 우리가 신입이었을 때, 퇴근 후 술자리에서 오가는 가십은 회사에서 실제로 어떤 일이 벌어지고 있는지, 어떤 관리자가 변덕스러운지, 누가 아첨꾼인지, 누가 살얼음판을 걷고 있는지 이해하는 유일한 방법이었다. 그것이 업무가 아니거나 직장 내에서 벌어지지 않는다고 해서 업무와 완전히 별개는 아니라는 뜻이었다.

형편없는 술집에서 터무니없이 비싼 진토닉을 마시는 그런 자리에 나타나지 않는 사람들은 배척당했다. 하지만 성격적으로 기업 문화에 사실상 맞지 않는다는 이유만으로, 헬렌 같은 이들은 불리한 입장에 있거나 뭔가 잘못하고 있는 듯한 기분을 느꼈다. "저는 해피아워를 좋아하지 않아요." 헬렌의 동료 실라가 말했다. "그러니 전통적인 대면 소통을 온라인으로 옮겨놓는 새로운 방법을 찾아낸 건 굉장한 발전이었죠."

자신이 좀 더 외향적이라고 생각하는 실라는 동료들과 가정식 밀키트를 주문해서 줌으로 단체 요리 수업을 들었다. 이들은 슬랙에서 구동되는 도넛(Donut)이라는 툴을 사용한다. 도넛은 자발적 참여자들을 무작위로 짝 맺어주고 일대일 회의 시간을 잡아서, 업무와 관련 있든 없든 무슨 이야기든 나눌 수 있게 한다. 이런 아이디어는, 적어도 처음 시행할 때에는 작위적이고 허울뿐인 느낌이 들 수 있다. 하지만 퇴근 후 술집에서 만날 거라는 암묵적 기대보다 더하거나 덜하지 않으며, 오히려 훨씬 더 포용적이다. 이런 건 일대일로 대응하는 대체물이 아니다. 해피아워를 금지하자는 게 아니라, 그것을 친해지는 가장 중요한 방법으로 삼지 말자는 것이다.

실라는 원격근무가 교수, 두 아이의 엄마, 유색인 여성 등 자기 정체성을 이루는 여러 요소를 곡예하듯 운영하는 데 얼마나 도움이 되었는지 모른다고 말했다. "저는 항상 너무 스트레스를 받았어요. 엄마 노릇도 잘하면서 업무에도 온전히 집중하고 싶었는데, 이 일들을 껐다 켰다 하는 방법을 궁리하느라고요. 하지만 재택근무를 하면서 부담이 훨씬 덜해졌어요. 저는 재택근무를 일과 생활 간 균형이 잡혔다기보다는 일과 생활 간 유동성이 커졌다고 이해하고 있습니다."

헬렌과 실라의 회사에서 단일 문화는 퇴근 후 특정 유형의 대면 상호작용에 특혜를 부여했다. 팬데믹은 그런 문화를 무너뜨렸고, 부분적으로나마 이들의 강점을 내세우는 데 보탬이 되는 문화로 대체했다. 또한 원격근무로의 전환은 또 다른 기준, 특히 자의적이고 흔히 백인 중심적이고 시스젠더 중심적인 '전문성'에 대한 기준을 약화시킬 수도 있다.

기자인 치카 에커메지(Chika Ekemezie)는 팬데믹 기간 동안 재택근무로 전환한 유색인 여성들을 처음 인터뷰하기 시작했을 때, 원격근무가 흑인 여성 노동자를 사무실에 적용되는 (백인의) 전문성이라는 기준으로부터 해방시키는 방식에 흥미를 느꼈다. "나는 오랫동안 전문성이란 그저 순종과 동의어라고 믿어왔다."라고 그는 썼다. "사회적 자본이 적을수록 전문성에 더 매달리게 된다. 이것이 바로 마크 저커버그는 출근할 때 똑같은 티셔츠를 입어도 되지만 흑인 여성들은 땋은 머리(braid)를 하면 처벌받는 이유다."

에커메지의 말은 사회학자 카시 피트먼 클레이터(Cassi Pittman Claytor)의 연구를 떠올리게 한다. 팬데믹 이전에 클레이터는 흑인 사무직 노동자들이 특히 흑인 직원이 몇 명 안 되는 회사에서 차림새와 행동에 모범을 보여야 한다는 내면화된 스트레스에 시달린다는 점을 밝혔다. 클레이터는 "직장 생활에서 흑인 직원들은 비슷한 자리에 있는 백인 직원들보다 더 '단정'하려고 애쓰며, 외모에 훨씬 더 주의를 기울인다."라는 의견을 냈다. "백인 동료가 카키 팬츠를 입을 때에도, 그들은 정장 바지를 입는다고 한다. 자기들은 언제나 깨끗하고 잘 다려진 옷을 입으려 조심하지만, 백인 동료들은 구겨지거나 구멍 난 옷을 입는다고 한다."[40]

하지만 에커메지가 설명한 대로, 재택근무는 "흑인 여성들이 매분 매초 사람들의 시선에 놓이지 않고 자기들을 위해 마련되지 않은 기준에 얽매이지 않는 것만으로, 전문성에 대한 기대치에서 벗어나서 활약할 기회를 제공했다."[41] 일부 여성들은 옷차림에 격식을 덜 차리게 되었고 화장도 덜하게 되었다고 했다. 다른 여성들은 머리 손질에 시간을 쓰고 싶지 않을 때면 낮 시간에도 편하게 모자나 가발을 쓰게 되었다고 했다.

팬데믹 발발 후 열 달 동안 진행된 조사 결과, 일부 BIPOC 노동자들은 원격근무와 복잡한 관계에 놓였다. 슬랙의 미래포럼(Future Forum)에서 수집된 데이터를 보면, 흑인 직원들은 더 장시간 일하고 있었고 잘하려는 압박으로 더 심한 스트레스를 받았다. 이는 직원들과 관리자들 사이에 상호 신뢰가 부족하다는 신호였다. 하지만 전반적으로 흑인 직원들은 원격근무를 하면서 사무실에서 주로 일할 때보다 소속감과 만족감이 29퍼센트 증가했다. 한 가지 이유는 응답자가 말한 대로 재택근무를 하면 상사나 동료에게 맞춰 말투를 바꾸거나 행동을 조절해야 한다는 압박이 줄어든다는 점이었다.

노동자의 '사무실'이 그의 집으로 옮겨 갔을 때, 일부 사람들은 전문성의 기준이 개인 공간에 대한 판단으로 확장되었다고 느끼기 시작했다.[42] 내 책, 미술품, 잡동사니가 내 업무 능력에 대해 무엇을 전달할 수 있을까? 주거 공간을 원격근무 중에 내보일 때 '전문적으로 보이게' 꾸밀 수 있는 사람은 누구인가? 침실에서 줌 회의를 하고 있는지 동료가 알아채지 못하도록 카메라 각도를 조절하려 애쓰고 있는 사람은 누구인가? '내 뒷배경이 어떻게 나오든 신경 쓰지 않겠어.'라고 말할 수 있는 사람은 누구일까? 그 문제를 고민하느라 엄청난 시간을 소비하는 사람은 누구인가?

조직에서 특권이나 권한이 적을수록 이런 문제들은 더 중요해진다. 개인적으로 그런 건 별로 중요하지 않다고 생각한다면, 당신은 안정적이고 권력을 가진 위치(에커메지가 설명한, 사회적 자본을 많이 가진 위치)에 있는 관찰자일 가능성이 높다. 팬데믹 발발 6개월 차에 미국사회학회(American Sociological Association)에서 DEI 분과장을 맡고 있는, 브루클린대학교 사회학과 교수 태머라 모제(Tamara Mose)는 배경이 아무것도 없는 흰 벽면이 되도록 업무 공간을 의도적으로 배치했다. 그는 집 환경, 그리고 자신에 관해 알려줄 수도 있는 요소들이, 학생이나 동료 교수와 소통하는 데 방해가 되는 걸 바라지 않았다.

하지만 모두가 흰 벽면을 가질 수 있는 건 아니다. 한 가지 쉬운 해결책은, 원격근무를 하는 방식에 따라 장난스럽게든 심각하게든 줌 배경 화면을 표준화하는 것이다. 대면 커뮤니케이션이 필수적인 경우가 아니라면, 직원들에게 카메라를 끌 수 있게 허락하자. 이어서 대면 커뮤니케이션이 정말 필요한지 다시 생각해보자. 원격근무를 시행하면 단일 문화를 허물어뜨리는 데 도움이 될 수 있지만, 원격근무가 단일 문화를 재현할 수 있다는 점을 경계해야 한다. 그 점을 인식하지 않고서는 포용적인 기업 문화를 만들려는 활동은 실패를 되풀이할 것이다.

해피아워의 대안을 찾는 것만으로는 포용성을 갖추는 데 충분치 않다. 능력이 다르고, 가정 생활이 다르고, 업무 스타일이 다른 사람들에게 필요한 것을 이해하고 처리하는 일 모두가 단일 문화를 깨뜨리는 작업의 일부다. 장애인 공동체는 기업들이 이런 필요에 각성하기를 오랫동안 기다려왔으며, 이를 위해 진정으로 유연한 근무라는 선택지를 주장해왔다. 이제 유연근무제가 전 직원에게 실시되었고, 지금이야말로 '직원들에게 제공되는 편의'가 어떤 영향을 미치는지 제대로 이해해야 할 때다.

스티븐 아키노(Steven Aquino)는 지난 8년 동안 캘리포니아에서 테크 산업을 취재하고 있다. 이 일을 하기 전에는 유치원 교사였지만, 뇌성마비로 인해 나날이 유치원생들의 신체적 요구를 감당하기 어려웠다. 그는 육체적으로 덜 힘들고 집에서 할 수 있는 일을 찾았다. 그는 글을 쓰고 보도하는 일에서 답을 찾았다.

재택근무로의 전환은 "저를 정말 변화시켰어요."라고 아키노는 말했다. "더 이상 그렇게 피곤하지 않아요. 저는 지쳐 있지도 아프지도 않고, 그 점에 대해 늘 생각하지도 않습니다. 제가 즐기고 자부심을 느끼는 일에 집중할 수 있습니다." 재택근무는 말더듬증으로 인해 악화되었던 아키노의 사회 불안에도 도움이 되었다. 그렇지만 현재 시점에서 유연근무에 대한 레토릭이나 유연근무의 기회는 그의 말대로 방향 없이 혼란스럽다. "우리는 다양성과 포용성이 큰 당면 과제인 사회에서 살고 있습니다."라고 그는 말했다. "고무적인 일이죠. 하지만 고르게 분배되지는 않습니다. 우리는 포용성을 이야기하지만 저 같은 사람은 늘 저 뒤쪽으로 멀리 밀려나 있죠."

"사람들이 '세상에, 집에 갇혀버렸어, 인생 전체가 바뀌게 되었다고. 아이들을 떠맡은 데다가 줌도 배워야 하고!'라고 말하는 걸 듣고 있기가 힘들어요."라고 아키노는 우리에게 말했다. "저는 여기 앉아서 생각합니다. '물론 어렵죠. 저 같은 사람들이 겪어왔던 일들을 이제 이해하시겠어요.'" 장애인들은 오랫동안 직장이 더욱 접근 가능한 곳이 되도록 요구하고 탄원하고 소송을 제기하고, 아니면 부드럽게 요청해보기도 했다. 그런데 이제 와서 사람들은 원격 기술이 좋지 않다고, 업무와 생활의 경계를 지키는 방법을 아무도 모른다고 불평하는 건가?

장애인 옹호와 포용성을 컨설팅하는 안드레아 라방(Andréa LaVant)은 아주 기본적인 메시지를 전달하느라 긴 시간을 들였다. 팀에 장애인이 있는 건 비용이 아니라 혜택이라는 메시지 말이다. "모두에게 혜택이 돌아갈 겁니다. 삶을 다양한 렌즈로 바라보게 될 테니까요." 라방은 말했다. "그리고 또 다른 교차 지점의 렌즈를 더한다면요, 저 같은 경우에는 흑인 여성 장애인이죠. 완전히 다른 관점을 얻게 될 겁니다."

"기업은 편의 시설을 갖추는 데 비용이 많이 든다고 생각합니다." 라방은 말을 이었다. "팬데믹 이전에 평균적인 편의 시설 비용이 인당 500달러 미만이었는데도요. 하지만 여전히 그들은 추가 비용이라고 생각합니다. 유형(有形)의 편의 시설만을 생각하죠. 표준에서 벗어나거나, 이미 제공되고 있는 것의 기준에서 벗어나는 걸 요구하면, 자기들에게 많은 돈을 쓰게 할 거라고 지레

짐작합니다."

하지만 이번 팬데믹을 겪으면서 포용성이 얼마나 간단하게 실현될 수 있는지 입증되었다. 장애가 없는 사람을 위해 만들어졌던 표준을 확장하고 보편적 설계(universal design)의 구성 요소를 채택함으로써 말이다. 예를 들어 팬데믹 기간 동안 진행된 콘퍼런스나 네트워킹 행사는 모두 온라인으로 전환되어 이동성 이슈, 돌봄 요구, 위치 또는 비용 문제 등 과거에는 어떤 이유로든 참석할 수 없었던 사람들에게 접근 가능해졌다. 물론 예전보다 덜 친밀하게, 덜 독점적으로 느껴질 수 있다. 하지만 그게 핵심이다. 실질적인 접근성이란 현상 유지가 궁극적인 목적인 헛된 논쟁에서 벗어난다는 뜻이다. 우리가 물리적 세계에서 벗어나 온라인에서 소통한다고 해서 잃는 것이 있는가? 어쩌면 그럴지도 모른다. 하지만 그 손실이 이전에는 참여가 불가능했던 너무나 많은 이들이 얻는 것을 희생할 정도로 중요한 것인가?

보편적 설계는 물리적 사무실, 원격근무 기술, 우리가 커뮤니케이션을 이해하는 방식 등 여러 측면에서 단일 문화에 반대하는 것이다. 사람들이 두려워하는 만큼 비용이 많이 드는 일도 아니다. 또 상상하는 만큼 성가신 일도 아니다. 하지만 이를 위해서는 더 많은 사람에게 테이블에 앉을 자리를 허락할수록, 그 사람들을 진정으로 더 소중하게 여길수록 조직이 더 나은 곳이 된다는 믿음을 모두가 가져야 한다. 조직이 서비스를 제공하는 사람들을 폭넓게 더 잘 이해할 수 있게 될 뿐 아니라, 직원들의 이직률을 줄이고, 창의성과 협업을 촉진하는 데도 더 효과적일 것이다.

"회의 자막이나 녹취록의 혜택을 받는 사람은 누구일까요?"라방은 물었다. "청각 장애인이나 신경인지 장애인에게만 도움이 되는 게 아닙니다. 실제 직장에 보편적 설계를 적용하면 정말 많은 이점이 있습니다. 제 말은 그러니까, 왜 그렇게 많은 사람들이 장애인 화장실을 사용하고 싶어 한다고 생각하세요? 그게 더 좋으니까요.”

일부 기업은 이미 다양하고 공정하고 포용적인 문화를 구축하는 것이 어떤 것인지 이해하고, 이를 맨 바닥에서부터든 이전에 있던 업계의 단일 문화의 잔해 위에서든 해나가고 있다. 라방과 마찬가지로 이들이 내세우는 주장은 아주 간단하다. 그렇게 하는 편이 더 좋다.

회사는 가족이 아니다

발레리는 현재 런던 교외에 살고 있는 호주인으로, 회사 생활에서 유해한 경험을 하고 나서 비영리 단체에서 일하는 쪽으로 가닥을 잡았다. 그는 지역 공동체에서 중요한 봉사 활동을 하는 비영리 재단의 기금 모금 담당자로 일하고 있다. 그는 즐겁게 일한다. 그의 말을 빌리자면 “스스로가 모금한 돈으로 어떤 일이 이루어지는지 알 수 있”기 때문이다. 하지만 발레리는 이전 회사에서 겪었던 경험으로부터 업무와 자기 정체성 간에 거리를 유지해야 한다는 걸 배웠고, 그렇게 하려면 회사의 기업 문화에 저항해야 했다.

“모든 예술 및 자선 재단과 마찬가지로, 여기에도 우리는 한 가족이고 뭔가 달성하기 위해서 모두 함께 일한다는 문화가 정말 있어요.” 발레리가 우리에게 말했다. “다른 모든 조직과 마찬가지로, 실질적으로는 스스로를 밀어붙어야 하고 결국에는 과로하게 된다는 뜻이죠."

　버지니아대학교 교수 체라는 대학에서 비슷한 메시지를 견뎌왔다. 대학을 "가족 같은 존재로 말하"는데, 그것은 대개 덜 받고 더 많이 일할 것을 기대한다는 뜻으로 "유능한 사람은 끊임없이 추가 업무 부담에 시달리고 저성과자는 꾀를 부린"다고도 했다. 텍사스 소재 건축 회사에서 일하는 셀비는 자기 회사가 직원들이 회사의 가장 큰 자산이며, 당연히 "가족 같다."라는 말을 즐겨한다고 전했다. "저는 설사 우리가 가족이라 해도, 약간은 역기능적인 가족이 아닐까 생각해요." 셀비는 말했다. "지금도 노인 친목회처럼 되지 않는 방법을 배워가는 중이거든요."

　문제는 이 회사들이 직원을 "가족"이라 부르는 것만 잘못된 게 아니다. 이런 조직 다수가 가족 같은 느낌을 주는 관계를 조성하고, 재현하고, 장려하고 있다. 하지만 가족 관계는 너무 쉽게 조종되고, 수동 공격적 성향을 띠고, 끝없이 혼란스러워질 수 있다. 가족의 일원이라서 인종 차별이나 착취적인 행동, 성차별, 트랜스젠더 혐오, 정서적 학대를 할 수 있으면서도, 가족이기 때문에 타인에게 행한 실질적인 가해를 따지기라도 하면 흔히 무례하거나 예의 없는 행동으로 받아들여지곤 한다. 코미디언 케빈 파자드(Kevin Farzad)는 트위터에 이렇게 썼다. "고용주가 '우리는 가족 같다'고 한다면, 당신을 심리적으로 파멸시키고 말 거란 뜻이다."

　오해하지 마시라. 가족은 사랑스럽고, 자상하고, 끝없이 힘이 되어줄 수 있다. 가족처럼 행동하려는 기업들도 마찬가지다. 하지만 선택했든 아니든, 당신에게는 이미 가족이 있다. 그리고 회사가 그런 미사여구를 쓴다면, 거래적인 관계를 정서적인 관계로 재구성하려는 것이다. 솔깃하게 느껴질 수도 있지만, 대개는 적은 돈을 주고 많은 일을 시키는 것을 그럴듯한 이야기로 바꾸는 교묘한 조종이다. 가족이라고 하면 친밀감뿐 아니라 헌신과 지속적 유대감을 환기하며, 거기에는 희생이 깃들어 있다. 가족이 무엇보다 우선이지.

조직을 하나의 가족으로 여기는 건 조직의 목적이 아무리 이타적일지라도 일과 생활 사이 경계를 깨뜨리는 수단이다. 실제 가족뿐 아니라 관리자, 동료 등 사방에서 강력한 가족적 의무감을 빌미로 공격받는다면, 우선순위를 찾기가 훨씬 더 어려워진다. 그리고 이런 상황에서 대개는 더 너그럽고 더 유연하고 당신의 필요에 더 민감한 실제 가족은 언제나 고통받게 된다.

'가족 같은 회사'라는 레토릭은 지난 50년 동안 발전해왔지만, 대개는 사업을 하는 더 단순한 방법이라는 지난 시절의 낭만화된 개념을 불러일으키려는 의도다. 농업 분야에서 20년 이상 일해온 농작물 컨설턴트 세라 태버(Sarah Taber) 박사는 농작물 산업이 가족 농장을 농업적 유토피아로 그려내는 바람에, 가족 사업에 대한 잘못된 스테레오타입을 영구화하는 데 일조했다고 했다. "우리는 그런 생각에 납득되었죠. 우리 생활은 엉망이 됐지만 옛날 방식으로 되돌아갈 수만 있다면, 구원받을 거라고요. 또 워라밸의 죽음은 사무실 노동을 하기 때문이라고 말입니다." 그는 우리에게 말했다. "그건 사실이 아닙니다."

실제로 가족 농장도 위계적이고 가부장적이고 노동자들을 착취한다고 태버는 주장한다. 그는 역사학자 케이틀린 로즌솔(Caitlin Rosenthal)이 쓴 책 『노예제 회계(Accounting for Slavery)』

를 언급했다. 책에서는 초기 플랜테이션 농업이 어떻게 지금도 기업 활동의 근간이 되는 다수의 관리 및 회계 기법을 발전시켰는지 추적한다. 초기 농업 경제는 무자비했고, 가족 사업이었다. 노예제가 폐지되고 나서도 농업에서, 심지어 가족 농장에서 통용되던 권력의 불균형은 감쪽같이 사라지지 않았다. "가족 농장에서 일한다는 건 누군가의 집에서 일한다는 뜻입니다."라고 그는 말했다. "재산과 지위와 권력에 엄청난 격차가 있죠."

달리 설명하면, 형광등 불빛 아래서 장시간 노역하지 않는 업종이라 할지라도, 혹사당하지 않는 업무 환경은 없다. '가족 같은 회사'는 결속력과 공동체 의식을 불러일으키는 방식으로 묘사된다. 하지만 흔히 노동자들이 자신이 당하는 착취에 눈을 감도록 강요하거나 정신을 딴 데로 돌리게 하는 수단으로 이용된다. 급여 인상이나 휴가를 요구하지 못하게 하고, 동료의 행동에 대한 불평을 묵살하고, 경영진의 부정행위를 모면하게 하는 교묘한 수단이다. 이는 경계를 구분하려는 최선의 시도들을 무력화하며, 성적괴롭힘, 엄청난 임금 격차, 언제나 백인뿐인 관리직 구성 등 용납할 수 없는 것을 용서하는 데 이용된다. 당신은 사람들이 지원받고 제대로 평가받는다고 느끼는 직장을 구축할 수 있고 마땅히 그래야 한다. 하지만 가족이 될 수는 없다.

그렇다면 이런 역학 관계를 어떻게 깨뜨릴까? 거리 두기와 경계 지키기다. 자신을 직장으로부터 분리할 수 있는 방편, 그리고 급여 노동 외의 개인 생활, 인간관계, 공동체를 구축하고 성장시킬 공간. 이것이 바로 미래의 진정한 유연근무가 제공할 수 있는 것이다. 어떤 규모와 형태의 조직이든 예산이 항상 허용하는 한에서 가장 바람직하고 가장 효과적인 복지를 찾아내려 노력하고 있는 이때, 가장 쉬운 방법이 바로 눈앞에 놓여 있다. 그것은 직원들에게 업무를 벗어난 세계를 허락하는 일정과 유연성이라는 엄청난 선물을 줄 수 있으며, 또 하나의 가족이라는 심리적 부담도 덜어줄 수 있다.

건강한 업무 문화는 모든 직원이 진정으로 최선을 다하는 환경을 만든다. 하지만 지속 가능하고 회복탄력성 있는 문화는 직원들이 회사 밖의 삶을 누리는 것을 이해하고 그렇게 하도록 열렬히 촉구한다.

사무실
테크놀로지

3

1990년대 초, 일본 철강 회사 일본제철은 컴퓨터 시장에 뛰어들기로 결정했다. 데스크톱 모델을 개발해서 업계 거물 IBM 또는 애플과 경쟁하는 대신에, 새롭게 자리 잡고 있는 노트북 시장에서 경쟁하고자 했다. 리브렉스 386SX 노트북은 오늘날의 노트북과 비슷한 크기였지만, 두께가 2인치(약 5센티미터)였고 무게는 6.5파운드(약 3킬로그램)나 나갔다. 이 시기의 많은 노트북처럼 화면이 약간 붉어정했다. 열여섯 가지 회색 음영을 자랑했지만, 노트북을 열었을 때 화면이 그중 무엇을 보여줄지는 전혀 알 수 없었다. 정가 3299달러. 2021년 화폐 가치로 환산하면 6100달러가 넘는 가격이다.

누가 개인용 컴퓨터에 그렇게 엄청난 돈을 쓸 수 있었겠는가? 대부분의 가족은 가정에서 공유할 데스크톱 컴퓨터를 구매하고 있었기 때문에 노트북 컴퓨터는 곧바로 수요가 있을 거라 예상된 비즈니스 시장을 겨냥해 판매되었다. 리브렉스의 한 광고에서는 40대쯤 돼 보이는 사람이 야구 모자에 티셔츠, 다커스 면바지를 입고, 애디론댁 의자에 앉아 있다. 그의 오른손에는 육중한 휴대폰이 있고, 의자 왼쪽에는 균형이라도 맞추듯 콘크리트 블록 같은 리브렉스가 있다. 배터리가 90분밖에 지속되지 않는다거나 다시 충전하려면 꼬박 다섯 시간이 걸린다는 건 별로 중요하지 않았다. 미래의 사업가 아빠는 업무에 임할 준비가 되어 있었다.

당시 집에서 근무한다고 하면 컴퓨터를 사용해 집에서 일하는 '텔레커뮤팅(telecommuting, 정보통신망을 이용하여 회사에 출퇴근하지 않고 업무를 처리하는 근무 형태—옮긴이)'을 말했고, 10년 이상 증가 추세에 있었다. 1975년에는 '집에서 근무를 한다'고 간주되는 260만 명 중 3분의 1이 농부였다.[1] 1994년에는 약 700만 명의 미국인이 텔레커뮤팅을 하고 있었고, HP 같은 회사는 '대체 근무 옵션 관리자'를 채용했다. 《PC 매거진(PC Magazine)》은 텔레커뮤팅 가능성이 있는 사람 중 50퍼센트가 이미 자기 PC를 구매했고, 근무 형태 전환을 용이하게 할 모뎀과 소프트웨어를 구매할 계획이라고 보도했다.[2]

하지만 가정용 컴퓨터의 더딘 보급으로 상황이 바뀌기 시작했다. 최소한 회삿돈으로 비행기 일등석에 탈 수 있는 사람들에게는 그랬다. 일등석은 코닥디코닉스(Kodak Diconix)가 1990년대 광고에서 자사의 이동식 프린터 이용자가 있으리라고 상상했던 공간이다. "비행기 좌석에 구부정하게 앉아 컴퓨터를 들여다보고 있는 승객의 모습은 더 이상 낯설지 않다."라고 《PC 매거진》 편집자는 노트북 특집호의 서문에서 썼다. 해당 호에는 '이동 근무자 가이드북'이라는 접이식 책자가 포함되어 있었다. 책자에는 (인터넷이라고도 알려진) 컴퓨서브에 전화로 접속할 수 있는 주요 도시의 전화번호와 함께 전자게시판(BBS) 및 이메일 서비스에 로그인하기 위한 기본 지침이 모두 수록되어 있었다.[3]

이 노동자들은 사무실에서 집으로 옮겨 갈 수 있었고 비즈니스 회의를 위해 집에서 호텔로 옮겨 갈 수도 있었다. 하지만 앞서 논의했던 것처럼 이런 종류의 '유연성'에는 안 좋은 점이 있다. 업무를 어디로든 가져갈 수 있다는 건 업무가 생활 구석구석에 침투할 수 있다는 뜻이다. 예전에는 일이 침투하지 못했던 미개척지 같은 영역들까지. 애디론댁 의자와 함께 나온 리브렉스 광고는 이런 관점에서 바라볼 때 상당히 다르게 다가온다. 사업가 아빠는 사무실에서 해방된 것이 아니라 그곳에 갇혀 있다. 사실상 아주 가끔씩만 벗어나 있을 뿐이다.

몬태나로 이사 왔을 때, 우리에게도 이런 일이 벌어졌다. 맨해튼으로 출퇴근하며 썼던 시간(우리는 그 시간에 하이킹과 카약과 크로스컨트리 스키를 하게 될 거라고 생각했다.)을 우리는 그냥 더 많은 일에 빼앗겼다. 이 책을 읽고 있는 당신은 사업가 아빠의 패러독스에서 살고 있을 가능성이 있다. 테크놀로지 연옥에 갇힌 채 유토피아적 가능성과 디스토피아적 위험 사이에 끼어 오도 가도 못하게 되었을지도 모른다. 우리 모두가 이제 주머니 속에 지니고 있는 조그만 슈퍼컴퓨터는 리브렉스 노트북의 하드 드라이브 정도는 질투로 녹아내리게 할 지경이다. 우리는 가장 외딴 지역에서도 하늘에서 인터넷을 끌어다 쓸 수 있다. 모든 순간에 업무가 우리를 찾아낼 수 있다. 지하철에 탑승 중일 때도, 스키장 리프트를 타고 있을 때도, 달리기를 하는 중에도, 침실에 있을 때도. 지금은 연결의, 나아가 효율성의 황금기다.

우리가 가진 디바이스는 지속적인 짜증을 해소하는 우아한 해결책(이를테면 집으로 가는 가장 빠른 경로를 알려주는 교통 상황 모니터링 앱이나 정글 같은 메일함을 마침내 정리해줄 프로그램)을 세움으로써 일상의 골치 아픈 비효율성을 조금씩 사라지게 하기 위해 고안되었다. 효율성이 증대되면 가장 소중한 재화인 시간이 많아진다. 하지만 정확히 무엇에 쓰기 위한 시간일까? 대개는 더 많은 일을 하기 위한 시간이다.

테크놀로지가 우리 일상을 기적적으로 지원하지만, 그런 테크놀로지 중에서 광고에서처럼 우리에게 자유를 주는 건 거의 없다. 우리의 직장 생활보다 그 사실을 여실히 드러내는 것은 없다. 오늘날의 사무실 테크놀로지는 회사 생활의 모든 격식, 불안, 그리고 숨 막히는 지루함을 흡수해서 삶 구석구석에 그대로 옮겨놓는다. 전 세계 어디에서나 동료들과 얼굴을 마주 볼 수 있는 마법적 능력은 줌의 피로감으로 변질되었다. 실시간 협업을 하는 채팅 앱은 회사 서버에 영원히 저장되는 상시 접속 감시 툴로 바뀐다. 공유 디지털 캘린더는 자기 자신을 위한 시간이 전혀 남지 않을 때까지 다른 이들이 시간과 주의를 요구하는 방식으로 진화한다. 효율성이 점점 더 높아질수록 우리는 점점 더 큰 부담을 느끼게 된다.

이런 패러독스는 새롭지 않다. 노동의 역사만큼이나 오랫동안 새로운 테크놀로지는 업무 수행 장소와 방식을 간소화하겠다고 약속해왔다. 어떤 기술은 최대의 선의로 시행되고, 다른 기술은 잔인하게 또는 냉소적으로 적용되기도 한다. 하지만 거의 전부가 의도치 않은 결과를 가져온다. 디지털이 아닌 경우에도 그렇다. 개방형 사무실부터 에어론 의자에 이르기까지 사무실의 물리적 설계에 관한 새로운 아이디어는 업무 환경만이 아니라 우리가 업무와 맺는 관계를 개조해왔다. 사무실을 보다 인간적으로 바꾸려는 혁신은 비용 효율성 계산을 거치고 나면, 결국 과도하게 설계된 새장과 훨씬 더 비슷하게 느껴지는 업무 공간을 만들어낸다.

문제의 일부는 절약에 대한 강박 때문이다. 가장 포용성이 큰 최고의 설계는 대부분 시간과 비용, 자원을 필요로 하며, 많은 기업이 그런 지출을 주저한다. 하지만 실리콘밸리의 제멋대로 퍼져 있는 캠퍼스는 비용을 아끼지 않고 지어졌는데도 형광등을 밝힌 평범한 칸막이 사무실과 근본적 결함을 공유한다. 소수의 유토피아적인 예외를 제외하면 이러한 설계는 모두 효율성과 생산성을 지향해왔다. 일을 덜하기 위해서가 아니라, 일에 둘러싸인 생활을 조성하려는 기대로.

사실 사무실 테크놀로지(그리고 숨 가쁘게 택한 효율성 추종)는 한 번도 우리의 업무 시간을 줄이려고 고민된 적이 없었다. 경제 이론가들과 노동 옹호자들이 테크놀로지를 주 35시간, 주 20시간, 주 10시간을 실현할 방법이라고 여겼던, 20세기 초 꿈에 부풀었던 날들 이후로는 말이다.[4] 그런 꿈은 오래전에 파괴되었다. 그 대신에 그 어느 때보다도 가속화된 사무실 테크와 설계의 목표는 누군가의 삶에 빈 공간을 만들고, 그 즉시 거기에 더 많은 생산성의 씨앗을 뿌리려는 것이다.

지금 이 순간이 우리에게 가능성으로 가득 차 있으면서도 굉장히 위험하게 느껴지는 이유다. 우리는 사무실 테크와 설계가 주는 완전한 해방과 억압적 효과 사이에 붙들려서 효율성이라는 연옥에 갇혀 있다. 숨 막힐 정도로 침울했던 이번 팬데믹 동안에도 우리는 사무실 테크놀로지의 원대한 약속을 이행할 미래의 희미한 윤곽을 지켜볼 수 있었다. 그 미래에 우리는 출퇴근이나 개방형 사무실 계획의 폭압으로부터, 또 개인의 삶 구석구석으로 살그머니 틈입하는 일로부터 정말로 자유로워질 것이다.

매혹적인 비전이다. 우리가 사용하는 도구들이 실질적으로, 정말로 일을 덜 하게 만들어준다면 어떻게 될까? 비효율성을 없애고 되찾은 시간이 정말로 우리 것이 된다면 어떨까?

사무실 테크와 설계가 근본적으로 사악한 것은 아니다. 하지만 업무 편의를 위해 생활을 한층 평평하게 만들기보다는 생활을 한 차원 높이는 데 이런 도구들을 사용하겠다는 점을 분명히 해두어야 한다. 이런 비전을 실현하기 위해서는 테크와 설계가 과거에 어떻게 우리를 매료시키는 데 성공했는지 이해해야 한다. 현란한 테크놀로지, 화려한 사무실 환경, 새로운 커뮤니케이션 방식이 새로운 모습으로 위장하고 더 많은 일로 우리를 끌어들일 때, 이를 알아차리는 방법을 알아야 한다. 생산성과 효율성을 더 많은 업무를 위한 수단이 아닌, 진짜 목적에 맞는 수단으로 바라보기 시작해야 한다.

이 순간에 걸린 판돈은 크다. 정신을 바짝 차리지 않으면, 우리 스스로 업무와 관계 맺는 방식을 진정으로 변화시킬 이 기회를 날려버리고, 원격근무 도구들이 더욱 강력한 감시와 통제 장치가 될 위험이 있다. 과거 테크와 설계가 변화할 때 그러했듯, 이 도구들이 가져오는 질적 저하는 쉽게 드러나지 않을 것이다. 닫힌 문 뒤에서 탐욕스럽게 두 손을 비비며 낄낄 웃어대는 경영진은 없을 것이다. 그저 우리의 가장 밝은 희망이 어느 끝없이 긴 평일의 느리고 따분한 일에 조금씩 묻혀버리는 느낌일 것이다.

우리가 과거의 실수를 반복하도록 운명 지어진 건 아니다. 하지만 그렇게 된다면 되돌릴 수 없을지도 모른다. 개인 생활과 직장 생활을 가르는 마지막 남은 얇은 장벽이 이미 압력에 찌그러져 있다가 무너져 내릴 것이다. 최악의 상황은 팬데믹 기간 동안 재택근무를 하며 경험한 지루함이 앞으로 일상적인 현실이 되는 것이다. 그것이 지옥같이 느껴진다면 그로부터 스스로를 지켜내야 할 때다. 우리가 과거의 테크와 설계를 어떻게 오염시켰는지 알아내서, 그것들을 어떻게 피해야 할지 실질적인 계획을 추진해야 한다.

1981년에 일의 미래에 대한 책을 작업 중이던 하버드대학교 경영학과의 젊은 교수 쇼샤나 주보프는 오래된 펄프 공장 단지를 방문했다. 그중 표백 공장은 최근에 다시 설계되어 디지털 센서와 모니터를 비롯한 최첨단 테크놀로지로 무장하고 있었고, 최신 마이크로프로세서로 작동하는 컴퓨터가 설치된 새 중앙 통제실로 신호를 전달하고 있었다. 외부인에게는 그 모두가 아주 인상적이었다. 하지만 주보프가 금세 알게 되었듯이 노동자들은 그것을 혐오했다.

그들의 일차 경멸 대상은 문이었다. 표백실의 상당한 열과 잠재적 유독 가스가 통제실로 들어가는 것을 막기 위해서 공장에는 공기 차단 시스템이 설치되었다. 버튼을 누르고 안으로 들어가면, 미닫이 유리문이 뒤에서 닫힌다. 다음 문들은 다른 문이 닫힐 때까지 열리지 않을 것이다.

새로 설치한 문들은 안전성을 한 단계 더 추가했다. 하지만 노동자들에게는 추가 단계가 지루하고 불만스러웠다. 여러 해 동안 그들은 이 방에서 저 방으로 원하는 대로 이동할 수 있었다. 그래서 그들은 문제를 자기들 손으로 해결했다. 매일 통로를 가로질러 문 중앙을 멈추게 하는 밀폐 고무에 손을 끼워 넣었다. 그들은 어깨에 힘을 주고 세게 부딪쳐서 강제로 문을 열었다. 결국 문은 더 이상 봉인되지 않았다.

주보프가 보기에 노동자들의 반응은 자동화에 대한 노동자의 양가 감정의 '살아 있는 은유'였다. "그들은 유독 가스로부터 보호받기를 원했다."라고 1988년에 나온 책 『스마트 기계의 시대(In the Age of the Smart Machine)』에 주보프는 썼다. "하지만 그와 동시에 자기들의 육체에 아로새겨진 힘이나 노하우를 더 이상 필요로 하지 않는 구조에 대해 고집스러운 저항감을 느꼈다."[5]

주보프가 관찰한 것은 몇몇 육체 노동자의 가벼운 좌절이 아니라 거대한 테크놀로지 변화의 시대 한가운데서 겪는 본질적 불안이었다. 일의 성격이 본질적으로 재편되는 중이었다. 측정에 저항하거나 측정이 불가능하던 것들이 정량화되고 분석 가능해지면서 끝도 없는 데이터와 보고서로 탈바꿈했다. 기업은 그런 데이터로 중무장하고서 자기들이 낭비하고 있는 것, 효율성을 증대할 기회, 직원들의 실제 업무 시간 배분 방식을 최초로 파악할 수 있었다.

이론대로라면, 이 모든 새로운 데이터는 노동자의 업무를 개선했을지도 모른다. 펄프 공장에서 화학 물질을 배합하는 수작업이나 밸브를 손으로 여닫는 일은 육체적 부담이 크다. 통제실에서 안전하게 그 일을 할 수 있다면 모두에게 편리할 것이었다. 하지만 자동화는 예기치 못한 결과를 가져왔다. 실재하던, 즉 만지고 느끼는 리듬이 있던 일들을 추상의 영역으로 옮겨놓았다. 어쩌면 주보프가 설명한 대로 "감각할 수 있었기 때문에 알 수 있던 세상에서 밖으로 휙 끌려나온 느낌이었다."[6]

테크놀로지는 노동자들에게서 일에 관한 아주 가치 있는 체화된 지식을 앗아갔다. 이들은 기어를 떼내는 방법을 정확히 알았고, 어떻게 까다로운 측정기가 실제 눈금보다 늘 5도 높게 나타나는지도 알았고, 어딘가 고장 나려 할 때 기계가 내는 소리를 알아들었다. 이런 지식은 여러 해 동안 일을 하면서 축적된 것으로, 덕분에 경영 관리에 대항하는 영향력을 행사할 수 있었다. 기업이 노조와의 합의를 거부할 경우, 회사가 그들을 대체할 숙련된 노동자를 찾으려면 몇 주씩 시간이 걸렸다. 노동자들의 지식이 귀중했기 때문에 파업을 하겠다는 위협은 실질적인 힘을 발휘했다.

센서와 컴퓨터는 그 업무의 배후에 있던 기술을 가져와 정량화했고, 또한 자동화했다. 이는 흔히 '탈숙련화'라고 일컬어지는 과정이다. 노동자의 지식은 쓸모없게 되어버렸다. 동시에 관리자들은 직원들의 회사 생활에 대한 정량적 권위를 새로 부여받았다. 그들은 데이터를 쥐고 있었고 그들이 원하는 대로 데이터를 사용함으로써 권력을 쥐었다. 이런 식으로 테크놀로지 혁신은 노동자의 삶에서 가장 가치 있는 요소를 빼앗아 경영진에게 바로 넘겨주었다. 당연히 노동자들은 분개했다.

물론 경영진과 대기업들은 이 이야기를 아주 다르게 각색했다. 이런 도구들은 생산성와 이윤을 쥐어짜는 방법이 아니라, 노동자에게도 좋은 것이었다. 육체 노동을 적게 한다는 것은 힘이 많이 드는 일이 줄어든다는 뜻이며, 대개 덜 위험한 노동을 한다는 뜻이었다. 공장이나 제철소에서 뼈 빠지게 일하던 일부 노동자들은 실제로 고통이 경감되긴 했다. 하지만 새로운 문제도 등장했다. 한 숙련된 기계 기술자는 1985년에 MIT 연구원이었던 할리 셰이큰(Harley Shaiken)에게 컴퓨터화된 기계를 직접 조작하면서 자기가 "우리에 갇힌 쥐"라도 된 듯한 기분을 느꼈다고 이야기했다. 용접 로봇 시스템 작동 업무를 담당하는 또 다른 노동자는 "담뱃불 붙일 시간도 없을 지경이죠. 전 지금이라도 예전처럼 수작업으로 용접을 하고 싶습니다."라고 말했다.[7] 수치 제어 (NC) 시스템을 모니터링하는 직원은 이렇게 말했다. "저는 노동하는 사람이지 앉아만 있는 사람이 아닙니다. 바쁘면 좋겠어요. 시간도 빠르게 지나고 정신도 활발히 유지되니까요. NC에 매달려 있다 보면 약간 심약해지는 거 같습니다."

셰이큰은 자동화된 업무가 항상 더 효율적이지는 않으며, 반드시 더 믿을 만한 것도 아니라는 점을 밝혀냈다. 하지만 자동화된 업무는 노동자들에게 유일한 경로로 제시되었다. GE가 1980년대 초에 식기세척기 공장을 현대화하기 시작하면서 로봇의 복잡한 회로를 감독하는 "전자 신경계"와 "공장의 작업 현장 스물네 개 중요 지점에 컴퓨터 부관"을 추가했을 때, 회사는 노조 대표들, 현장 감독들, 그 밖의 여러 노동자들을 만나서 같은 주장을 전달했다. 현대화하지 않으면 우리 모두가 일자리를 잃게 될 것이라고. "기업은 이런 종류의 장비 없이는 시장에서 살아남지 못할 것입니다." GE의 수석 부사장은 《뉴욕 타임스(New York Times)》에 이렇게 말했다. "미래가 이를 요구하고 있습니다."[8]

제조업계 전반에서 자동화는 일종의 마법적인 해결책으로, 미국 기업들이 글로벌 시장 전반에서, 그리고 특히 일본에 잃어버린 입지를 만회할 수단으로 대접받았다. 자동화는 생산성을 증대할 것이었고, 생산성은 미국의 모든 문제에 대한 해결책을 제공할 것이었다. 이런 개념은 20세기 내내 공장에 고유한 형태로 받아들여졌던 그대로, 사무실로 확산되었다. 사무실은 서류를 생산하고, 생산한 서류를 이 책상에서 저 책상으로 옮기는 곳으로 여겨졌다.

1925년에 프레더릭 테일러 학파가 내세운 최적화의 신봉자였던 윌리엄 헨리 레핑웰(William Henry Leffingwell)은 '업무 흐름의 직선화' 계획을 기안했다. 그는 사무실을 일종의 서류 조립 라인으로 재설계했고, 노동자들은 "사무원이 자리에서 일어나지 않더라도" 서류를 옮길 수 있었다.[9] 무엇보다 중요한 원리는 사무원이 자기 자리를 비울 때마다 소중한 생산성을 몇 초씩 잃는다는 것이었다. 하지만 이 테일러주의자들이 개혁한 사무실은 공장에서와 동일한 저항에 부딪혔다. 노동자들은 이를 몹시 싫어했다. 20세기에 보급된 엘리베이터, 형광등, 이동식 가벽, 에어컨 등 또 다른 효율성 개선 노력은 더 납득시키기 쉬웠다. 특히 테크놀로지 발전의 언어로 포장되어 있는 경우는 더 그랬다. 이는 모두 생산성을 높이기 위한 수단이라는 것이다. 1958년에 독일인 형제 에버하르트(Eberhard)와 볼프강 슈넬레(Wolfgang Schnelle)가 최초로 제안했던 개방형 사무실도 마찬가지였다. 슈넬레 형제는 줄지어 놓인 책상들과 고급 사무실 대신에 역동적 군집과 이동형 파티션을 고안했다. 사무 공간 배치, 즉 뷔로란트샤프트(Bürolandschaft)라는 시스템이었다.

뷔로란트샤프트라는 아이디어가 처음 도입되었을 때는 스캔들처럼 받아들여졌다. 재택근무가 1980년대 초에 그랬듯이 말이다. 유명한 인테리어 디자이너 존 F. 파일(John F. Pile)은 호평받는 건축 잡지에서 그 계획을 처음 접했을 때, 그것이 "너무 충격적이어서 영국식 농담을 대하고 있다는 생각이 들 정도였다."라고 설명했다.[10] 하지만 뷔로란트샤프트는 독일 사무실에 고질적이던 조직 문제를 해결하기 위한 설계였다. 노동자들은 완전히 비논리적인 방식으로 배치되었고, 서로 다른 부서 사람들이 방방이 들어차서 모두가 다른 유형의 업무를 하고 있었다. 그들은 서로 집중력을 흐트렸고, 까닭 없이 경쟁했으며, 같은 팀의 팀원을 만날 때면 다른 층이나 다른 빌딩으로 가야만 했다. 파일은 이렇게 썼다. "그런 환경에서 필요한 커뮤니케이션은 느리고 거추장스러웠고, 경쟁과 라이벌 의식만 번성했다. 그리고 관료 조직에 어울리는 온갖 종류의 낭비와 어리석음이 일상다반사였다."[11]

뷔로란트샤프트의 배치는 자연스러운 커뮤니케이션 흐름을 따르고, 비효율성을 줄이고, 추가 보너스로 비용이 덜 들도록 설계되었다. 실제 위계가 없으므로 관리직을 위한 값비싼 가구를 갖춘 사무실이 필요하지 않았다. 거대한 하나의 공간에서는 난방도, 냉방도, 조명 설치도, 전기 공급도 훨씬 더 쉬웠다. 하지만 이론적으로는 좋은 취지의 설계였다고 해도 실제로는 대참사였다. 많은 기업이 시끄러운 데다가 집중력이나 프라이버시 같은 것에 반하는 '팀 단위' 직원 공간의 경비 절감 요소를 받아들였지만, 상급자를 위한 사무실을 없애는 데는 주저했다. 그들은 비용 절감에 필사적이었지만, 동시에 현상 유지를 위해서도 맹렬했다.

독일, 스칸디나비아 반도, 네덜란드에서는 개방형 사무실 근무 형편이 너무 열악해서 1970년대 지역 노동자 위원회들은 사실상 그것을 철거하라고 명했다. 하지만 미국에서는 달랐는데, 건축 비평가 제임스 R. 러셀(James R. Russell)이 주목했듯이 미국인들은 "특유의 성격대로 재작업해서" 그 계획을 "더 값싸고 더 정연한" 것으로 바꾸었다. 슈넬레 형제의 설계에서 "격식에 얽매이지 않는 곡선"이 선반, 사물함, 파티션으로 이루어진 1인 업무 공간으로 규격화되었고, 결국 칸막이 공간(cubicle)이 되었다.[12] (이 발전 과정은 미국 역사에서 많은 것들이 그랬듯이 세법 때문에 가능해졌다. 1962년에 통과된 세입법에서는 '사용 수명'이 8년인 자산에 대해 7퍼센트의 세액 공제가 허용되었다. 고정된 벽은 비용을 공제할 수 없었다. 하지만 파티션이라면? 어서 한번 해보자.)

칸막이 공간은 프라이버시라는 환상을 제공했지만, 현실은 그렇지 않았다. 여전히 옆자리 사람의 대화가 들렸고, 가장 가까운 창문이나 자연광으로부터 몇십 미터나 떨어져 있었으며, 관리자가 여전히 팀원이 현재 하고 있는 일을 다 볼 수 있었다. 이런 사무실은 직원의 업무 환경을 개선하거나 더 견딜 만하게 하려는 게 아니었다. 시장의 수요에 따라 확장하거나 수축할 수 있고, 필요에 따라 직원들을 없애거나 모집할 수 있는 '유연한' 조직의 필요를 충족하도록 설계된 것이었다.

영국에서 '사무실 풍경'을 최초로 소개한 책들 중 하나를 쓴 프랭크 더피(Frank Duffy)가 보기에, 회색 펠트 칸막이 공간은 "누구든 어느 때든 어떤 순서로든 대체될 수 있는 비참함의 균등 배분"을 나타냈다.[13] 칸막이 공간은 비용이 적게 들고, 공간 사용자의 흔적이 거의 남지 않으며, 해체가 몹시 용이했다. 이른바 경제적 사고방식과 노동 인력을 점차 일회성으로 대하는 태도에 완벽히 부합하는 구조였던 셈이다.

개방형 사무실은 노동자의 효율성을 지향하는 사고방식으로 명성을 높이며 시행되었다. 커뮤니케이션을 촉진하고 정보의 흐름을 방해하지 않으며, 사무실에서 일어나는 갈등과 경쟁을 줄이는 방법이라 생각되었다. 니킬 서발이 『큐브, 칸막이 사무실의 은밀한 역사』에서 지적했듯이 조악하게 만들어진 미국식 개방형 사무실로도 어떤 형태의 커뮤니케이션은 편리해졌다. 직원들은 사무실 소음이 들리는 중에도 이야기를 나눌 수 있었던 것이다. 하지만 집중과 사색은 거의 불가능해졌다. 1970년대와 1980년대에는 "개방형 세상에 급급해하면서 업무 성과의 몇 가지 중요한 가치는 사라져버렸다."라고 서발은 썼다.[14] 약간 아이러니하게도, 사라진 것들에는 이런 설계가 만들어내고자 했던 바로 그 효율성과 생산성도 포함되었다. 1985년의 사무실 연구를 보면, 프라이버시 수준은 업무 만족도, 그리고 업무 성과의 중요한 예측 변수였다.[15] 달리 말해 효율성 지향의 사고방식에 따른 설계가 점점 더 비효율적인 노동자들을 양산했다.

  무엇이 편리해질지만 고려하고 무엇을 잃게 될지는 고려하지 않은 채 새로운 사무실 설계를 도입하면, 새로운 문제를 일으킬 것이다. 세금 부담이나 부동산 크기를 줄이겠다는 단기 전략도 마찬가지다. 테크놀로지가 비용을 빠르고 크게 절감할 수 있다고 약속한다면, 그런 절감에는 미처 알아채지 못한 부작용이 있을 것이고, 이미 과중한 부담을 안고 있는 노동 인력이 이를 떠안을 가능성이 크다. 직원들이 일할 공간과 그 일을 하는 동안 사람들과 상호작용하는 방식을 결정하는 사무실 테크놀로지의 구현은 결코 단순하게 '좋다' 또는 '나쁘다'고 말할 수 없다. 하지만 그 효과가 중립적인 적은 한 번도 없었고 앞으로도 그럴 것이다.

생산성이라는 이상에 관해서는 사무실 설계가 너무 많은 것을 약속만 할 수 있었다. 가장 과학적으로 정돈된 사무실에서 가장 숙련된 타이피스트라고 해도 분당 타이핑할 수 있는 단어 수는 한정되어 있었다. 날이 갈수록 정확도는 떨어졌고 오류 없이 서류를 타이핑하는 시간은 점점 더 길어졌다. 하지만 워드프로세서는 복사기, 구술 녹음기, 사무용 프린터와 더불어 인간의 한계를 뛰어넘는 효율성을 약속했다.

사무실마다 노동자들은 이런 새로운 테크놀로지가 생활을 더 편리하게 해줄 거라고 약속받았다. 물론 같은 글자를 세 번 타이핑하지 않아도 되니 좋았다. 하지만 환기구 없이 놓인 등사판, 적절한 조명이 없는 공간에 놓인 워드프로세서 등 많은 장비가 그것을 고려해 설계되지 않은 공간에 놓였다. 노동자 수천 명이 편두통, 눈의 피로, 백내장, 기관지염, 알레르기를 앓았다.[16] 자동화는 말 그대로 사무직 노동자를 병들게 했다.

이들은 정신적으로도 피폐해졌다. 쇼샤나 주보프는 『스마트 기계의 시대』를 준비하면서 산업 현장에 있는 노동자들을 여러 시간 인터뷰했고, 사무직 노동자들과도 많은 시간을 보냈다. 주보프가 인터뷰했던 사람들은 육체 노동자들과 마찬가지로 업무에 기술적 변화가 빠르게 적용된 결과 단절되어 있었다. 치과 직원들과 보험금 청구 직원들 모두 한때는 특성상 사교적이었던 자기들의 업무가 미화된 데이터 입력 업무로 바뀌는 것을 목격했다. 칸막이 사무실은 노동자들을 동료로부터 시각적으로 분리시켰고, 동료들은 떠다니는 목소리, 전화벨 소리, 키보드 소리 등 성가신 소음으로 바뀌었다. 이들의 업무가 점차 자기 책상에 매여 있는 것이 되면서 직원들은 관리자로부터 더 멀어졌고, 관리자도 직원들을 드론처럼 대하게 되었다.

"우리가 서로를 보며 이야기 나누고 했던 적이 있었죠." 한 보험금 청구 대리인은 주보프에게 이렇게 말했다. "물론 가끔 저녁에 어떤 요리를 할 건지 이야기하기도 했어요. 하지만 그러면서도 항상 일했어요." 다른 대리인은 바깥 세계와의 접점을 잃어버린 기분을 이렇게 설명했다. "우리에게 남은 실제 세계는 고객과 이야기할 때뿐이죠." 실제로 주보프가 기록한 내용 중에 가장 충격적인 부분은 주보프가 노동자들에게 이들이 하는 새로운 업무를 그려보라고 요청했을 때였다. 이들의 그림은 음침하면서도 천진했다. "책상에 쇠사슬로 묶여 있고, 사방에 아스피린 통이 굴러다니고, 죄수복을 입고 있고, 눈가리개를 쓰고, 감독관이 코앞에서 감시하고 있고, 사방이 벽으로 둘러싸여 있고, 햇빛도 음식도 없는 밀폐된 공간에서 피곤에 절어 게슴츠레해진 눈과 찌푸린 얼굴로 홀로 있는 그림."[17]

한편 공장의 작업 현장에서도 그랬듯이 그 기술을 실제로 사용해 일하는 사람들의 의견에 귀를 기울이는 이들이 거의 없었다. 리더들은 직원들이 침묵하는 이유가 일자리를 잃을지 모른다는 두려움 때문이고, 처음에만 그럴 것이라고 여겼다. 익숙해지기 위한 준비 기간이 필요하지만, 직원들이 그 기술을 익히고 그게 얼마나 좋은지 알게 되면 모두가 점차 새로운 표준을 수용하게 될 것이었다. 임원진은 자동화가 해고로 이어지지 않았으며 생산성만을 높였다는 통계 자료들을 내세웠다. 미국은 다시 경쟁력을 갖게 될 것이다. 어째서 그게 두려워할 일인가?

노동자들이 처음에는 자신이 쓸모없게 될까 봐 두려워했을 수도 있다. 하지만 그 불안감은 업무 경험 자체에 관한 것이었고, 생산성이라는 복음이 얼마나 효과적으로 리더들을 다른 모든 우려 사항에 눈감게 했는지에 관한 것이었다. 1980년 PBS의 뉴스 프로그램 「맥닐/레러 리포트」에서 루이스 실버먼(Lewis Silverman) 기자는 최근 본인의 사무실에 자동화 기술을 도입한 변호사에게 그것이 업무 경험을 얼마나 "비인격화"하게 될지 걱정해봤냐고 물었다.

"어떤 식으로든 이런 종류의 자동화에 따르는 요소라고 생각하지 않습니다." 그 변호사는 이렇게 대답했다. "제 생각에 서류를 빠르게 생산하는 능력이 향상되면, 우리는 다른 일을 할 수 있게 될 겁니다. 더 많은 서류를 작성하는 데 시간이 절반밖에 걸리지 않는다면, 남는 절반의 시간에 아무것도 하지 않기보다는 많은 거래를 성사시켜 두 배의 생산성을 달성할 수 있겠죠." 다른 말로 하면 생산성은 성과물을 늘리는 것이고, 이윤을 증대하는 것이다. 하지만 사무 직원의 업무를 더 편하게 해주지는 않는다. 이들에게 더 많은 휴식 시간을 주거나 급여를 올려주지도 않는다. 하루에 해야 하는 엄청난 업무량에 새로운 기준을 설정할 뿐이다. 혜택은 한 방향으로, 노동자에게서 멀어지는 쪽으로만 흘러간다.

반론으로 실버먼은 미국여성노동자연합(National Association of Working Women, '9to5'로 알려져 있던 사무직 노동자 단체)의 수장인 캐런 누스바움(Karen Nussbaum)에게 마이크를 넘겼다. 누스바움은 자동화로 인해 노동자들이 자기 업무에 대한 통제력이 줄었고 동료들과 유대가 약화되었다고 느끼게 되었으며, 기술이 이들의 건강에 나쁜 영향을 미치고 있다는 논거를 빠르게 열거했다. 문제는 장비 자체가 아니라고 그는 말했다. 훨씬 더 큰 문제는 장비가 요구하는 생산성이었다. 최고의 효율로 장비를 가동하고 있다면, 그 업무에 사람이 들어갈 틈이 없다. 게다가 자동화가 이루어 지면서 더 적은 보수를 받고 더 많이 일하는 것이 정상이 되었다.

그러나 다시 말하지만 경영진은 그렇게 보지 않았다. 에이본 (Avon)의 통신 및 사무실 서비스 책임자 잭 월시(Jack Walsh)는 일부 비서들이 새로운 기술 덕분에 자신감이 커졌고, 기량이 늘어나기까지 했다고 설명했다. 이 회사가 수행한 연구에서는 관리자 업무의 10퍼센트가 비서들에게 이관될 수 있었고, 그럼으로써 비서들의 역할이 "강화되었다."라는 결과가 나왔다.

누스바움의 대답은 예리했다. "테크놀로지는 업무를 강화할 수 있죠, 하지만 사무직 노동자 대다수에게는 그런 일이 일어나지 않습니다."라고 그는 말했다. "저는 월시 씨가 이제는 관리자들 업무를 일부 맡아서 하고 있는 그 비서 분들에게 급여를 올려주었는지 묻고 싶네요." 사무실 재설계와 자동화의 바탕에 깔려 있는 디스토피아적인 현실은, 이전에도 그랬고 지금도 여전히 그렇다. 그 권한은 "당신이 업무를 더 효율적으로 하는 방법을 알아냈다면, 업무에 시간을 적게 쓰게 된다."라는 게 절대 아니다. 그것은 "당신이 업무를 더 효율적으로 하는 방법을 알아냈다면, 더 많은 일을 해야 한다. 그것도 동일한 급여로."다.

노동자인 우리는 어떤 형태로든 늘 테크놀로지의 도움을 받아왔다. 도구들은 시간이 지날수록 더 정교해졌지만, 그 사용자인 우리는 여전히 어쩔 수 없는 인간이므로 육체 또는 정신이 지탱할 수 있는 생산성에는 한계가 있다. 1980년대 초에 노동자들은 그런 한계에 맞서 재단장을 시작했으나, 미국 경제의 지속된 변동성 탓에 생존 모드로 내몰렸다. 사무실이 엉망이라도, 불편한 기분이 들더라도, 동료 직원들을 원망하게 되더라도 그건 중요하지 않았다. 누스바움과 여성 노동자들이 주도하는 단체와 유사한 조직화를 시도하는 것은, 반노조 정서 및 입법이라는 거대한 흐름에 무모하게 충돌하는 일이었다. 반발할 의지도, 방법도 전혀 없는 듯 느껴졌다. 그러므로 모든 세대의 직원들이 고용주가 요구하는 생산성을 저절로 내재화했고, 적은 급여와 낮은 안정성을 받아들이고 업무에 복귀했다.

1983년에 광고회사 치아트데이(Chiat/Day)의 직원 세 명은 역사상 가장 유명한 슈퍼볼 광고가 될 아이디어를 생각해냈다. 애플 매킨토시가 그려진 탱크톱을 입은 사람이 달려와 빅브라더를 무너뜨리고 미래의 감시와 순응 사회로부터 인류를 구한다는 내용이었다. 이 광고는 걸작으로 칭송받았고, 치아트는 20세기 말 가장 영향력 있는 회사로 입지를 굳히면서 에너자이저 건전지나 미국 전화 통신 회사 나이넥스(NYNEX)의 전화번호부 같은 따분한 브랜드를 사람들의 머릿속에서 떠나지 않게 탈바꿈시키는 광고 캠페인을 만들었다.

　10년 후에 공동 창업자 제이 치아트(Jay Chiat)는 콜로라도 텔루라이드에서 스키를 타던 중에 광고 캠페인과 전혀 관계없는 창의적인 계시를 받았다고 전해진다. 그는 사무실을 혁신할 때가 되었다고 결심했다. 그는 "창의적인 불안"의 공간을 만들어내기 위해 칸막이 공간과 개인 공간을 전부 없애고자 했다.[18] 베니스와 캘리포니아에 지은 새 사무실들은 프랭크 게리(Frank Gehry)가 설계한 것으로, 칸막이 공간도, 서류 캐비닛도, 정해진 자리도 없었다. 전 직원은 사무실에 도착하는 대로 매킨토시 파워북과 휴대

폰을 대여해서 그날 일할 자리를 정했다. 그들은 집에서 일할 수도 있었고, 해변에서 일할 수도 있었다. 그들의 선택에 달려 있었다. 직원의 정신이 머무는 곳이라면 어디든 사무실이었다.

지난 10년 사이 스타트업 사무실에 가본 적이 있다면, 이 이야기가 터무니없게 들리지만은 않을 것이다. 하지만 당시만 해도 최초의 '가상' 사무실이라는 치아트의 비전은 개방형 사무실이 최초로 계획된 때만큼이나 자극적이었다. 안내 데스크는 선명하게 붉은 입술 모양으로 표현되었다. 소변을 보는 한 남성 사진이 남자 화장실로 가는 방향을 표시했다. 바닥은 가지각색의 상형문자로 뒤덮여 있었다. 회의실 용도로 만들어진 동아리방, 학생회실, 놀이방, 그리고 오래된 놀이기구에서 구해온 탈것들로 가득한 일련의 회의실이 있었다.

처음에 치아트데이 사무실은 창의적 비전을 실현했다는 찬사를 받았다. 이탈리아 건축가 가에타노 페세(Gaetano Pesce)가 설계한 맨해튼 사무실은 《뉴욕 타임스》에서 "주목할 만한 예술작품"이라는 환호를 받았다.[19] 하지만 애초 개방형 사무실 계획과 마찬가지로 노동자들은 거의 즉시 그것을 싫어했다. 당시에 직원들은 정처 없이 떠돌면서도 끊임없이 감시당하는 느낌을 동시에 느꼈다고 기억했다. 자기 자리라고 할 만한 공간을 간절히 원한 나머지, 많은 직원들이 회의실에 자기 자리를 차렸다. 이에 대응해서 치아트는 전날과 같은 자리에서 일하는 직원이 있는지 알아내려고 사무실을 이리저리 훑고 다녔다. 회사는 매일 파워북을 지급하는 계획을 너무 가벼운 일로 예상했기 때문에 파워북을 대여하려는 줄이 끝도 없이 이어졌다. 자기 자리라고 할 공간이 없었기 때문에 직원들은 차 트렁크를 서류 캐비닛처럼 사용할 수

밖에 없었다.[20] "사람들은 제 역할을 다할 수 없다고 생각했기 때문에 패닉에 빠졌습니다." 치아트는 나중에야 인정했다. "대부분이 과민 반응이라는 게 제 생각이었죠. 그렇지만 좀 더 철저히 준비했어야 했습니다."

치아트는 1995년에 회사를 매각했고, 회사의 새 소유주들은 그 즉시 가장 특이하고 지속 불가능한 설계 요소들을 완화했다. 1998년 12월에 이들은 웨스트코스트 사무실을 이전과 비슷한 정도로 요란한 플라야델레이의 새 공간으로 이전했다. 실내 식물들이 줄지어 있는 '동네'로 구분된 '소굴'과 '절벽 주거지'에 책상과 전화기가 되돌아왔다. 사무실이 전달하는 메시지는 《와이어드(Wired)》의 표현대로였다. "한동안 머물러라. 밤새 머물러라. 여기에서 살아도 된다. 20대 올빼미족들을 끌어들여 굴러가는 이런 사업에서는 분명히 말이 된다."

지금 생각해보면 치아트데이 사무실은 팬데믹 이전의 '공유 책상'을 사용하는 팀 단위 사무실을 예견한 것이었다. 하지만 치아트는 실제로 직원들을 자기 책상에서 벗어나게 함으로써 생산성과 창의성을 장려하는 방법을 잘못 이해했다. 그 방법은 예술이나 놀이동산의 탈것, 호화로운 그래픽 디자인이 아니었다. 그냥 항상 그곳에 있고 싶도록 하면 되었다.

치아트데이가 회사의 구습 타파적인 사명을 반영하는 사무실 설계에 열의를 기울였던 유일한 회사는 아니었다. 진정으로 혁신적인 제품을 만드는 회사라면, 직원들은 진정으로 혁신적인 공간에서 일하고 있을 것이다. 치아트데이 베니스 캠퍼스처럼, 이런 환경은 경쟁 우위를 확보하기 위해 설계되었다. 이런 사무실은 쿨하고, 인재들을 끌어들인다. 그뿐 아니라 사교, 협업, 강력한 집중이 완벽히 혼합된 생산적인 공간이기도 하다.

물론 이런 회사들 중에 업무 생산성 요구에 조금이라도 덜 무자비한 곳은 없었고, 업무의 본질은 다름 아닌 거래였다. 오히려 조직은 성장과 주주 가치를 추구하면서 노동자들의 생활을 더 불안정하게 했다. 하지만 직원들이 이 사실에 신경 쓰지 못하도록 하면서 비용 효율성을 극대화하고 마찰을 줄이는 방법이 있었다. 회사가 중요하게 생각하는 '역동성'과 '커뮤니티'에 적합한 매력적인 환경(다시 말해 도시로서의 사무실, 또는 더 좋게 말해서 캠퍼스로서의 사무실)에 직원들을 모아놓는 것이었다.

1970년대에 3M이나 캐터필러 같은 중서부 대기업들은 직원 수천 명을 위해 넓게 펼쳐진 목가적 사무실 단지를 설계했다. 그리고 제록스 같은 초기 실리콘밸리 기업들이 1970년대 대학 캠퍼스의 공간 배치를 수용한 것은 잘 알려져 있다. 이 같은 초기 캠퍼스 환경은 경제적으로도 이치에 맞았다. 기업은 값비싼 도시 부동산을 떠날 수 있었고, 그 위치는 교외에 집을 장만하려는 장래의 직원들에게 더 쉽게 어필할 수 있었다.

하지만 『조직맨(The Organization Man)』의 저자 윌리엄 화이트가 설명한 대로 이런 설계에는 특히 최근 대학 졸업자들을 겨냥한 더 깊은 잠재적 의도가 있었다. "장소는 바뀌지만 교육은 계속된다. 대학은 기업에 맞춰 교과목을 변화시켜왔으며, 동시에 기업은 자체적으로 캠퍼스과 강의실을 구성해서 이에 대응해왔다."라고 그는 썼다. "이제는 대학과 기업이 너무 잘 결합되어서 어느 하나가 끝나고 다른 하나가 시작되는 지점을 구분하기가 어려울 정도다."[21]

기업의 캠퍼스는 요새 같지는 않지만, 경비원이 있는 사유지이며 가능한 한 자급자족할 수 있도록 만들어졌다. 소규모 인문대학 캠퍼스처럼 이들의 문화는 배타적이고, 충성도가 높고, 일반적으로 통제가 쉽다. 이들이 가진 혁신 역량의 적어도 일부는 일과 가정 생활의 경계가 확실히 흐려진 데서 비롯되었다. 기업 캠퍼스는 조직맨을 만들어냈고, 다음으로는 그 교외 지역이 화이트의 표현대로 "[조직맨의] 이미지로 만들어진 공동체"가 되었다. 이 노동자들은 캠퍼스에서 잠까지 자는 건 아닐지라도, 헌신적인 직원들의 업무 리듬을 수용하고 강화하도록 형성된 사회 구조 속에 있었고, 사무실의 규범이 회사의 담 바깥으로 멀리까지 퍼져나갔다.

지난 30년 동안 사무실 복합 단지와 캠퍼스는 이 개념을 훨씬 멀리까지 퍼뜨렸다. 그것들은 훨씬 더 화려했고, 사진에서 두드러졌을 뿐 아니라, 최첨단을 달리는 건축가들이 '화합하는 공동체'가 되도록 전문적으로 설계한 것이었다. 이런 공간의 목표는 생산성뿐 아니라, 건축가 클라이브 윌킨슨(Clive Wilkinson)이 2019년 책 『업무하는 공연장(The Theatre of Work)』에서 설명했듯이 훨씬 더 포부에 차 있고 위엄 있는 것이었다. 이 공간에서 "인간의 일은 마침내 고된 단순 작업으로부터 해방되어 영감과 활기를 불어넣게 된다."[22]

윌킨슨은 캘리포니아 마운틴뷰에 있는 50만 평방피트(약 1만 4000평) 규모의 구글플렉스 캠퍼스를 설계했다. 그는 이 사무실에 대한 첫 깨달음을 1995년에 얻었다고 한다. 노동자의 업무 습관에 대한 과거의 연구와 조사를 검토하던 중에 그는 사무직 노동자들이 오전 9시에서 오후 5시까지 시간을 어떻게 보내는지 측정한 연구를 접했다. 노동자들이 얼마나 많은 '해명되지 않는' 시간을 자기 책상에서 벗어나서 보내는지(회의 참석도 아니고, 다른 분명한 업무 역할도 아니었다.)를 보고 그는 그 즉시 충격을 받았다. 하지만 윌킨슨은 이들이 많은 시간을 화장실에서 보냈다거나 함께 사무실을 떠났다는 식으로는 설명되지 않는다는 걸 알았다. 그들은 여전히 사무실 내에 있었다. 그냥 복도에서 어울리거나 로비에서 잡담을 나누거나 다른 직원의 책상 주변에 몰려 있었다고 사무실 사용자들은 이야기했다.

"저는 깜짝 놀랐습니다. 우리 팀은 사무실 설계 계획에 근본적인 결함이 있다는 걸 깨달았죠."라고 그는 말했다. 그의 깨달음은 간단했다. 사무실 설계는 오랫동안 책상과 사무실 배치에 중점을 두었고, 그 사이 공간은 복도와 통로로 취급되었다. 하지만 "책상을 지나치게 강조하다 보니 우리를 경직된 형식에 가두게 되었고, 결국 직장 생활에 해를 끼치게 되었지요."

그래서 그는 이를 해방시키는 일에 착수했다. 설계의 주안점을 바꾸어 책상에서 떨어진 장소에서 벌어지는 일들에 집중했다. 실제로 예전에는 조명이 침침한 통로였던 곳에 여럿이 모여 이야기 나눌 열린 장소들과 아늑한 장소들을 설계했고, 팀 간의 이동이 원활하도록 책상 사이에 넓은 공간을 두었다. 동적인 사무실 환경이라는 아이디어가 실현되면, 자연스럽게 마주치는 경우가 늘어나면서 창의성을 발휘할 수 있을 것이었다. 또한 이 설계는 사적인 공간(많은 경우 가정의 거실을 본떠 편안한 소파와 오토만 의자들을 놓은 공간)을 마련해 트여 있는 책상 자리의 소음에서 벗어나서 업무에 집중할 수 있게 했다.

구글의 창업자인 래리 페이지(Larry Page)와 세르게이 브린(Sergey Brin)은 특히 이 새로운 모습의 사무실에 매료되었다. 초기 회의들에서 이 두 사람의 설계 아이디어는 엔지니어들이 소그룹으로 모이고, 흔히 캠퍼스 내 주변부에 모여들어 온종일 코딩을 하고 그룹 스터디를 하고는 했던, 스탠퍼드대학교에서 보낸 시간들에 크게 영향을 받았다고 윌킨슨은 기억했다. 그들은 전통적인 사무실을 대학교 환경과 접목해서 협업과 자기 주도 업무 둘 다 장려하는 공간을 만들고 싶어 했다.

그래서 윌킨슨은 대학 캠퍼스 설계처럼 내부에서 모든 걸 해결할 수 있는 것을 통합 목표로 삼아 설계를 진행했다. 즉 끊임없이 바뀌는 팀과 신규 프로젝트를 수용하는 유연한 업무 공간을 설계하면서도, 풍부한 녹지 공간, 소규모 도서관, 사교가 이루어지는 중심 공간, 그리고 '테크 논의 구역'을 만들었다. 나중에 윌킨슨은 이 구역을 "모두가 다니는 일반 경로를 따라 늘어선 구역들 [……] 세미나와 지식 공유 행사가 계속해서 벌어지는 장소"라고 설명했다.[23]

이처럼 지속적인 지식 공유를 위해 구글플렉스는 엄청나게 다양한 편의 시설을 갖추었다. 배구 코트, 주차 서비스, 친환경 정원, 테니스 코트, 축구장이 캠퍼스 여기저기에 흩어져 있고, 구글 직원들만 사용할 수 있는 공원도 있다. 구글플렉스 안에서 직원들은 여러 개의 피트니스 센터와 마사지룸을 이용할 수 있고, 여러 카페, 구내식당, 조리 가능한 주방이 있다. 약간의 보조금이 지원되는 보통의 회사 구내식당과 달리, 구글에 있는 모든 것은 무료다. 구글에 약 3만 2000명의 직원이 있었던 2011년 기준으로 식음료 서비스 예산은 연간 약 7200만 달러(약 900억)로 추정

되었다.[24] 그 이후로 구글의 직원 수는 네 배 이상 증가했다.[25]

월킨슨의 회고를 보면, 구글플렉스 설계는 "일과 생활의 모든 기본 욕구들"이 일정한 공간 내에서 충족되도록 했다. 당시에 그는 직원들에게 생산성 있고 사교적인 환경(에 더해 식사와 건강 서비스 같은 상당한 복지 혜택)을 지원하는 것이 진정한 공동체와 지속 가능한 창의성을 장려하는 수단이라고 여겼다. 더 중요한 건 오랜 시간 일하면서 세상을 바꾸기 위한 제품을 개발하는 직원들을 대하는 기업의 인간적이고 사려 깊은 태도였다.

이제 와 돌이켜보면 월킨슨은 그 비전을 덜 확신하게 되었다고 말한다. 지난 20년 동안 그의 뛰어난 혁신적인 디자인은 건축 업계에 확산되었다. 테크 대기업, 중소 스타트업 할 것 없이 그의 팀이 만든 역동적인 직장의 요소들을 자기들의 공간에 베꼈다. 월킨슨은 그런 동일한 특전들의 음흉한 성질을 점차 인식하게 되었다. "근무 환경을 주거 환경이나 집과 더욱더 비슷해지도록 하는 건 제 생각엔 위험한 일입니다." 그는 2020년 말에 우리에게 이렇게 말했다. "그건 기발하고, 유혹적이고, 또 위험합니다. 우리는 당신들이 좋아하는 모든 것을 줄 것이라고, 여기는 당신 집이나 마찬가지라고 하면서 직원들이 바라는 것에 맞춥니다. 위험하게도 집과 사무실의 차이가 흐릿해지죠."

물론 월킨슨이 설명한 위험은 정확히 벌어진 일 그대로다. 새로운 캠퍼스 설계는 기업 문화에 엄청난 영향을 미쳤다. 그 영향 중 일부는 누가 봐도 긍정적이다. 그는 사람들이 진심으로 바라는 업무 공간을 창조했다. 하지만 그런 바람이 중력처럼 사람들을 끌어당기면서 직원들을 사무실에 점점 더 오랫동안 묶어두고, 이전의 사회적 규범을 왜곡시킨다.

이런 시나리오를 상상해보자. 당신은 학교를 졸업한 지 몇 년 안 된 야심만만한 엔지니어다. 사무실에 일찍 도착해서 밤늦게까지 머무는 게 편리하다. 딱히 노력하지 않아도 항상 고급스러운 저녁 식사를 공짜로 먹을 수 있다. 이런 식사를 하는 중에 동료를 만나는 경우도 흔하다. 여러 이야기를 나누겠지만, 대부분 일 이야기다. 스트레스를 풀기 위해 여러 개의 사내 체육관 중 하나에 나가서 3 대 3 농구를 한 경기 뛰거나 사내 공원에서 프리스비를 한다. 회사가 흥미로운 연사를 초대하면 강연에 참석한다. 코딩에 매달려 있을 때면, 편안한 무료 공간에서 합숙한다. 하루 일과를 마치면 캠퍼스에서 맥주를 한잔하고, 회사 셔틀버스를 타고 샌프란시스코에 있는 아파트로 귀가한다. 셔틀버스의 와이파이를 연결해서 이메일 답장을 처리하면서 친구들과 잡담을 한다.

시간이 지나면서 동료들은 가장 친밀한 친구가 되며, 시간이 더 지나면 유일한 친구가 되기도 한다. 직장에서 어울리거나 사교 생활을 하면 더 편리하다. 모두가 이미 거기에 있기 때문이다. 삶이 능률적이고 더 효율적으로 느껴진다. 게다가 재미있기까지! 때로는 대학교 때 기숙사 방에서 했던 것처럼 농땡이를 부리거나 빈둥거릴 수도 있다. 함께 일할 때에는 밤새 도서관에 있던 때처럼 할 수도 있다. 때로 이 두 가지가 모호하게 혼합될 때도 있지만, 그럼에도 불구하고 생산적이다. 이는 새로운 조직맨 스타일로 회사에 전념하는 것으로, 조직맨 시대의 컨트리클럽이 캠퍼스로 옮겨왔을 뿐이다.

우리는 실리콘밸리에 있는 테크 대기업에서 일하지는 않았지만, 2010년대 중반 뉴욕에서 미디어 스타트업에서 일하는 동안 둘 다 이 궤적이 드리운 그늘을 경험했다. 초기 직원이었던 우리는 회사에서 제공하는 특전에 금세 빠져들어서 회사에 점점 더 오래 있게 되었다. 매주 목요일 오후 전 직원 '맥주 타임'은 공짜 피자로 마무리되었고, 이어서 모두가 술집으로 몰려갔다. 얼마 안 가 동료 직원들이 가장 가까운 친구들이 되었다.(물론 이건 우리에게 잊을 수 없는 일이다. 우리 두 사람도 결국 이런 행사에서 만난 셈이다.)

　이런 기업 문화의 강력한 중력 때문에 우리는 다른 친구들에게나 일과 관련되지 않은 관계에 할애하는 시간을 줄이게 되었다. 사무실에서 일이 끝나면 곧바로 회사 사람들과 어울리는 게 도시를 반쯤 가로질러 만날 약속을 미리 잡는 것보다 언제나 훨씬 편리했다. 우리는 모두 같은 사람들을 알았고, 같은 대화 주제가 있었다. 동료 직원들과 해피아워 동안 잡담하다 보면 어느새 일 문제를 토론하고 있었다. 우리가 일을 하고 있었냐고? 확실히 그렇다. 하지만 우리 중 누구도 그게 일이라고 생각하지 못했다.

　우리는 옛 직장 친구들을 정말 좋아한다. 그들의 결혼식도 갔고, 아이들이 크는 것도 지켜봤다. 우리의 인생에서 계속해서 그들과 함께하고 있다. 그런 진짜 우정을 유감스러워하는 게 아니며 앞으로도 그럴 것이다. 그렇지만 뉴욕을 떠나 이사 왔을 때, 직장 내 우정은 업무가 우리의 생활에 살며시 스며들다가 결국에는 생활을 장악하게 만드는 트로이 목마 역할을 한다는 걸 깨달았다. 이런 관계가 일과 삶의 균형을 지키기 더 어렵게 만드는 건 아니었다. 그보다는 균형이라는 생각 자체를 완전히 무색하게 만들었다. 일과 생활은 너무나 철저히 뒤얽혀버려서 깨어 있는 시간의 대부분을 확장된 회사 생활로 보내면서도 전혀 이상하다거나 문제라는 생각이 들지 않았다. 그건 그냥…… 삶이었다.

사무직 노동자 대부분은 매 끼니 식사를 제공받거나, 햇살이 한가득 내리쬐는 중정에 놓여 있는 인체공학적 의자에서 즉흥적인 브레인스토밍 시간을 가질 특전을 누리지 못한다. 하지만 사람들과 즉석에서 배구를 하러 가지 못한다고 해서 사무실 설계와 테크놀로지에 의해 갇혀 있지 않다는 뜻은 아니다. 받은 메일함의 유구한 역사를 잠시 생각해보자.

이메일이 우리를 점점 더 고통스럽게 해온 길은 대부분의 테크놀로지와 마찬가지로 선의로 포장되어 있다. 1971년에 알파넷 엔지니어 레이 톰린슨(Ray Tomlinson)은 지금은 유명한 @ 표시를 사용해 극소수의 초고가 네트워크 컴퓨터로 직접 메시지를 전송했다. 당시에 그것은 코딩을 통한 작은 해결책일 뿐이었다. 자동 응답기도 없던 시절이었기에, 특히 비서나 자동 응답 서비스가 없는 경우라면 누군가에게 메시지를 남길 좋은 방법이 없었다. 그러나 컴퓨터에서 고유한 사용자에게 메시지를 남기는 것은 가능할 수도 있었다.

톰린슨이 자신이 해낸 일의 막중함을 깨달은 건 20년쯤 지나서 이메일이 직장에서 널리 채택되고 있을 때였다.[26] 회사가 이메일을 도입하며 내세운 주장은 단순했다. 서류의 바다에서 익사하지 않고 사무실 업무를 컴퓨터로 이전할 수 있다. 더 이상 프린트하거나 손으로 등사하거나 팩스로 보내지 않아도 되고, 더이상 직접 만나서 전하지 않아도 된다. 그냥 버튼만 눌러서 메시지를 전송한다. 하지만 이메일은 사내 메모나 서신 왕래 문화를 없애는 대신, 형식적 절차, 걱정거리, 억압적 일상을 모두 흡수하여 이것들에 하루 온종일 매 순간 접근할 수 있게 만들었다.

이메일의 보급은 아주 많은 이메일이 더 생겨나게 했다.

『이메일 서신 운영 가이드(*The Executive Guide to E-mail Corres-pondence*)』와 『이메일 잘 쓰는 법(*E-mail: A Write It Well Guide*)』 같은 사용법 가이드와 책이 가내 수공업 규모를 이룰 정도로 쏟아졌다. 이런 책의 저자들은 수백 쪽에 걸쳐 "협조 요청" 이메일 보내는 방법 등 모든 상황에 맞는 견본을 공들여 서술한다. 어떤 책에는 "세심함이 필요한 상황"이라는 제목의 장이 있어서 "잘못된 일을 재배정할 때" "특별 대우를 요구할 때" "서류를 어디에 두었는지 찾지 못할 때" "참석을 거절할 때" 쓰는 이메일 견본을 포함하고 있다.[27] 『이메일 서신 운영 가이드』의 다음 부분처럼 숱한 나쁜 관행을 보여주기도 한다. "'다음 주에 휴가 예정입니다.' 같은 메시지를 보내는 건 별로 좋은 생각이 아니다. 당신이 휴가를 갈 거라고? 일을 하지 않겠다는 뜻인가? [……] 당신이 받아 마땅한 휴가를 가게 되더라도 자랑하는 건 별로 좋은 생각이 아니다(또는 그것을 언급하는 것조차도)."[28]

이런 문제는 지금도 익숙하다. 효율성과 비용 절감을 위해서 기술이나 설계를 채택하면(그러면서 사무실과 기업 문화에 미칠 전체적인 영향을 고려하지 않는다면) 완전히 새로운 문젯거리에 봉착하게 될 것이다. 이메일은 직접적이고 빠르기는 했을지 몰라도, 직장에서 종이를 '없앨' 거라는 약속을 지키지는 못했다. 1990년대 중반의 한 연구에서 연구자들은 조직에 이메일이 도입되면서 종이 소비가 평균 40퍼센트 증가했다는 사실을 밝혔다.[29] 인지과학자이자 컴퓨터과학자인 애비게일 J. 셀런(Abigail J. Sellen)과 리처드 H. R. 하퍼(Richard H. R. Harper)는 2001년에 출간한 『종이 없는 사무실이라는 신화(*The Myth of the Paperless Office*)』에서 "인터넷에 있는 정보들 중 많은 부분을 프린트해서 읽어야 한다면, 이런 종이

사용 증가가 이해된다."라고 말했다.[30]

다시 말해, 여전히 종이가 넘쳐났다. 그리고 이메일도 점점 넘쳐났다. 21세기 초에 그것은 큰 문제가 되었고 폴 부하이트(Paul Buchheit)라는 구글의 엔지니어가 그 기술을 자체적으로 구해낼 해결책을 시도했다. 받은 메일함을 효과적으로 검색할 수 있는 기능이 실현된다면 이메일을 사용하는 완전히 새로운 방법을 만들어낼 수 있었다. 메일들을 삭제할지 보관할지를 두고 스트레스를 받는 대신에, 영원히 보관하면서 과거에 받은 메일의 거대한 아카이브를 언제든 검색할 수 있게 되었다. 구글은 2004년에 첫선을 보인 이 서비스를 지메일(Gmail)이라고 불렀고, 각 사용자에게 1기가바이트의 저장 공간을 무료로 제공했다. 당시만 해도 이는 엄청난 저장 용량이었다. 물론 각 사용자는 구글이 자기들 데이터에 비밀스럽게 접근하는 것을 허락함으로써 이 서비스에 대한 '비용을 지불'했다. 하지만 그 정도의 개인 정보 제공은 개인 사용자에게 부과될 비용과 맞바꾼다고 보면, 최소한 당시만 해도 무시할 만한 수준이었다.

거의 20년이 지난 지금은 세상에 대략 15억 개의 지메일 계정이 있다. 전 세계의 대학들과 조직들은 이 서비스를 자기들의 공식적인 이메일 지원 프로그램으로 채택했다. 그러는 동안 이와 가장 유사한 경쟁사들(야후와 핫메일)은 점차 자기들의 서비스를 지메일 스타일에 맞춰갔다. 이메일은 훨씬 격식을 덜 차리게 되었고, 어디에서나 볼 수 있게 되었다. 받은 메일함이 본질적으로 한도가 없기 때문에 사람들은 이메일을 제한하려는 시도를 중단했다. 필터링 탭들이 받은 메일함을 깔끔하게 정리했지만, 개봉률이 더 낮아지면서 이메일 마케터들은 더 많은 홍보 이메일을 보내게 되었다.

구글은 이메일을 '바로잡아'보려 했지만, 우리의 더 나쁜 충동과 불안감에 오염되어가는 것을 막을 수는 없었다. 2014년에 《타임》기자 해리 매크래컨(Harry McCracken)이 부하이트에게 메시지를 보내려 했을 때, 그는 부재 중 알림 메시지를 받았다. 부하이트는 이메일을 중단한 상태였다. 매크래컨이 마침내 그와 연락이 닿았을 때, 부하이트는 지메일로 인해 가능해진 것을 가차 없이 비판했다. "사람들이 언제라도 응답을 기대하는 연중 무휴 문화가 생겼죠. 토요일 새벽 2시라도 상관없어요. 사람들은 당신이 이메일에 답할 거라 생각하죠." 그는 말했다. "사람들이 이메일의 노예가 되어버렸습니다. 그건 기술적 문제가 아니에요. 그건 컴퓨터 알고리즘으로는 해결될 수 없어요. 이건 오히려 사회적 문제에 가깝습니다."

우리는 이메일이 생활 전부를 집어삼키도록 허용하는 사회적 문제에 맞서는 대신에 그것과 실랑이를 벌이고, 그것을 통제하고, 원점으로 되돌리고, 그것에 수갑을 채울 방법을 찾았다. 우리는 생산성 도구를 관리할 생산성 도구를 만들었다. 그렇게 점점 더 깊은 수렁에 빠져들면서 마침내 스스로를 건져 올려줄 해결책을 간절히 바라게 되었다.

2012년에 맥킨지는 그런 해결책을 찾고 있었다. 직원들에게 이메일 부담을 덜어줄 수 있고 고객들의 생산성을 올릴 수 있는 것이라면 무엇이든. 그해 낸 보고서에서 맥킨지 애널리스트는 평균적으로 지식 노동자가 업무 시간의 28퍼센트를 이메일 관리에 쓰며, 20퍼센트에 달하는 시간은 내부 정보를 찾는 데, 또는 특정 업무에 도움을 줄 수 있는 동료 직원을 찾는 데 보냈다고 밝혔다. 이들은 어떤 종류의 공동 대화 또는 "사회화 기술"이 지식 노동자의 생산성을 높일 가능성이 20~25퍼센트라고 믿었다.[31]

거의 10년이 지난 뒤, 맥킨지 보고서가 구상했던 이 '사회화 기술'은 어느 정도 온갖 종류의 작업 현장에 통합되었다. 마이크로소프트 팀즈("협업을 위한 허브"), 페이스북 워크플레이스("익숙한 동영상 커뮤니케이션과 협업 도구로 직원들을 연결"), 구글 행아웃("대화를 생활화"), 그리고 슬랙("팀원들과 커뮤니케이션하는 새로운 방법")이 있고, 그 밖에도 줌, 웹엑스(Webex), 블루진스(BlueJeans), 차임(Chime), 스카이프 등 수십 개의 동영상 회의 도구들이 많은 경우 채팅 기능을 갖추고 있다. 이런 도구의 사용은 팬데믹이 시작된 이후 급증했다.

대부분의 사무실은 사내에서 '사회화 기술' 몇 가지를 조합해 사용하지만, 슬랙은 패러다임을 바꾸었다. 2013년에 슬랙은 '이메일을 없애겠다'는 약속으로 실리콘밸리를 사로잡았다.[32] 이 아이디어는 지메일이 그랬던 것처럼 단순하면서도 명쾌했다. 수백 명의 직원들이 메일함을 살펴보면서 첨부 파일과 초안과 예전 구글 채팅 내용을 찾는 대신에, 모두를 한곳에 연결해서 그들이 스스로 공동 작업 영역을 만들도록 해주면 어떤가?

슬랙은 효과가 있었다. 한때 마구 메일함을 돌아다녔던 브레인스토밍 타래들이 슬랙 룸으로 옮겨왔다. 아이디어와 실행을 위해 오갔던 타래도 마찬가지였다. 이 플랫폼은 사용이 쉬웠고, 맞춤 이모티콘 사용, 그리고 gif 공유 플랫폼 지피(GIPHY)와의 통합으로 간간이 재미있기까지 했다. 슬랙 사용은 광고 없이도 퍼져 나갔고 대개는 입소문을 탔다. 다른 회사에 다니는 친구들에게서 슬랙에 대해 들은 직원들이 인사팀에 이 기술을 도입해달라고 졸랐다. 커뮤니케이션 대부분이 이메일 타래에서 채팅방으로 옮겨가자 저항하던 사람들도 결국 전향했다. 한 분석 회사는 슬랙을 채택한 대기업 직원들이 일주일에 평균 200개 이상의 슬랙 메시지를 보냈으며, '파워 유저'들은 하루에 1000개가 넘는 메시지를 보내기도 했다고 알렸다.[33]

레스큐타임(RescueTime, 어떤 앱을 사용하고 얼마나 오래 사용하는지 추적 조사하는 앱)의 한 분석에 따르면, 슬랙을 비롯해 다른 소셜 '채팅' 앱들은 분명 이메일 사용을 감소시켰다. 2013년과 2019년 사이에 노동자들이 이메일에 사용하는 스크린타임 비율이 14퍼센트에서 10.4퍼센트로 내려갔다. 실제로 이들은 그 시간만큼 채팅 앱으로 옮겨 가서 채팅 앱 사용은 1퍼센트에서 5퍼센트 증가했다.

레스큐타임 자료는 엄밀하게 정확하지는 않다. 예를 들어 당신이 컴퓨터에 그 앱을 설치하면, 휴대폰에서 이메일이나 슬랙에 사용한 시간은 측정하지 못한다. 하지만 이 연구는 짜증날 만큼 솔직한 내용을 보여주고 있다. 슬랙 같은 기술은 사용자들이 온라인 커뮤니케이션에 쓰는 시간의 총량을 줄여주지 못한다. 훨씬 더 많은 것을 요구하면서 집중을 방해하는 방법을 하나 더 추가할 뿐이다.[34] 피로와 좌절감이 점점 쌓이기 시작한다. "나는 점점 생산성이 떨어지고, 반응에 민감해지는 거 같다. 슬랙 때문에 더 정신이 없다." 프로그래머 알리시아 리우(Alicia Liu)는 2018년 미디엄(Medium) 블로그에 이렇게 썼다. "그리고 슬랙 이용에 더 많은 시간을 쓸수록 문제가 더 악화되었다. 나는 알림 때문에 끊임없이 슬랙에 들어가게 되었다."

이런 종류의 방해는 상당한 비용을 치른다. 연구자들은 20

분 미만의 짧은 방해라도 노동자들의 스트레스를 증가시킨다는 사실을 밝혔다.[35] 하지만 이런 방해가 긴급한 느낌을 주기 때문에, 그리고 그것을 놓치면 근무 태만처럼 느껴지기 때문에 노동자들은 이런 방해를 오랫동안 무시하기 어렵다. 대신에 우리는 이것을 노동 시간 안에 짜 넣어서 업무 다음에 방해, 방해 그다음에 업무로 이어지는, 계속 확장되는 태피스트리를 만들어낸다. 그러다 보면 어느 순간 이것이 정상처럼 느껴지기 시작한다. 하지만 그 정상은 형편없는 것이다.

주의해서 들어보면 슬랙에 대한 비판은 모두 새로운 설계들, 새로운 도구들, 새로운 앱들에 대해 수십 년 동안 이어진 한탄의 최신 구절처럼 들린다. 우리는 커뮤니케이션의 비용과 어려움이 감소할수록 소통의 횟수와 이를 처리하는 데 걸리는 시간이 증가한다는 증거는 무시한 채 정확한 기술적 해결책을 찾으려는 완고한 사이클에 갇혀 있다.[36] 최선의 의도를 담은 자신들의 아이디어가 눈앞에서 손상되는 과정을 지켜본 사람들의 경고를 우리는 못 들은 척한다. 지메일을 만든 이의 말을 다시 떠올려보자. "그건 기술적 문제가 아닙니다. 컴퓨터 알고리즘으로는 해결될 수 없습니다. 오히려 사회적 문제니까요."

사회적 문제는 풀기 어렵다. 어떤 아이디어를 가지고 몇 년간 코딩에 몰두한다고 해서 해결할 수 있는 게 아니다. 이를 위해서는 여러 일선에 걸친 집단 행동, 상당한 통찰과 인내심, 그리고 가장 중요한 의지, 즉 현 상황에 대한 불만과 실제로 어떻게 달라질 수 있는지에 대한 비전이 결합된 강력한 의지가 필요하다.

1980년대 초에 캐런 누스바움은 미국 전역의 사무직 노동자들에게 있어 바로 그런 순간을 목도했다. 여러 해 동안의 혹사,

차별, 급여 삭감에 이어 자동화로 많은 노동자들이 벼랑 끝에 내몰렸다. 사무실은 그들을 병들게 하고 지칠 대로 지치게 하는 데다 상사들은 이제 그들에게 더 적은 급여로 더 많은 일을 하라고 요구하고 있었다.

"우리는 자동화의 영향에 대응할 수 있는 기간이 5년에서 10년 정도 있다는 걸 이해했습니다." 누스바움은 우리에게 말했다. "자동화는 업무 구조에 심각한 혼란을 가져왔죠. 개인의 직무가 극적으로 바뀌고 있는 이 기간 동안 노동자들에게 다가갈 수 있는 기회가 있었습니다." 하지만 누스바움은 그들이 빠르게 행동해야 한다는 걸 알았다. "노동자들이 새로운 표준과 새 직무의 사이클에 적응해버리고 나면 어떤 기준이 있어야 하는지 의문을 품는 순간에 그 기회는 사라집니다."

누스바움과 미국여성노동자연합에는 사무직 노동자들을 조직하는 일을 돕고자 하는 의지와 비전이 있었다. 하지만 그들은 반(反)노조 분위기, 반(反)페미니즘 분위기, 냉전 속에서 미국을 향한 압도적인 열광적 지지라는 문화적 장벽에 맞닥뜨렸다. 이 장벽은 오늘날과는 약간 다른 성격이었지만 그 못지않게 무시무시했다. 전 세계 여러 나라들에서 사람들은 코로나19 이후의 경제를 재건하고 글로벌 경쟁을 따라잡고, 새로운 사무실의 미래에 이르는 방식을 혁신하고 악착같이 일하는 데 집중해야 한다고 말할 것이다. 하지만 앞서 분명히 했듯이 사무실 노동을 처리한 방식이 야기한 사회적 문제를 실제로 바로잡을 수 있는, 하나의 사무실 설계나 단일한 기술적 혁신이란 건 없다.

우리는 다음 장에서 이 문제에 대처할 수 있는 몇 가지 방법을 다룰 것이다. 하지만 우선은 사무실 테크놀로지와 설계에 관해 축적되어온 잘못된 이상주의, 잘못된 방향성, 주의를 딴 데로 돌리는 것들을 어떻게 하면 벗겨낼 수 있을지, 그리고 이 짧고 격렬한 변화의 순간에 어떻게 다른 방식을 상상하고 받아들일 수 있을지에 대해 우리가 할 수 있는 최선의 조언을 할 것이다.

미래의 사무실을 꿈꾸는 일은 그만두자

생산성이라는 악순환을 깨뜨릴 비법이 1990년대 초 코펜하겐 어딘가의 사무실에서 발견되었을 수도 있다. 정확히 어떤 사무실이냐고? 우리도 모른다. 사실 실제 회사명조차 모른다. 사례 연구를 진행한 연구자는 그 회사를 '덴마크 테크 회사', 줄여서 덴테크(DanTech)라고만 표기했다. 『종이 없는 사무실이라는 신화』에서 셀런과 하퍼가 기록한 덴테크의 이야기는 독특하다. 덴테크가 벌어들이는 돈이나 수익 규모, 덴테크가 고용한 사람들 때문이 아니라, 그들이 과거의 모든 잘못과 문제를 답습하지 않고 사무실을 현대화했다는 점 때문이다.

덴테크 이야기는 1980년대에 시작한다. 이 회사는 업계에서 뒤처져 있었고, 불확실한 미래를 맞고 있었다. 경영진은 조직 구조를 완전히 바꾸고, 처음부터 다시 시작한다는 과감한 조치를 시도하기로 결정했다. 직원들은 두 가지 이상의 직무를 할 수 있도록 훈련받았기 때문에 팀을 자유롭게 분리하고 재구성할 수 있었다. 내부 개편을 용이하게 하기 위해서 건물을 옮기고 사무실 공간을 물리적으로 재편하면서 책상들을 팀 구분을 두지 않고 배치했다. 따라서 팀은 필요할 때 공동 작업을 했다가도 쉽게 따로 따로 일할 수 있었다. 또 직원 한 명이 작업 공간에서 사용하거나 보관할 수 있는 종이 분량을 엄격히 제한했고, 대신에 전자 파일 보관 시스템이나 초기 PC를 이용하도록 장려했다.

이런 변화는 지금 보기에 혁명적으로 느껴지지 않는다. 하지만 당시에 그것은 전 직원에게 VR 헤드셋 오큘러스를 지급하고 이제부터 모든 업무는 가상현실에서 수행하라고 지시하는 것과 비슷했다. 모든 게 아주 잘 풀린 건 아니었다. 전자 파일 보관 데이터베이스 중 하나는 직원들이 사용 방법을 터득하기에는 너무 복잡했고, 중요한 서류들이 디지털 미로에서 결국 사라져버리기도 했다. 그렇지만 직원들은 시간이 지나면서 그들에게 적합한 시스템을 찾아냈다. 이미 시스템에 능숙한 소수의 직원들이 이를 담당하게 한 것이다. 사내 모두를 훈련하는 것보다 효율성은 더 낮았겠지만, 실현 가능성이 더 높은 방법이었다. 약 18개월 후에 이 회사는 대부분의 직장에서 당시로서는 생각도 할 수 없던 일을 해냈다. 즉 대체로 종이를 사용하지 않는 사무실로 전환해서 디지털 사무실을 초기에 정착시킨 회사 중 하나가 되었다.

20세기의 주요 사무실 테크놀로지인 종이를 공들여 연구했던 셀런과 하퍼에게, 덴테크는 진짜 변화를 가져온 드문 사례였다. 1970년대 중반 이후로 미래학자들과 업계 권위자들은 종이 없는 사무실의 부상이 임박했다고 예측했다. 하지만 아무리 노력해도 전 세계의 IBM과 제록스는 1990년대에도 여전히 엄청난 양의 종이를 사용하고 있었다. 재앙과도 같았던 1993년의 치아트 재설계 당시, 많은 창의적인 광고 작업이 여전히 스토리보드에서 이루어졌고 외부 회사와의 계약서는 인쇄해서 서명을 받아야 했음에도, 종이 한 장만 눈에 띄어도 여기는 '종이 없는 사무실'이지 않냐고 직원들을 비난하는 이메일이 쏟아지곤 했다.[37] 미래의 사무실은 여전히 프린터에 크게 매여 있었다.

덴테크는 거의 우연히 종이 없는 미래를 실현한 것처럼 보였다. 그들이 변화를 지속 가능성(sustainability)이라는 면에서 생각했기 때문이다. 셸런과 하퍼가 설명했듯이 덴테크는 종이 사용을 완전히 없애자는 목표를 세운 적이 없었다. 대신에 이 회사는 직원들에게 종이를 다르게 사용하는 것에 대해 생각하도록 교육하고 장려하는 방법에 집중했다. 그러자 시간이 지나면서 직원들이 종이를 점점 덜 사용하게 되었다. "종이 없는 사무실을 약속하라. 그러면 반드시 실망과 실패에 이르게 된다."라고 셸런과 하퍼는 썼다. "점진적이고 현실적인 변화를 약속하라. 그러면 목표가 달성될 가능성이 높아지며, 사람들이 만족할 가능성도 높아진다."[38]

이 이야기와 그 교훈은 종이에 대한 얘기도 아니고, 종이 없는 사무실이 반드시 옛 방식으로 일하는 사무실보다 좋다는 것도 아니다. 문제의 덴마크 사무실은 꼼짝하지 않을 수도 있는 조직에서 어떻게 변화를 만들어낼지에 대한 가르침을 준다. 덴테크는 장기전을 했다. 직원들의 기대를 관리했다. 대담하고 잠재적으로 고통스러운 변화를 추진했지만, 그것이 혼란과(파일링 시스템과 관련해) 부정적인 결과를 가져왔을 때 회사는 기꺼이 수정하고 재검토했다. 끝으로 셸런과 하퍼가 주목한 것은 덴테크의 점검이 "실제적이고 근본적인 문제들"에 집중되었다는 것이다. 종이는 실질적인 문제가 아니었다. 하지만 그들은 현대화가 그들을 경쟁사보다 뒤처지게 했던 진짜 구조적인 문제를 바로잡을 수단이 될 수 있다는 점을 이해했다. "조직은 문제가 어디에 있는지, 그리고 어떻게 해결책이 시행될 수 있는지를 파악하기 위해서 사람, 인공물, 프로세스의 조합을 살펴볼 필요가 있다."라고 셀런과 하퍼는 설명했다. "조직은 이미 존재하는 것을 넓고도 깊게 살펴야 한다."

실제로 그것은 아마 꽤 지루하게 느껴졌을 것이다. 아니면 적어도 종이를 완전히 내쫓거나 다수의 대담한 성명을 발표하는 것보다는 훨씬 덜 대담하고 덜 활기차게 느껴졌을 것이다. 하지만 그런 것들이야말로 정말 많은 디자이너들과 혁신 전문가들의 계획에 담긴 치명적인 결함이었다. 그들은 미래를 상상한 다음, 완전히 처음부터 설계했다. 현재의 긴장 상태를 악화시키거나 근본적인 요구 사항을 해결하지 못하게 되는 방향은 전혀 고려하지 않았다. 바로 치아트데이의 사례가 그랬다. 치아트의 혁신은 결국 페인트가 튄 아수라장과 출력물, 파일, 계약서를 차에 슬쩍 숨겨두는 사람들만을 남겼다.

하지만 덴테크 같은 일부 기업들은 미래의 사무실을 구상하면서 현재의 사무실을 온전히 이해하려 애썼다. 셀런과 하퍼는 이들의 계획이 관습적인 디지털 기술을 시행하는 것 같지 않았다고 밝혔다. 가장 지속적인 형태의 혁신은 언론 보도에 그럴듯하게 다루어지지 않는다. 여기에는 점진적이고 주기적으로 계획을 멈추거나 뒤집는 일이 수반되며, 외부 사람들 눈에는 지루해 보인다. 이들은 조직의 실패에 정직하며 전통에 연연하지 않고 직원들과 공감하며 해결책을 제시한다.

우리는 스스로 만든 기술 유토피아의 비전(개방형 사무실, 종이 없는 사무실, 원격 사무실)에 집착하게 되었지만, 실제로 비전을 실현해줄, 어렵지만 올바른 경로를 찾는 데는 좀처럼 시간을 들이지 않는다. 그런 이유로 사무실의 역사는 근본적으로 테크와 설계의 길고 긴 두더지 잡기 게임이 되었다. 하나의 문제를 처리할 수는 있지만, 그러고 나면 비슷한 정도로 없애기 힘든 새로운 문제들이 그 자리에서 튀어나온다. 실질적이고 근본적인 문제들, 흥미롭거나 혁신적인 것처럼 느껴지지 않는 문제들을 해결하라. 그러면 덴테크처럼 진정으로 혁신적인 부가 혜택을 보게 될 것이다.

이번 팬데믹은 대대적인 유연근무와 원격근무가 실제로 가능하다는 점을 입증했다. 하지만 테크놀로지만이 이런 미래를 지속 가능하게 할 수 있는 게 아니다. 더 효율적인 도구와 더 커진 생산성(업무에 적용되는 테크놀로지 대부분의 최종 목표)은 해결책이 아니다. 왜냐하면 생산성이 문제가 아니기 때문이다. 팬데믹 이전의 사무실을 둘러보거나 팬데믹 이후의 슬랙 룸에 들러보자. 그러면 사람들이 생산성을 높일 방법이 없어서 우울하거나 사기가 저하되어 있지 않다는 걸 알 수 있다. 문제는 디 깊고 디 엉망이고 훨씬 더 인간적이다. 우리가 '미래의 사무실'을 바란다면(그리고 더 중요한 점은, 우리가 정말로 그것이 성공하기를 바란다면), 일부 색상을 수정하고 보정을 한 SF 판타지 같은 청사진 그리기를 그만두어야 한다. 그 대신에 우리는 있는 그대로의, 별로 멋지지 않은, 현재의 기본적인 문제들을 정면으로 마주하고, 거기서부터 지속 가능한 방안을 세워나가야 한다.

사무실을 평평한 운동장으로 만들자

팬데믹 이후 일에 관한 진실은 어느 시점이 되면 어떤 형태로든 우리 대부분이 사무실로 되돌아갈 거라는 데 있다. 어쩌면 이 문장이 당신 내면에 약간의 즐거움을 유발했을 수도 있다. 아니, 어쩌면 당신을 두려움으로 채웠을 수도 있다. 어느 쪽이든 현재에서 미래를 바라본다면, 분명히 적어도 단기적으로는 많은 사람들이 일주일에 하루에서 닷새까지 얼마 동안 웅웅거리는 형광등 아래 익숙한 책상이 있는 자리로 되돌아갈 것이다.

많은 기업이 사무실 공간을 소유하거나 장기 계약으로 임차한다. 그 공간이 회사의 비용을 깔고 앉아 있는 한 직원들이 그것을 이용하도록 장려하기 마련이다. 그리고 우리는 치명적인 바이러스를 피하느라 좋이 1년 넘게 집에 갇혀 있다 보니 사회적 교류에 목말랐다. 이전에는 출퇴근 하고 직장에 있어야 해서 성가셨지만, 이제는 그런 게 작은 사치처럼 느껴지기도 한다. 동료들을 보고 싶어 하는 사람들도 있다. 집에만 있는 것에, 심지어는 파트너나 아이들에게도 질려버린 사람들도 있다. 유일한 질문은 이것이다. 그렇다면 어떻게 할 것인가?

그건 지금까지 1년 이상 제니퍼 크리스티(Jennifer Christie)가 시간을 들여온 문제다. 그는 트위터의 인사 담당 책임자로서 회사의 업무 전략을 설계하는 사람 중 하나다. 이 말은 6000명 넘는 직원들이 코로나19 이후에 나아갈 길을 모색한다는 뜻이다. 2020년 5월에 트위터는 원하는 직원 누구나 완전 원격근무를 할 수 있다는 계획을 발표했다. 이 소식이 전해지자 이것이 진정한 재택근무 혁명의 본격적인 시작일 수 있다는 다양한 형태의 의견이 쏟아졌다. 그 때문에 많은 사람들이 크리스티와 트위터의 계획을 유심히 지켜보고 있다. 트위터는 얼마 안 되는 다른 조직과 더불어 업계를 선도하고 있는 것 같다. 성공해야 한다는 압박

(혹시 금방 실패한다면 모두에게 예전 방식으로 되돌아가자고 말해야 한다는 압박)이 크다.

2021년 초에 우리가 크리스티와 이야기를 나누었을 때, 그는 우리가 인터뷰한 모든 관리자와 컨설턴트가 알고 있는 것이 사실이라고 우리에게 말했다. 원격근무는 어려운 부분이 아니다. 대면 업무도 어려운 부분이 아니다. 까다로운 건 하이브리드 방식의 유연근무 일정이다. 하이브리드 근무가 갖는 근본적인 문제는 물리적 대면 시간을 토대로 의도치 않게 새로운 위계를 만들어낸다는 점이다. 물론 누가 누구와 가까이에 있냐에 따른 이런 문제는 예전에도 있었다. 코로나19 이전에도 책상 자리 배치에서부터 상사와의 회의에 누가 참석하는지에 이르기까지 모든 게 누가 높은 평가를 받고 열심히 일하는 직원으로 여겨지는지, 누가 무시받거나 기여를 해도 당연하게 받아들여지는지를 결정할 수 있었다.

하이브리드 근무는 이런 편 가르기를 심화할 우려가 있다. 한부모라든지, 노인을 모시고 있다든지, 장애가 있다든지, 사무실 가까이에 살고 싶지 않은 사람들은 매일 출근하는 직원들에게 가려질 위험이 있다. 관리자가 세심하더라도 최신성이나 근접성에 근거한 편향은 나타날 수 있다. 야심 많고 경쟁적인 직원은 원격근무의 유연성을 포기하고 악착같이 대면 업무를 할 것이다. 반면에 원격근무를 하는 직원은 생산성이 높아 보이지 않을까 봐 걱정되어 관리자를 두려워하면서 과도한 업무를 하게 될 것이다. 양쪽 모두 결국 상대를 비참한 상태로 내몰게 된다.

이것이 크리스티가 생각하는 악몽 같은 시나리오이며, 트위터가 일찍이 도입한 하이브리드 근무 계획의 초점이기도 했다.

해결책이 뭘까? 포모 증후군(FOMO, fear of missing out, 소외되거나 남들보다 뒤처질까 봐 불안감을 느끼는 상태—옮긴이)을 없애고, 사무실을 매력이 덜하게 만들어서 운동장을 평평하게 만드는 것이다. "사무실에 있지 않으면 기회를 놓칠 거라는 생각을 없애야 합니다." 그는 말했다. 그래서 트위터는 사람들이 사무실 전일 근무로 되돌아오는 것을 장려하지 않는 방법을 찾으려 애쓰고 있다. "오랫동안 우리는 사무실에서 제공하는 특전을 중심으로 모여왔고, 사람들을 사무실 건물 안이나 주변으로 끌어들였습니다. 테크 기업들은 그걸 널리 알렸고, 능숙하게 해냈죠. 사무실로 오세요, 그러면 먹여주고 보살펴줄게요."

　잘 먹여주고 잘 보살펴준다는 캠퍼스의 철학은 통째로 바뀌어야 한다고, 크리스티는 말한다. 그리고 그 변화는 사무실이 배치되는 방식과 사람들이 그 공간에서 기대하는 것에서부터 시작한다. 트위터에서 회의실에 있는 모든 이는 노트북을 펼쳐서 회의에 접속하도록 요구받을 것이다. 원격 참가자들이 모두의 얼굴을 분명히 볼 수 있고, 기존의 다른 배열에서는 회의실 마이크에서 멀리 떨어져 있던 사람들의 이야기를 들을 수 있도록 하기 위해서다. 사무실에 팀 공간을 없애겠다는 이 회사의 계획은 (비지정 좌석이라고도 알려진) '자율 좌석제'로 완전히 이행할 것이다. 이때 일부 공간은 집중 업무를 위해 남겨두고, 다른 공간은 더 붐비고 더 사교적인 공간으로 둘 것이다.

　주된 목표 하나는 사무실에 없어도 티가 나지 않도록 하는 것이다. 책상이 배정되고 팀 단위로 꾸려진다면, 사무실에 더 정기적으로 나올 수 있거나 나오기를 마다하지 않는 이들에게 근접성의 특전이 자연스럽게 흘러내릴 것이기 때문이다. 대면 집단 업무가 없을 거라고 말하는 게 아니다. 트위터는 '가끔씩 발생하는' 공동 업무의 순간을 만들어낼 목적으로 회사에 올 경우에만, 팀의 합동을 장려하고 있다.

"우리는 원격근무가 우선이라거나 사무실 근무가 우선이라고 하고 싶지 않습니다." 크리스티는 말을 이었다. "우리는 운동장을 평평하게 하고 싶어요. 현재와 같은 방식의 식사 제공처럼 우리가 잘하는 어떤 일들을 사무실에서 그만두어야 한다는 뜻이죠. 우리는 사람들을 사무실로 끌어들이는 경험 일부를 없애려고 노력하고 있습니다. 안락함을 일부 없애려는 거예요."

많은 관리자들과 경영진에게 직무가 이루어지는 공간에 마찰을 도입한다는 생각은 직관에 반한다거나, 정말 바보 같다고 느껴질 수 있다. 하지만 적어도 초기 단계에 트위터는 현재의 인력들에게 원격근무를 그냥 내어놓기만 한다면, 역기능을 부추기는 것이나 마찬가지라는 점을 이해한 듯하다. "회사의 기업 문화 전부를 이 변화에 쏟아야 합니다. 어설프게 해서는 안 되는 일입니다."라고 크리스티는 말했다.

사무실에 있는 직원들과 원격근무를 하는 직원들 간에 공정한 균형을 이루기는 아무리 사려 깊은 회사라 해도 어려울 것이다. 쉽게 상상할 수 있듯이 사무실에서 더 많은 시간을 보내는 직원은 원격근무자에게 특권을 준다고 분개할 테고, 재택근무를 하는 직원은 상사를 훨씬 쉽게 만나는 동료에게 분개할 것이다. 이런 긴장 관계 때문에 샌프란시스코에 본사를 둔 클라우드 컴퓨팅 회사 드롭박스(Dropbox)는 2020년 10월에 온라인을 우선으로 하는 조직으로 전환하기로 결정했다.

팬데믹 초기에 드롭박스의 최고 인사 책임자인 멜라니 콜린스(Melanie Collins)는 회사의 생산성 패턴에 관한 내부 데이터 수집을 도왔다. 많은 소프트웨어 기업과 마찬가지로 드롭박스의 제품 수명 주기는 원격근무로 전환해도 흔들림이 없었다. 엔지니어들은 성과 목표를 초과 달성했고, 내부 지표와 조사 결과는 직원들이 이 변화가 정착되기를 바라고 있음을 나타냈다. 대다수가 업무 일정과 근무 지역이 더욱 유연해졌으면 한다는 바람을 표명했다. 하지만 드롭박스는 원격근무를 언제든 선택 가능한 대안으로 두는 대신에, 좀 더 과감한 노선을 택했다. 모든 개인 업무를 원격근무로 전환하고, 필요에 따라 팀이 함께 모여서 협업할 수 있는 선택권을 부여하기로 한 것이다. 드롭박스는 이 목적을 이루기 위해서 이전에 공식 사무실이 있었던 네 개 도시에 '스튜디오'라는 이름이 붙은 새로운 스타일의 사무실을 재설계하고 구축하기로 했다. 드롭박스 직원들이 모여 있는 다른 도시들에서는 코워킹 공간 이용권을 제공하기로 했다.

2021년 4월에 만났을 때, 콜린스는 드롭박스가 회의와 그 밖의 팀 빌딩 활동을 염두에 두고 공간을 재설계하고 있다고 알려주었다. 직원들에게는 정해진 자리가 없을 것이며, 진을 치고서 비공식적인 사무실 공간으로 만들 만한 다른 공간도 없을 것이었다. 공간은 협업의 편의를 위한 것이며, 비공인 사무실 역할을 하려는 게 아니다. 하지만 그 모든 게 가변적이다.

"공동 작업 공간을 설계하는 유일한 방법은 엄청난 양의 설문 조사를 하는 거죠." 콜린스는 말했다. "우리에게는 설계에 영향을 미칠 가설들이 있습니다. 하지만 사람들이 거기에 들어가고 나면 더 많은 점을 알게 되겠죠. 우리는 영업자와 엔지니어가 필요로 하는 게 다르다는 걸 이미 알고 있습니다. 그래도 질문해야 할 거예요. '사람들이 이 공간을 어떤 식으로 이용하지? 활용법은 어떤 거 같지? 열 명이 들어가는 방이 다 예약이 될까, 아니면 한 명이 그 안에서 주로 시간을 보낼까? 팀의 유대감 형성을 위해 만든 방은 그런 식으로 사용될까, 아니면 다른 용도로 쓰일까?' 결과에 따라 우리는 바꾸어나갈 겁니다."

콜린스는 어떤 회사도(드롭박스도 예외가 아니다.) 이런 계획이 2~3년 후에 어떤 모습이 될지는 알지 못한다고 강조했다. 회사는 앞으로 나아가면서 올바른 구성을 찾을 때까지 반복적이고 유연하게 대처하기를, 그리고 기꺼이 "이건 효과가 없네."라고 말할 수 있기를 원한다. 이러한 유연성에 한 가지 확실한 점은 있다. 평일 9시부터 5시까지라는 전통적인 근무 형태로 되돌아가지는 않을 것이라는. 많은 노동자들에게 이는 미국의 모든 시간대와 겹치는 '접속 중'인 시간을 정하고 그 외의 시간에는 자유롭게 일정을 짤 수 있다는 것을 의미한다.

모든 직원이 이런 종류의 변화한 환경에서 일을 잘하지는 못할 것이며, 드롭박스도 이것을 충분히 이해하고 있다. "드롭박스가 온라인 우선으로 전환한 것은 사무실에서 제공하는 특전과 지원 혜택에서 벗어나 워라밸을 추구하도록 의도한 것입니다." 콜린스는 우리에게 말했다. "입사할 때 이런 선택을 하지 않은 직원도 있다는 걸 알고 있습니다. 우리가 미래를 구축하는 동안 이직하는 사람들도 있을 거라고 생각합니다." 일부 직원이 퇴사를 선택한다 해도, 드롭박스는 장기적으로 잠재적인 채용 인력 풀을 확장하고 유연근무 형태를 원하는 직원을 끌어들일 수 있다는 이점을 기대하고 있다. 콜린스가 설명한 대로 "드롭박스는 변신에 따르는 고통 일부를 차분하게 받아들일 것"이다.

드롭박스와 트위터는 모든 걸 즉시 이루어내기란 어림도 없다는 점을 이해하고 있는 것 같다. 크리스티는 대화 중에 트위터 같은 글로벌 기업이 예상하고 있는, 수많은 따분한 문젯거리들을 대략 이야기해주었다. 업무 승인 양식, 이민, 비자, 법인세 구조, 보안과 IT 문제들, 사업 허가증, 급여 체계, 세액 평가 등등 처리하기. "그저 스위치를 누르면 이 모든 일이 자동으로 처리될 수 있다고 생각한다면, 그건 안 될 일입니다."라고 그가 말했다. "사무실을 원격으로 재창조할 수는 없습니다. 아니면 그냥 직원들을 숨 막히게 할 거예요." 다시 말하지만, 모든 것에 의도적인 노력이 있어야만 한다.

이런 의도적 노력은 특히 설계 과정에서 주로 배제되는 그룹에 적용된다. 장애계 리더들에게 원격근무로의 전환은 걱정스러울 수 있다. 유연근무(장애가 있는 사람들이 요구해왔지만 수십 년 동안 묵살되어온 편의)는 그 어느 때보다 이용 가능성이 높아졌다. 하지만 재택근무가 가능해지면서 실제 사무실 공간은 포용성이 낮아질 수 있다는 우려도 매우 현실적이다.

"새로 설계된 공간이 지금보다도 접근성이 떨어져서, 장애가 있는 직원 모두가 재택근무자로 강등되는 걸 보고 싶지는 않습니다." 전미장애인연합(American Association of People with Disabilities) 회장 겸 CEO인 마리아 타운(Maria Town)이 우리에게 말했다. 하이브리드 업무 환경을 제공하면서 장애인 직원들을 당연하게 재택근무자로 지정해 장애인에 대한 직장 내 분리 차별을 강화하는 회사를 떠올리기는 아주 쉽다.

"중앙 집중식 사무실이 줄어드는 세상에 처하게 된다면, 말 그대로 직원들이 자신과 다른 사람들을 접할 기회도 더 줄어들 겁니다." 타운은 말했다. "사람들을 직장에 나오게 해서 장애가 눈에 띄게 하는 건 문화적으로 가치가 큽니다." 그는 자기 자신을 예로 들었다. 타운은 자신이 같은 공간을 돌아다니고 있을 때 자신의 뇌성마비가 가장 잘 드러난다고 말한다. "팬데믹 기간 동안에 저의 장애는 완전히 지워졌습니다. 사람들이 보는 거라고는 작은 줌 화면에 등장하는 제 머리뿐이니까요."

타운은 강조했다. 장애가 있는 노동자들이 가시화될 기회와 공동체에 참여할 기회를 만드는 일은 대단히 중요하며, 이런 문제와 재택근무가 필요한 사람에게 알맞은 일자리를 더 많이 만들 필요성 사이에서 세심하게 균형을 맞추어야 한다. 즉 원격근무 우선 또는 하이브리드 업무 환경을 위해 설계된 모든 공간과 기술에 접근성이 포함되어야 한다. 그러기 위해서 조직은 원격근무와 유연근무 전략의 초안을 잡는 과정에, 인사팀과 고위직 임원만이 아니라 여러 유형의 직원을 참여시켜야 할 것이다.

그런 이유로 물리적인 사무실은 적어도 단기적으로는 사라지지 않을 것이다. 드로르 폴렉(Dror Poleg)은 도시토지연구소(Urban Land Institute)의 테크와혁신협의회(Tech and Innovation Council) 공동 의장이다. 팬데믹 발발 몇 년 전에, 그는 2019년에 낸 책 『부동산을 다시 생각한다』를 준비하면서 고용주와 고용인의 필요가 바뀌고 있음을 보여주는 데이터를 수집했다. 폴렉은 사무실 시장이 "위기로 향하고 있음"을 나타내는 지표가 계속 있었다고 믿고 있다. 사무실의 단점보다 장점이 더 컸던 시기는 지나갔다. 사무실 비용은 치솟고 있었고, 사무실은 인식상으로든 실질적으로든 생산성에 거의 도움이 되지 않았다.

팬데믹 이전에도 기업들은 부동산을 유지하는 문제에 대한 해법을 찾고 있었다는 뜻이다. 갑작스러운 재택근무 시작은 그런 바람을 가속화했을 뿐이다. 그럼에도 폴렉은 사무실 공간이 어떤 형태로든 계속 존재할 것이지만, 다만 그 위치와 활용 방식이 극적으로 바뀔 것이라 낙관한다. "대부분의 사무실 활동은 집이나 클라우드로 이동하지 않을 것이다."라고 그는 《뉴욕 타임스》에 썼다. "대신에, 사무실은 도시 내에서 또 도시를 옮겨서 재배치될 가능성이 있다. 다양한 신규 채용 지역이 나타날 것이고, 사람들은 같은 시간에 중심 업무 지구로 출퇴근하는 문제에서 구제될 것이다."[39]

그것은 실제로 어떤 모습일까? 코워킹 공간, 또 규모가 줄어든 위성 사무실 등이 사무직 노동자들이 업종에 따라 사무실에서 실제로 필요로 하는 것들을 중심으로 꾸려진다. 대규모 출력과 배송 기능, 협업 공간, 고객과 만날 수 있는 사적이면서도 공적인 공간, 또는 팟캐스트나 유튜브 동영상 제작을 위한 녹음실 등.

쉬운 해결책이란 없다. 잘못된 부분을 제거하고 현재를 기반으로 미래를 설계하는 힘들고 지속적인 작업이 있을 뿐이다. 그런 작업을 회피한다면, 그렇지 않은 이들보다 뒤처질 가능성이 높다. "우리는 코로나19 때문에 이 길로 접어든 게 아닙니다." 트위터의 최고 인사 책임자 크리스티는 말한다. "팬데믹 이전에 세상이 이미 바뀌고 있었고, '대세를 따르지 않으면 인재를 불러들이고 유지할 수 없을 거야.'라고 생각했기 때문에 이 길을 택했죠. 기업들이 '이 또한 지나가겠지, 그러고 나면 우리는 사무실 있는 회사로 되돌아갈 테고.'라고 생각한다면 심각한 잘못을 저지르는 것입니다. 이번 기회를 놓친다면 한동안 위대한 기업은 되지 못할 겁니다."

사무실에 대해 우리가 정말로 그리워하는 건 뭘까

이 글을 쓰는 시점을 기준으로 우리 둘 중 한 명이 물리적인 사무실에 마지막으로 있었던 때가 2019년 12월 20일이었다. 많은 독자들도 이런 종류의 거리감이 어떤 관점을 제공한다는 걸 알게 되었을 것이다.

매일 어딘가에 출근한다면, 그것에 대해 논리적으로 생각해보자. 사무실은 관념이 아니다. 매 순간 이동할 수 있는 공간이다. 하지만 시간이 지날수록 하루하루를 보내는 장소에 대해 더 깊이 자문하게 된다. 주 40시간을 사무실에서 보낼 필요가 있는가? 왜 우리는 모두 칸막이 자리에 앉아 있었는가? 왜 우리는 열려 있는 교도소에 꽉꽉 들어차 있었는가? 그런 사무실에서 내 생산성은 높아졌는가, 아니면 낮아졌는가?

이 모든 질문은 더 큰 의문의 일부이다. 사무실이란 정말로 무엇인가? 이는 철학 개론 수업에서나 들을 법한 질문이지만, 그에 대한 답은 중요하다. 그건 사람들인가? 공간 자체인가? 근접성인가? 전부 다인가? 이 중 아무것도 아닌가?

우리는 이 책에서 많은 시간을 들여서 기술 유토피아적 사상에 경고를 보냈다. 하지만 바로 이 순간에 사무실(또는 사무실에 대한 의미 있는 일련의 경험)이 출퇴근과 물리적 공간에 머무는 행위 없이도 재현될 수 있을지에 대해서도 생각해볼 필요가 있다. 그렇다고 한다면 우리가 그 방법을 찾아내야 할까?

가상 사무실을 좋아하기란 여간 힘든 일이 아니다. 웅성거리는 목소리, 움직임, 크고 작은 무수한 사회적 상호 소통처럼 사무실에 활기를 불어넣는 것을 많은 사람들이 그리워한다. 일부 채팅 플랫폼에 구현된 가상 사무실은 형편없이 부족한 대체물이다. 아무리 많은 소규모 회의실과 특정 관심사의 채팅방을 만든다 해도 그렇다. 사용자가 꾸밀 수 있는 아바타를 갖춘 일종의 심즈 게임 스타일의 접근법을 통해 이런 아이디어를 더 발전시키려는 시도는 곧바로 진부하고 기괴하고 디스토피아로 직진하는 듯한 느낌을 준다. 사무실의 실제 모습을 재현하려는 노력을 그만두고 원격근무를 원격 상태로 두어야 할 것만 같다. 적어도 데이턴 밀스(Dayton Mills)와 이야기를 나누기 전까지는 우리도 그렇게 생각했다.

밀스를 처음 만난 건 그의 사무실에서였다. 그 직전에 우리는 깔끔하게 손질된 관목림이 있는, 최근에 깎은 잔디밭 바로 밖에서 서로 마주쳤다. 의례적인 인사를 주고받은 후에 그는 우리를 나무 바닥을 깐 현대적인 사무실 안으로 맞았다. 스타트업 사무실답게 밀스의 사무실은 검소함과 깔끔함을 갖추고 있으면서도 스타트업 설계에서 흔히 볼 수 있는 요소들을 여전히 가지고 있었다. 탁자 위에는 다육 식물이 흩어져 있었고, 여러 개의 빈백 의자가 어지럽게 놓여 있었고, 구석에는 사용하지 않는 당구대가 있었다. 그는 보라색 빛을 내뿜으며 우리에게 회색 소파에 앉으라는 몸짓을 했다. 우리는 시키는 대로 했다.

사무실에 들어선 밀스는 평범한 창업자가 아니라 익살스러운 웃음을 짓고 떠다니는 보라색 덩어리 같은 존재였다. 적어도 그게 아바타로 알 수 있는 그의 모습이다. 실제 밀스가 큰 직사각형 안경을 쓰고 부스스한 갈색 곱슬머리를 하고 인간적인 눈빛을 가진 19세 청년이라는 건 몇 분 동안 채팅을 하러 웹캠을 켰을 때 알게 되었다. 그의 '사무실'은 실재하지 않았다. 아니, 물리적으로 존재하지 않았다. 그렇긴 해도 그의 회사 브랜치(Branch)는 전일 근무제 직장이었다.

브랜치는 '공간감 있는 대화'를 위한 플랫폼으로 마케팅하면서 슬랙 같은 플랫폼의 단체 채팅 요소에 동영상과 2D 슈퍼닌텐도의 미감을 결합하고 있다. 사무실에 접속하면, 당신은 다채로운 색상의 웃는 얼굴 덩어리가 된다. 당신은 전체 사무실을 조망하고, 아바타에게 다른 방으로 가라고 안내할 수 있다. 모든 건 사용자가 바꿀 수 있다. 회의실, 구내식당, 개인 사무실, 휴게실, 게임실 등이 있고, 무시무시한 복사실 겸 우편실도 모습을 드러낸다. 웹캠을 마음대로 껐다 켰다 할 수도 있다. 웹캠을 켜면 화면 상단 작은 원형 틀 안에 얼굴이 보일 것이다. 말소리가 들릴 정도 거리에 있는 사람 얼굴도 함께 나타난다. 기업용 포켓몬 또는 젤다 게임의 초기 버전 같은 느낌이다. 게임의 목표가 전화 회의에서 살아남는 것이라고 한다면 말이다.

브랜치에 대한 아이디어는 2019년으로 거슬러 올라간다. 밀스는 장인의 회사에서 일하고 있었다. 그는 컴퓨터를 잘 다루었기 때문에 영업팀을 현대화하는 업무를 맡았다. 그 팀은 미국 전역에서 일하는 원격근무 직원 수십 명으로 구성되어 있었다. 그들의 업무 과정은 알려지지 않았고, 여전히 수기로 작성한 송장, 팩스, 출력물에 크게 의존하고 있었다. 밀스가 그들에게 슬랙을 소개했을 때, 영업팀은 아연실색했다. 많은 팀원들이 5년 동안 서로 만난 적도 이야기를 나눈 적도 없었다. 곧 그들은 업무를 이중으로 하고 있었으며, 동일한 리더를 따르면서도 여러 해 동안 서로 딴소리를 하고 있었다는 걸 알게 되었다. 많은 팀원들이 수년간 고립감을 느꼈고 깊이 단절되어 있는 것 같았다고 인정했다. 슬랙이 도움이 되었다. 하지만 가까이 있다는 느낌은 여전히 요원했다.

밀스는 그게 어떤 의미인지, 어떻게 하면 가까운 느낌을 그들에게 줄 수 있을지 알았다. 미주리의 작은 시골 마을에서 자랐기 때문에 그는 마인크래프트 게임을 할 때가 학교에서 지낼 때보다 항상 훨씬 더 편안한 느낌이 들었다. 중학생 때 그는 자신이 오프라인보다 온라인에서 더 많은 시간을 보내고 있다는 걸 알았다. 아침에 일어나면 스카이프를 켜고, 친구 목록을 훑어보면서 하루 종일 채팅을 했다. "절반 동안은 게임을 하지도 않았어요." 그가 말했다. "우린 그냥 어울리고 이야기하고 서로의 생활을 공유했어요. 그런 연결은 진짜였습니다. 저랑 가장 가깝고 가장 오래된 친구들 몇 명은 한 번도 직접 만난 적이 없습니다." 자연스럽게 그는 사회적 관계를 평생 디지털 공간에서 구축해왔다. 이걸 직장에 복제해보면 어떨까?

밀스의 사무실에 앉아서 가상의 얼굴 덩어리를 바라보면서 그의 진짜 목소리가 이 이야기를 들려줄 때만 해도, 우리는 회의적이었다. 다음으로 그는 우리에게 사무실 투어를 시켜 주었다. 브랜치의 가장 흥미로운 특징은 근접성에 기반한 음성 구현이다. 서바이벌 게임 러스트(Rust) 같은 인기 있는 온라인 환경에서 착안한 것이다. 한 아바타가 다른 아바타의 일정 범위 안에 들어오면, 그들의 목소리가 조그맣게 들리기 시작한다. 더 가까이 가면, 소리는 더 크게 들린다. 현실과 꽤 비슷하다.

이런 효과를 단순한 속임수라고 치부하기 쉽다. 하지만 신기하게도 이것은 무장 해제시키는 효과를 내며, 어쩌면 약간은 심오한 느낌마저 준다. 밀스를 따라 구내식당으로 향하면서 우리는 희미하게 뭐라고 하는 목소리를 들었다. 식당에 들어서자 목소리는 더 커졌다. 우리는 점심 회의 후에 잡담하고 있는 브랜치 직원들과 우연히 마주쳤다. 우리끼리 재미로 해본 데모가 아니었다. 실제로 브랜치 직원들이 하는 일이었다. 그들은 하루 종일 이 플랫폼에서 시간을 보내면서 일도 하고 회의도 하고 수다도 떨었다. 밀스가 우리를 이끌고 그들 곁을 지나갔을 때, 한 얼굴 덩어리가 인사를 했고 나머지 직원들은 계속 이야기를 했다. 그 곁을 지나쳐 가자 그들의 목소리도 점점 줄어들었다. 1년 만에 느낀 일상적인 진짜 사무실 내 소통과 가장 비슷한 것이었다.

브랜치에는 사무실의 자연스러운 분위기를 재현할 수 있는 잠재력이 있다. 특히 끝없이 이어지는 줌 회의와 캘린더 초대로 대체되어버린 가볍게 갑자기 자리에 들르는 일을 복제해올 수 있다. 줌 회의가 이메일로 이어질 필요가 없다. 간단히 노크하고 상냥하게 "안녕! 혹시 잠깐 시간 돼요?"라는 말 정도만 하면 된다. 이런 건 사무실이라는 물리적인 공간이 있어야 가능한 분명히 인간적인 소통이다. 슬랙이나 팀즈 채팅에 장점이 넘치더라도 이를 똑같이 흉내 낼 수는 없다.

제 기능을 못하는 경영 관리가 귀여운 방울 모양 아바타를 이용한다고 해결되지는 않는다. 과로하는 유해한 기업 문화가 있다면, 배석하는 정도라도 사람들에게 참석을 장려하는 앱은 이를 더 악화시킬 수도 있다. 브랜치 같은 도구가 남용될 경우, 사무실이 갖는 강압적이고 소모적인 속성과 항상 업무 '수행'에 매달려 있으라는 압박을 옮겨놓을 수 있으며, 이는 이미 우리가 슬랙에서 겪고 있는 일이다. 하지만 가상 세계가 보다 포용적인 문화를 조성할 수 있는 방법을 알아내기도 쉽다. 밀스 같이 자칭 내성적인 사람도 가상 사무실에서는 수행 불안을 겪지 않고 회사의 리더가 될 수 있다.

"아무도 제가 어떤 모습인지 신경 쓰지 않죠. 아무도 저를 보고 있지 않으니까요." 밀스는 말했다. "사람들은 세상에 어떤 모습으로 자신을 보여줄지에 관해 더 통제력을 갖습니다. 되고 싶은 사람이 될 수 있는 거죠." 다음으로 로그아웃이 있다. 많은 브랜치 직원들은 이 플랫폼에서 긴 시간을 보내지만, 플랫폼을 떠나면 하루 업무가 끝났다는 분명한 신호가 된다. 그들이 다시 로그인해야만 연락할 수 있다. 가드레일이 이미 만들어져 있다.

이 이야기를 듣고 어쩌면 눈을 동그랗게 뜨고 있을지도 모르겠다. 가상 사무실이 귀엽고 별난 실험일 수는 있지만, 직장 생활을 게임화하는 건 무리라고 느껴질 수도 있다. 게다가 컴퓨터 화면에 얼굴을 붙이고 훨씬 더 많은 시간을 보내는 건 정말 바라지 않는 일이다. 이런 반대 의견들도 일리가 있다. 하지만 사무실 공간에 실제로 있는 대부분의 시간 동안 자기 책상에 앉아서 컴퓨터 화면을 들여다보고 있다는 것을 많은 양의 자료가 입증한다. 모두가 사무실에 모인다고 해서 이메일이 마법처럼 사라지는 않는다. 슬랙 메시지도 마찬가지다.

사실 문자 기반 채팅 도구의 편리함 때문에 사무실에서의 인간적인 존재감이 많이 사라졌다. 브랜치는 음성 기반 상호작용 중심이라 진동음이나 핑 소리에 이어지는 문자보다는 사람이 현장에 있는 느낌에 더 가까운 친밀감을 제공한다. 브랜치는 아마도 업무 시간을 괴롭게 만드는 직장 내 방해나 정신없는 업무 전환을 획기적으로 줄이지는 못할 것이다. 하지만 그런 흐름의 방향을 바꿀 수는 있다.

요구 사항을 말로 전해야 한다면 동료들이 불쑥 끼어드는 일이 줄어들까? 디지털 상호작용을 친근한 목소리와 동영상을 매개로 주고받는다면 덜 불안해질까? 이런 질문에 대한 명확한 답은 아직 없지만, 브랜치 같은 도구를 통해 이런 질문을 해볼 수 있다.

분명히 말해두지만, 직장을 병들게 하는 것을 해결할 빠른 기술적 방법 같은 건 없다. 젊고 온라인상에서 주로 일하는 밀스와 그의 팀에 가장 효과적인 것이, 지역의 자동차 부품 회사 경리로 일하는 린다나 마크에게는 적합하지 않을 수 있다. 그렇지만 브랜치의 가장 좋은 점은 사람들에게 사무실이 실제로 어떤 의미인지를 명확히 한다는 것이다. 다수가 사무실에 못 가게 되어 정말로 아쉬워하는 점은 (밀실 공포증을 느끼게 하는 집에 있지 않아도 된다는 장점은 제쳐두고) 그다지 실용적인 게 아니다. 아마 우리는 테크 경영자이자 에세이스트 폴 포드(Paul Ford)가 (울거나 프라이버시를 지키거나 화장실을 사용하기에 최적인 장소를 알고 있는 등의) 사무실 내 "비밀스럽고 필수적인 지리학"이라고 부르는 것을 그리워할지도 모른다.[40] 하지만 정말로 그리워하는 건 어떤 분위기다. 어떤 사무실에서는 장난기 넘치는 유쾌함이다. 다른 사무실에서는 칸막이 속 집중력 발휘다. 밀스에게는 공감하며 요란하지 않게 있어주는 것이다. "그 자리에 있는 것만으로도 연결이 가능합니다. 아무 말도 하지 않고 있더라도요." 그가 말했다. "사람들은 이야기를 하면 들어줄 사람이 있다는 걸 알고 있습니다."

장기적으로 적합하든 아니든 브랜치 같은 실험에서 얻은 통찰은 소프트웨어 사용료를 지불할 만한 가치가 있을 수 있다. 하이브리드 미래를 구축할 때 어떤 분위기를 조성하고 싶은가? 어떤 전통과 관행을 버릴 수 있을까?

사무실 테크놀로지는 무엇이 필수적인지 밝히고 간소화할 때 가장 효과적으로 작동한다. 그런 필수적인 요소에 또 다른 앱, 또 다른 비밀번호, 수없이 많은 알람을 얹어놓을 때, 그것은 최악의 효과를 내며 최대의 피로감을 느끼게 된다. 동료와 조직의 목표 같은 것뿐 아니라, 자신만의 습관이나 무엇이 일을 즐겁게 하고 편안하게 하며 생산성도 높여주는지를 잊어버리게 된다. 하이브리드 미래를 지향하며 노동 인력을 재구성할 때, 예전 업무 방식 중에서 폐기해야 할 것뿐만 아니라 지켜내야 할 것이 무엇인지, 그리고 이런 공간들이 우리에게 어떤 의미였는지도 자문해야 한다. 어쩌면 당신에게도 얼굴 덩어리가 되어 그런 것을 생각해볼 귀중한 시간이 필요할 것이다.

역할 수행 게임을 그만두자

아침까지 기다려도 될 이메일을 꼭두새벽이나 한밤중에 보내본 적이 있는가? 회사 채팅 앱의 그룹 타래에 별 내용 없는 의견이나 이미 답을 알고 있는 질문을 올리는가? 휴가 중에 "그냥 확인 차원에서"라는 말을 썼던 적이 있지 않은가?

그런 적이 없다면 우리 둘보다는 상당한 자제력을 갖춘 듯하다. 하지만 대부분은 업무 수행을 필사적으로 연기했다는 걸 인정할 것이다. 그렇게 하기 싫어도 당신은 그만두는 방법을 알지 못한다. 그건 일종의 업무를 하는 라이브 액션 역할 수행 게임(LARPing, Live Action Role Playing)과 같다. 그것은 당신이 성과, 조직 내에서의 위치, 상사와의 관계에 대해 느끼는 불안의 정도에 정비례해서 커진다. 또한 이는 엄청나게 거대한 시간 낭비다.

작가 존 허먼(John Herrman)은 2015년에 처음으로 "업무를 역할 수행 게임하듯 한다."라는 말을 처음 사용했다. 테크와 미디어 전반에서 광범위하게 슬랙을 채택하던 때였다. "슬랙은 사람들이 농담 따먹기를 하며, 출석을 확인하는 곳이다."라고 그는 썼다. "슬랙은 이야기와 편집과 운영이, 실제 목표를 완수하기 위한 만큼이나 자기 정당화를 위해서 논의되는 장소다."[41] 물론 직장 내 커뮤니케이션이 온라인으로 옮겨 가기 전에는 사람들이 실제 공간에 나타나서 출근을 확인했다. 하지만 슬랙은 이전에 이메일이 그랬던 것처럼 인지된 요구 사항과 그것을 수행할 능력 둘 다를 가속화했다.

하는 일이 덜 구체적일수록 역할 수행 게임을 할 필요가 커진다. 업무 환경이 변화무쌍할수록 역할 수행 게임을 많이 하게 된다. 대량의 역할 수행 게임은 조직 문화가 혼탁하다는 징후다. 조직이 기대하는 바는 불분명하고, 생산성이 무엇보다 중요하며, 가드레일은 존재하지 않는다. 당연하게도 팬데믹 기간 동안 그것은 폭발적으로 늘었고, 유연근무를 하는 미래로 나아갈수록 더 많이 확산될 가능성이 있다.

역할 수행 게임은 악성 병원균이지만, 해독제는 있다. 그건 바로 신뢰다. 신뢰를 구축하고, 신뢰로 소통하고, 신뢰를 더 많이 퍼뜨려라. 관리자가 당신을 신뢰하지 않는다고 느낄 경우(또는 더 구체적으로 당신이 시간을 어떻게 이용하는지에 대해 불신한다면) 당신은 얼마나 많은 시간을 일에 전념하고 있는지 강조할 필요를 느낀다. 당신은 최신 정보를 알리고, 상태를 확인하고, 얼마나 늦게까지 일했는지 가볍게 지나가는 말로 언급한다. 어쩌면 관리자가 실제로는 당신을 신뢰하지만, 그 사실을 표현하는 데 말도 안 되게 형편없을 수도 있다. 어쩌면 이런 식으로 최신 정보를 알리라고 지시하지 않았지만, 그만두라고 지시하지도 않았을 것이다. 중요한 것은 불신이 가상 공간을 떠돌면서 당신이 실제 업무 시간보다 더 많은 시간을 일하고 있음을 입증하는 데 쓰도록 몰아세운다는 점이다.

이런 역할 수행 게임의 터무니없는 점은 이것이 당신의 시간만 낭비하는 게 아니라는 것이다. 이는 모두의 시간을 낭비한다. 당신이 일하고 있음을 보여주는 신호탄이 터지면 다른 사람들을 자극하여 그들의 신호탄을 올려 보내게 한다. 이메일 하나가 다섯 건의 답 메일로 이어진다. 슬랙에 상태를 알리는 메시지 하나가 30분 동안의 대화로 이어진다. 토요일 오후에 제출된 프로젝트 하나가 다른 사람들에게도 자기 시간을 비슷하게 쓰고 싶은 충동을 자아낸다. 마이크로소프트는 2020년 2월부터 2021년 2월 사이에 팀즈 사용자들이 평균적으로 업무 시간 이후에 45퍼센트나 더 많은 챗을 보냈으며, 팀즈 사용자의 50퍼센트가 5분 이내에 챗에 답했음을 알아냈다.[42] 갈수록 우리는 수행 불안이라는 유령의 집 거울에 갇혀서 일이란 정말로 무엇인지를 왜곡되게 이해하고 있다.

이런 종류의 근심을 저지할 수 있는 탄탄하고 지속적인 신뢰가 생겨나게 하기는 어렵다. 하지만 그렇게 해나가는 기업들 중 하나는 유연한 사무실을 지향하는 기업에 교훈을 준다. 웹 개발자들이 오픈소스 코드를 만들고 공유하도록 돕는 소프트웨어 플랫폼인 깃랩(GitLab)이 바로 그런 회사다. 당신이 이전에 원격근무에 관한 내용을 읽은 적이 있다면, 이 회사가 하나의 사례로 언급되는 걸 봤을 것이다. 깃랩은 팬데믹 이전이었는데도 정말로 일을 새롭게 재해석하고, 이를 전제로 회사를 설립했기 때문이다. 이 회사는 사무실이 없고 직원들은 여러 시간대에 걸쳐 전 세계에 흩어져 살고 있다. 완전히 분산되어 있고, 완전히 원격으로 근무하며, 완전히 비동시적으로 운영되며, 급진적인 형태의 투명성을 포용한다.

비동시적으로 업무가 이루어지는 것이 너무 강도가 높아 보일 수도 있다. 하지만 이런 업무 방식을 완전히 논외로 하고 싶은 욕구는 자제하자. 다르게 작동하기 때문에 다르게 보일 뿐이다.

직원들이 전 세계 곳곳의 다른 시간대에서 근무하기 때문에, 이 회사는 세밀한 문서화를 필요로 한다. 직원들은 전화 통화, 회의, 메모, 브레인스토밍 세션, 그 밖에 무엇에 대해서든 방대한 기록을 남긴다. 사내 심의와 작업 다수를 포함한 거의 모든 것이 공개적으로 게시된다. 실제로 구매하려는 제품을 그 회사의 직원들이 어떻게 만들어내고 있는지 회사 외부 사람이 알아볼 수 있다. 내부적으로는 마케팅 부서의 직원들이 깃랩의 시스템에서 법무팀, 커뮤니케이션팀, 재무팀, 기술팀이 무슨 일을 하고 있는지 파악할 수도 있다. 그들은 해당 팀의 기록을 읽고, 그들의 목표와 보고 내용을 검토할 수 있으며, 동료가 작업하는 과정을 잘 따라갈 수 있다.

직원들은 상세한 '사용 설명서(README)'를 만들도록 권장된다. 여기에는 그들의 직무가 어떤 것이며, 어떤 방식으로 그 일을 하는지에 대한 상세한 설명과 개인적인 '자기 소개' 부분이 포함된다. 이를 기본으로 해서 사용 설명서는 얼마든지 세밀해질 수 있다. 깃랩의 원격근무 책임자 대런 머프(Darren Murph)의 사용 설명서는 "당신이 나를 도울 수 있는 방법", "나의 업무 스타일", "내가 남들에 대해 가정하는 것", "내가 이루고 싶은 것", "나와 소통하기", "재택근무 환경 설정" 등으로 나뉘어 있다. 그 대응은 사려 깊고 친절하다. 요구하거나 지시하지 않으면서도 협업 방법을 안내한다.

깃랩의 이런 상세한 문서화가 피곤하게 느껴질 수 있다. 다수의 직원들이 회의록이나 특정 동료의 사용 설명서 대부분을 열어보지 않을 수도 있다. 깃랩의 CEO 시드 시브랜디(Sid Sijbrandij)의 설명서를 읽고, 링크를 따라가보고, 관련 동영상을 보려면 하루 종일 걸릴 것이다. 쓰여 있는 말들 일부는 시브랜디의 사용 설명서에 있는 "이메일 제목으로 제게 말을 걸어 주세요."처럼 과장된 느낌을 주는 것도 있다. 즉흥성이 들어설 여지는 별로 없다. 하지만 거기에는 목적이 있다. 깃랩의 업무 절차는 즉흥 연주를 하는 재즈가 아니라, 세심하게 구성된 교향곡이다.

이런 방식은 실제로 어떤 의미가 있는가? 책임성. 언제든 일할 수 있는 능력. 회의가 늘 기록되기 때문에 별 관계 없는 회의에 자리를 채워야 하는 부담감에서 벗어날 수 있다.

"투명성은 소속감을 강화합니다." 머프는 우리에게 이렇게 말했다. "사무실 없는 회사에서는 그게 중요하죠. 사람들이 문서를 이용하지 않거나 다른 동료들이 하고 있는 걸 따라하지 않더라도, 그냥 살펴보는 것만으로도 자연스러운 소속감이 생깁니다. 모두가 하고 있는 일을 알 수 있기 때문에 신뢰감이 구축됩니다. 대부분의 회사는 정확히 그 반대로 합니다. 일부러요. 너무 많은 피드백을 두려워하기 때문에 저장고에 가둬두려고 합니다. 하지만 피드백을 두려워할 게 아니라, 팀이 고립되는 걸 두려워해야 죠."

　머프는 단연코 미국 내에서 가장 눈에 띄는 원격근무 옹호 자다. 또한 적어도 그가 아는 한에서는 처음으로 대기업에서 원격근무 책임자라는 직책을 맡은 사람이다. 머프는 당신에게 원격근무 혁명이 세상을 바꿀 것이라고 주저 없이 말하지만 현실주의자이기도 하다. 사용 설명서와 문서화 덕분에 업무 현장이 보다 포용적이고 보다 서로를 존중하는 방식으로 체계화되는 건 맞다. 하지만 머프에 따르면, 사업적으로도 더 낫다. "누군가 당신에게 자신이 언제 당신의 제안이나 아이디어를 가장 잘 받아들일 수 있는지 이야기해준다면, 그 사람은 당신이 업무를 더 잘하도록 조언하는 겁니다." 머프가 말했다. "그러므로 많은 사람들이 커뮤니케이션하지 않는다면, 결국 그 때문에 실패하게 될 거예요. 우리는 사람들이 들을 준비가 안 되어 있을 때 말을 걸어서 아주 많은 시간을 낭비하고 있죠. 당신에게 이타적인 구석이라고는 하나 없다 해도, 이렇게 하는 게 사업적으로 가장 좋고 가장 효율적인 방법입니다."

　사무실이 없고 업무가 완전히 비동시적으로 이뤄지는 깃랩의 모델은 대부분의 고용주들에게 너무 극단적이라고 느껴질 수 있다. 하지만 머프는 사무실 근무를 일부 허용하는 하이브리드 시스템을 채택하는 사람도, 깃랩의 업무 프로세스 이념인 '원격근무 우선'을 적용해야 한다고 생각한다. 실제로 이는 사무실에 나오지 않는 직원들에게 혜택이 돌아가도록 정책을 설계하고, 사무실에서 일하는 직원들은 그 다음으로 고려한다는 뜻이다. 그가 든 이유는 이렇다. 대부분의 원격근무 우선 정책은 실제로 사무실에서도 훌륭하게 작동한다. 하지만 그 반대는 아니다. 사무실 우선 정책은 원격근무자들을 고립시키거나 소외시키며, 커뮤니케이션이 줄어들게 한다. "원격근무 우선 정책은 위기에도 잘 기능합니다. 이번 팬데믹이 한 예라고 볼 수 있죠." 머프는 설명했다. "원격근무 우선은 유연성을 중심으로 사업을 구축하는 것입니다. 장소에 매여 고정된 공간을 중심으로 사업을 구축하는 것과는 대비되죠."

2013년 설립 이래로 원격근무로만 운영되는 엔지니어링 회사 울트라너츠(Ultranauts)에서는 임원 회의를 포함한 모든 회의를 녹음하고 기록해서 전 직원이 조회할 수 있다. 결정된 내용은 그 이유와 함께 슬랙에서 발표했다. 사내에 문서화되지 않은 규정은 없다.[43] 이 모든 투명성과 접근성에는 목적이 있다. 회사의 공동 창업자는 "인지적으로 다양한" 팀들이 잘 지낼 수 있도록 투명하고 접근 가능한 직장을 만드는 데 공을 들였다. 직원들 중 75퍼센트는 자폐 스펙트럼 장애가 있다. 울트라너츠는 보편적 설계의 또 다른 사례다. 명확성과 명시성이 다른 무엇보다 우선시 되는 환경을 만들면, 모두에게 유익하다.

슬랙 직원들은 '원페이저(one-pager)' 시스템을 사용한다. 그것은 하루 중에서 즉각 반응할 가능성이 가장 높은 시간대와, 더불어 어떻게 하면 그들이 가장 잘 일할 수 있는지에 대한 추가 정보를 담고 있다. 깃랩의 '사용 설명서'와 마찬가지로, 동료 직원들은 연락을 취하기 전에 다른 사람의 원페이저를 살펴보고, 정보를 전달할 가장 좋은 방법 또는 연락을 취하기에 가장 적당한 시간대를 신속하게 알아낼 수 있다. 이 모든 게 그저 대화를 나누기 위한 가욋일처럼 느껴질 수도 있지만, 여러 직원들이 동료의

'원페이저'를 읽는 게 존중의 행위로 생각되며 더불어 모두의 시간을 절약하는 효과가 있다고 말했다. 잠시 시간을 들여 동료 직원이 이메일을 주고받는 상대일 뿐 아니라, 복합적인 성격을 지닌 사람이라는 사실을 인식하게 되면, 커뮤니케이션이 더 나아질 것이다.

투명성과 신뢰는 엉터리 가식이나 역할 수행 게임을 덜하게 된다는 뜻이다. 즉 전반적인 불안이나 상황에서 오는 스트레스를 줄여준다. 보다 유연한 근무 환경으로 전환하기 전에도 그러했지만, 앞으로는 더욱더 그럴 것이다. 직원들이 더 나은 일에 시간을 투자할 수 있도록 그들을 자유롭게 해줄 수 있다. 아니면 직원들이 바쁜 척하느라 시간을 쓰도록 은연중에 부추길 수도 있다. 어느 쪽이 사업에 더 이익이 되겠는가?

감시하면서 모든 걸 망쳐버리려는 충동을 자제하자

원격근무를 재설계하려는 많은 노력을 관통하는 주제가 있다. 바로 시간과 노력, 비용이 든다는 점이다. 그리고 무엇을 해야 하는지 제시하는 컨설팅을 받는 데만 시간, 노력, 비용이 드는 것이 아니다. 그것이 물리적 공간의 개념을 다시 정비하는 일이든, 사내에 암묵적으로 통용되는 규준을 알아내는 것이든, 디지털 기술에 대한 실질적인 가드레일을 확고히 하는 것이든, 유연근무 전도사들은 모두 성공으로 나아가려면 보다 인간적이고 신뢰를 형성하는 방식으로 업무를 대해야 한다는 점을 강조한다. 이 과정에서 빠르거나 효율적인 것은 거의 없다.

많은 고용주들은 이러한 모범적인 실천을 무시하려 들 것이다. 가장 근시안적인 이들은 변화에 완강히 저항하면서 직원들을 전일 사무실 근무로 복귀시키려 할 것이다. 하지만 경쟁의 압박을 느끼는 다른 많은 이들은 마지못해서라도 원격근무나 하이브리드 근무를 일부 허용할 것이다. 아마 이들은 유연성을 낡은 프레임에 끼워 넣을 것 같다. 유연근무를 자비심 넘치는 회사가 베푸는 특전, 또는 (더 안 좋게는) 특권을 얻어낸 사람에게만 허용되는 기회로 보고, 언제든 폐지될 수 있다는 태도를 취하는 것이다.

이런 조직들은 사무실이나 경영 관행을 재검토하지 않을 것이다. 이들은 현행 구조에서 누가 이득을 얻는지 조사하지 않을 것이다. 현 상태에 만족하기 때문이다. 이들은 하이브리드 업무 방식을 성가시지만 참고 넘어가야 하는 것이나 생산성을 유지하는 직원들에게 수여하는 인센티브 정도로 여길 것이다. 그리고 막 자유로워진 직원들이 최선을 다해 일하는지 확인하기 위해서 가장 쉽고 가장 게으른 방법을 따를 것이다.

감시 기술은 일의 역사와 함께한다. 육체 노동자들의 움직임은 오랫동안 근무 시간 기록 카드와 현장 감독관의 감시에 의해 면밀하게 목록화되었으며, 개인 업무용 컴퓨터의 보급은 고용주에게 직원들의 행동에 접근하고 그것을 분석할 수 있는 직접적이지만 거의 보이지 않는 통로를 제공했다. 최근 들어서는 거대 테크 및 물류 기업들이 광범위한 추적 시스템을 도입해 직원들을 감시한다. 전국을 돌아다니는 트럭 운전자, 패스트푸드 레스토랑 직원, 데이터 입력 전문가, 콜센터 직원 등 모두가 자기만의 유해한 감시 체계의 대상이 되고 있다.

아마존의 주문이 처리되고, 포장되고, 출하되는 물류 센터에서는 창고 노동자들의 모든 움직임을 기록하고 목록화하여 "직원 개개인의 생산성 지수를 추적한다."[44] 이런 끊임없는 스트레스로 인해 노동자들은 매우 힘들고 위험한 노동 환경을 고발하며 미국노동관계위원회(National Labor Relations Board)에 불만을 제기했다. 노동자들은 자동화된 시스템이 '업무 외 시간' 같은 노동자별 점수를 계산하고, '생산성'과 '생산성_추이' 같은 로봇식 제목으로 위반 사항에 대한 인간의 개입 없이 해고를 단행하면서 노동자들을 무자비하게 몰아붙인다고 주장한다.

사무직 노동자들 사이에는 이런 종류의 직설적인 감시 도구들이 자기들에게 사용될 수 없거나 사용되지 않을 것이라는 생각이 있다. 감시는 아마존의 창고 노동자들이 받는 것이지, 다시 말해 연봉 15만 달러가 넘는 엔지니어들에게는 해당되지 않는다는 것이다. 하지만 감시는 여러 해 동안 사무실에도 영향을 미쳐왔다. 대다수가 여성인 단순 사무직과 비서직 노동자들부터 시작되었다. 이들의 업무는 계량화가 좀 더 쉬웠고, 검토하고 점수를 매기고 그러다가 부족한 점이 발견되면 해고 이유로 삼기도 쉬웠다. 그러면서 이런 사무직 일자리는 더 불안정해졌다. 이 일이 덜 중요해져서가 아니라 더 쉽게 감시할 수 있게 되었기 때문이다. 1990년대와 2000년대를 지나면서 직장 내 일들은 더욱더 전적으로 온라인 영역으로 옮겨 갔으며, 감시의 범위가 전통적인 단순 사무직 영역 밖으로 확장되기 시작했다. 2008년에 포레스터 리서치는 직원 수 1000명 이상인 기업들 중 3분의 1 이상에 직원들의 이메일을 읽는 직원이 있으며, 2700만 명 이상의 직원들이 온라인상에서 감시당했다고 밝혔다.[45]

오늘날 감시는 지식 노동자들에게로 훨씬 더 광범위하게 퍼졌고 더 세밀해졌다. 직장 분석 회사인 휴머나이즈(Humanyze) 같은 기업은 직원들의 ID 카드를 이용해서 직원들이 사무실에서 무슨 일을 하는지 분류한다. 데이터앤드소사이어티(Data & Society)가 발표한 2014년 보고서에 따르면, 이 회사의 인사이트는 "누가 누구에게 이야기를 거는지, 얼마나 오래 이야기를 하는지, 목소리톤은 어떤지, 얼마나 빠른 속도로 이야기하는지, 언제 방해를 받는지 등을 추적해서 어떤 요소가 좋은 팀을 만드는지를 규정하려" 하는 것이다.[46] 슈어뷰(SureView)라는 제품은 방위산업체 레이테온(Raytheon)이 만든 것으로, 사내 장비들을 통해 직원들의 움직임을 끊임없이 추적한다. 인터넷 사용 기록, 키보드 입력, 이메일 내용, 회사 컴퓨터에 업로드하거나 회사 컴퓨터로부터 USB로 다운로드한 파일 내용 스캔 등.[47] 슈어뷰의 목적은 산업 스파이나 외부의 보안 위협으로부터 기업을 보호하려는 것이지만, 이 소프트웨어는 고압적이거나 앙심을 품은 관리자들에게 악용될 소지가 있다. 직원들의 행동을 더 많이 알게 될수록 그런 행동에 대해 더 큰 통제력을 갖게 되며, 해고의 정당함을 입증하기도 쉬워진다.

　프라이버시 옹호자들이 '고자질쟁이', '상사 놀이'라는 별명을 붙인 직원 모니터링 소프트웨어는, 실제로는 직원들의 복지를 목적으로 한다고 마케팅되었다. 이 프로그램을 사용하는 기업들은 확실히 이런 소프트웨어는 프라이버시를 침해할 수 있지만, 여기에서 얻는 인사이트로 일을 개선할 수 있다고 주장한다. 뱅크오브아메리카(Bank of America) 콜센터 직원들을 대상으로 한 MIT 연구는 직원들에게 사회적 교류에 더 많은 시간이 주어질 경우 생산성이 실제로 증가했다고 밝혔다.(이 때문에 뱅크오브아메리카는 휴식 시간 15분을 시행하게 되었다.)**48** 다른 기업들은 모니터링 도구들이 레이더에 포착되지 않았던, 생산성이 높은 직원들을 구분하여 승진시키는 데 편리하며, 다른 형태의 감시 도구는 인사팀에 들어오는 불만 사항과 직장내괴롭힘 혐의를 처리하는 데 도움이 될 수 있다고 한다. 이 모든 게 타당한 것 같고, 적어도 도움은 될 것 같다. 이론적으로는 그렇다.

하지만 이런 감시의 어두운 면은 언제나 이로운 점을 능가한다. 2020년 봄에 코로나19 봉쇄로 지식 노동자들이 어쩔 수 없이 집에서 일하게 되면서 《뉴욕 타임스》 기자 애덤 서타리아노(Adam Satariano)는 허브스태프(Hubstaff)라는 프로그램을 다운로드했다. 이 프로그램은 1만 3000개 이상의 원격근무 사업체가 사용하고 있으며, 자칭 "관리 부문이나 원격근무 팀을 위한 다기능 근무 시간 추적기"라고 마케팅한다. 허브스태프의 웹사이트는 온통 경쾌한 파랑과 흰색으로 뒤덮여 있으며, 기꺼이 추적의 대상이 되는 직원들의 다양한 사진이 여기에 함께한다. 마치 감시 도구가 아니라 생산성 앱인 것 같다.

"이건 간단한 심리학입니다." 이 사이트는 분명히 한다. "당신의 팀이 허브스태프로 시간을 추적 기록한다면, 모두가 자신이 근무 중 매시간을 어떻게 보내고 있는지 더 잘 알게 됩니다." 서타리아노가 자기 컴퓨터에 설치한 후에 허브스태프는 수백 장의 스크린숏을 찍기 시작했다. 방문했던 웹사이트, 썼던 이메일, 그리고 개인적이거나 사적인 모든 다른 활동들이 기록되었다. 다음으로는 그가 쓴 시간을 집계해서 상세 보고서를 냈다. 10분 단위로 나누어 업무를 분류하고, 각각에 대해 키보드를 치거나 마우스를 움직인 시간을 퍼센트로 표시했다. 매일매일 허브스태프는 생산성 점수를 잇달아 내놓으면서 0부터 100까지의 숫자로 그의 등급을 매기고, 이 내용을 관리자에게 발송했다.

하지만 허브스태프의 대시보드는 서타리아노가 한 일의 성격을 이해하지 못했다. 전화 통화(기자의 업무 중에 아주 중요한 부분이다.)는 이 플랫폼에서는 '업무 시간'으로 기록되지 않았다. 온라인에서 읽는 시간도 기록되지 않았지만 기자 업무의 또 다른 필수적인 요소다. 허브스태프의 모니터링은 좁은 범위로 고정해놓은 과업과 기술에만 집중하기 때문에 생산성을 정확히 판단하지 못한다. 서타리아노의 점수는 거의 항상 위험할 정도로 낮았다. 어느 날엔가는 거의 열네 시간을 일했는데도, 등록된 점수는 22점이었다.[49] 서타리아노는 이 소프트웨어가 부정확하다는 걸 알고 있으면서도, 자기가 이를 벌충하려고 더 많이 일하고 있다는 걸 깨달았다. 이 업무의 많은 부분은 일의 다양한 수행을 보여주는 것으로, 컴퓨터 화면에 업무 서류를 열어놓아서 허브스태프가 그것을 스크린숏에 담게 하려는 것이었다. 허브스태프 때문에 생산성이 높아지기보다는 이전보다 많은 역할 수행 게임을 하게 되었다.

허브스태프 같은 회사들은 업무를 추적하는 것이 실제로 직원들에게 마음의 평화와 자유를 준다고 주장한다. "양방향 도로 같은 겁니다." 관리자들이 읽을 수 있는 지원 페이지에는 이렇게 쓰여 있다. "직원들이 일하는 동안 허브스태프의 시간 추적 관리 소프트웨어를 구동한다면, 약간은 마음이 놓일 겁니다. 언제 그들이 일하고, 어디에서 일하는지 정확히 알아내려고 전전긍긍할 필요가 없을 테니까요."[50] 여기에서 허브스태프는 데이터 수집을 더 나은 커뮤니케이션을 가능하게 하는 방법이라고 포장한다. 결국 지원 페이지에 쓰여 있는 내용에 따르면, "문제는 직원을 관리하고, 고객에게 청구서를 보내고, 직원들에게 급여를 지급하는 일에 당신의 시간 중 지나치게 많은 부분이 허비된다는 겁니다."

하지만 성공적인 커뮤니케이션은 마케팅 문구가 무슨 약속을 내세우고 있든 "노력을 들이지 않고"는 이루어지지 않는다. 훌륭한 경영 관리는 함부로 점수를 매기지 않는다. 훌륭한 커뮤니케이션이 늘 효율적이지는 않기 때문이다. 그건 흔히 정서적이고 쉽게 상처받을 수 있어서 알고리즘과 빅데이터에 의해 돌아가지 않는다. 훌륭한 경영 관리는 궁극적으로 신뢰를 바탕으로 형성되지만, 이런 종류의 감시는 매번 그런 신뢰를 훼손한다.

왜 허브스태프 같은 제품이 매력적인지 잘 알고 있다. 이것은 경영진의 마음의 평화, 그리고 생산성 증가를 약속한다. 하지만 대다수 노동자들은 실제로 생산성을 높일 필요가 없다. 2020년 9월에 HR 컨설팅 회사 머서(Mercer)는 미국 전역에 있는 800명의 직원들을 대상으로 연구를 시행했다. 94퍼센트는 생산성 수준이 팬데믹 이전과 동일한 수준으로 상승했다고 응답했다.[51] 기업에 필요한 것은 신뢰와 관리 기술의 재해석이다. 이는 훨씬 더 형태가 분명하지 않고, 구축하기 어렵고, 이를 측정하는 건 그보다도 더 어렵다. 기업들이 손쉬운 기술적 방법에 매달리는 것도 무리는 아니다.

기업들이 그저 팬데믹 기간의 호들갑이 아니라 지속 가능한 생산성을 걱정하고 있다면, 신뢰는 필수적이다. 행동심리학자 데이비드 드 크리머(David De Cremer)는 기업이 신뢰의 가치나 역할을 정확히 파악하지 못하고 있다고 주장한다. 흔히 그 효과가 직접적이지 않기 때문이다. 신뢰는 "정보가 보다 개방적으로 커뮤니케이션되고 있고, 사람들이 기꺼이 서로 도우며, 실패할 위험이 있더라도 기꺼이 아이디어를 시도한다."라는 뜻이다.[52] 시간이 지나면서 신뢰가 쌓이면 더 많은 실험, 더 많은 창조성, 더 큰 노동자 만족으로 이어지며, 양질의 업무를 탄탄히 구축하게 된다.

　모니터링 소프트웨어는 직장 내에서 위험과 불확실성을 없애고자 한다. 하지만 신뢰하는 문화를 형성하려면 약간의 위험과 불확실성이 필요한 게 사실이다. 이상적으로는 양쪽 모두 회사 내에 퍼져 있어야 한다. 관리자들은 직원들을 신뢰하고, 역으로 직원들은 관리자들이 직원들의 최선의 이익을 염두에 두고 있다는 신뢰를 갖는 것. 각자 상대편에 믿음을 가져야 하며, 이는 양쪽 모두가 상처받기 쉬운 취약성을 편안하게 받아들여야 한다는 뜻이다. 하지만 허브스태프 같은 제품은 이런 균형을 파괴한다. 이들은 한쪽은 취약하게, 다른 한쪽은 전지전능하게 만든다. 그로써 단기적으로 생산성을 올릴 수 있을지 모르나, 신뢰의 불균형은 당신이 구축하려 애쓰고 있는 기업 문화가 어떤 것이든 그 토대를, 그리고 기업 윤리를 서서히 갉아먹을 것이다.

　우리가 방심한 채 대책을 강구하지 않는다면 이 도구들이 새로운 유연근무의 시대를 규정하게 될 것이다. 팬데믹이 시작되어 어쩔 수 없이 사무실이 직원들 각자의 집으로 옮겨 갔을 때, 기업들은 직관적으로 모니터링 소프트웨어에 한층 더 의존하게 되었다. 한 애널리스트는 2020년 동안 미국 기업의 20퍼센트가 팬데믹 기간 동안 직원들을 모니터링하는 소프트웨어를 추가로 구매했다고 추정했다. 기업들 중 약 30퍼센트가 일종의 생산성 모니터링 도구를 이용해서 원격근무를 평가하고 있다는 뜻이

다.[53]

　마음속에 이 같은 진짜 두려움을 품고, 우리는 쇼샤나 주보프에게 연락을 취했다. 33년 전 펄프 공장에서 노동자들이 자동화된 문에 맞서 싸운 것을 관찰한 이래로 주보프는 테크놀로지의 사용이 우리가 가진 최선의 의도를 계속 훼손하는 방식들을 숙고하는 연구에 전념해왔으며, 이는 2019년 책 『감시 자본주의 시대』로 가장 잘 알려져 있다. 주보프는 기업들이 이미 적용하고 있는 원격근무 접근 방식에 회의적이다.

　"저는 이런 주기가 계속해서 반복되었다는 걸 알고 있습니다. 같은 이슈에 계속 직면해왔고, 누누이 똑같은 말을 해왔죠. 무려 42년 동안이요. 근본적인 역학 관계가 얼마나 고스란히 남아 있는지 미칠 지경이죠." 주보프는 새로운 통제 기술이 일반인 모두에게 확대 적용되기 전까지 직원들과 학생들은 계속해서 새로운 통제 기술의 실험 대상이 되는 '포로' 취급을 받을 것이라고 말한다. 또한 주보프는 원격근무로 인해 기업의 감시가 집 안까지 들어오지 못하게 막았던 얇은 장벽이 파괴되어 개인 프라이버시의 종말이 야기될 거라고 두려워한다. "제한을 두지 않는 직원 감시는 역대급으로 침해적입니다." 주보프는 말했다. "그러나 일어나 사무실을 떠날 수 있는 순간은 여전히 있습니다."

　주보프가 지난 40년을 들여 설명한(인간과 침해적인 감시 사이에 벌어지는) 싸움은 공정하지 않고, 한 번도 공정했던 적이 없다. "사람들은 이걸 일과 결부해서 보지만 또한 모든 게 기술과 결부되어 있죠." 주보프는 말했다. "우리는 탈탈 털리고 있습니다. 자유화라는 마케팅의 쉬운 먹잇감이 되어버렸고, 기업들은 이를 마음껏 이용합니다." 결정적으로 이 도구들이 요구하는 희생은 고용주와 나눌 수 있는 게 아니다. 그냥 직원들, 그중에서도 특히 노동에 권력이 없는 직원들이 감당해야 할 몫이다.

우리와 이야기를 나누는 동안 주보프는 암울한 미래의 가능성을 대략 그려 보였다. 그건 이 책의 전제를 불편하게 감도는 바로 그것이었다. 원격 유연근무라는 일의 미래가 가져올 선택권과 특권 중 많은 부분은 지금과 마찬가지로, 노동 시장에서 이를 협상하고 흥정할 정도의 권력을 지닌 선택된 소수만이 향유할 것이다. 엘리트 그룹만이 근무일, 근무 장소, 공정하고 유연하고 보다 인간적인 기업 문화에 매진하겠다는 회사의 약속을 재해석하게 될 것이다. 나머지 노동자들은 집에서 하루에 12시간씩 일하면서 사전 설치된 감시 소프트웨어가 화장실에 가는 시간까지도 일일이 기록할 것이다.

대화가 막바지에 이르렀을 때 주보프는 이 책을 뒷받침하고 있는 정서와 동일한 조심스러운 희망을 표현했다. 심각한 힘의 불균형에도, 그리고 많은 이들이 우리의 일에서 우리의 정치에서 우리의 공동체에서 힘겹게 존엄성을 지켜내느라 지쳐 있음에도, '지금'이 특별히 유연하고 변화의 잠재력이 살아 숨 쉬는 순간처럼 느껴진다. 부분적으로는 많은 이들이 도처의 불평등을 더 잘 인식하고 그에 대해 크게 화를 내고 있기 때문이다. 하지만 또한 21세기의 방대한 기술적 변화가 팬데믹으로 극에 달해, 극도로 유연성이 없게 느껴지는 생활의 일부를 재해석하고 재창조해야만 하는 상태가 되었다. 이제 우리는 최근 그 어느 때보다도 가장 의욕적으로 변화를 강력히 요구하고 있다.

이런 예상치 못한 기회를 이용할 수 있을 거라는 희망으로 이 책을 써나가고 있다. 하지만 우리도 주보프가 느낀 양가 감정을 갖고 있다. 이 도구들의 역사와 그 시행 결과들을 더 잘 알게 되면서 최선의 의도와 아이디어들이 오로지 과거의 불평등을 재생산하는 미래 또한 너무나 쉽게 상상된다. 그렇지만 우리가 바라는 미래, 그리고 그곳에 이르기 위해 시도할 수 있는 지속 가능한 방법들을 상상하고 표현하지 않는다면, 현재의 패턴에 갇혀버릴 것이 확실하다.

주보프는 정치를 통해서 기술과 우리의 직장 생활이 나아갈 방향을 내다본다. 여기서의 정치는 디지털 시대에 일이 변해온 방식을 실제로 반영하는 새로운 노동 계약과 법률뿐만 아니라, 크고 작은 집단 행동을 통해 구축된 새로운 사회적 계약도 해당된다. 물론 집단 행동은 아주 기본적인 수준의 시민 참여라 해도 시간과 에너지가 요구된다. 우리는 친구, 가족, 그리고 특히 일에 전념하는 데 쏟을 시간과 관심을 거기 투여해야 한다. 하지만 그런 시간이 좀 더 생긴다면 어떻게 될까?

3장을 시작하면서 우리는 생산성과 효율성을 더 많은 일을 하기 위한 수단이 아니라, 진짜 목적을 이루는 수단으로 여겨야 할 때가 되었다고 주장했다. 이제 그 목적은 어떤 것이어야 하는지를 깊이 생각해볼 때다.

4

공동체

당신의 조부모 또는 증조부모가 미국에 살았다면, 그들은 거의 확실하게 어떤 사회단체에든 소속되어 있었을 것이다. 사는 곳, 직업, 인종, 종교, 미국에 도착한 시기와 상관없이 그들은 1930 년 전후 수십 년 사이에 태어난 '오랜 시민 세대'의 일원으로서 '회원'이었다. 그들은 교회와 성가대, 퀼트 조합과 농장 이사회에 속해 있었다. 엘크스형제회(Elks), 블랙엘크스형제회(Black Elks), 무스형제회(Moose), 독수리형제회(Eagles), 오드펠로스형제회(Odd Fellows), 노르웨이의아들들(Sons of Norway), 이태리의아들들(Sons of Italy), 마르디그라(Mardi Gras, 미국 남부, 특히 뉴올리언스에서 사순절 시작 전인 1~2월에 열리는 대규모 페스티벌을 개최하는 사회 조직으로 조직마다 고유한 역사와 이야기를 갖고 있다.—옮긴이) 크루, 미국혁명의딸들(Daughters of the American Revolution), 유타개척자의딸들(Daughters of Utah Pioneers), 토스트마스터즈클럽(Toastmasters, 커뮤니케이션, 대중 연설, 리더십 클럽—옮긴이), 욥의딸들(Job's Daughters)의 회원이었다. 그들은 미국해외참전용사회(VFW), 콜럼버스기사단(the Knights of Columbus), 미국농업조합연합(the Grange), PEO자매단(the PEO, 전 세계 여성들의 교육 기회 증진을 목표로 삼고 있다.—옮긴이), 미국여대생협회(the American

Association of University Women), 브네이브리스(B'nai B'rith, 유대인 문화교육협회), 주니어연맹(the Junior League, 여성자원봉사단체), 루터연맹(the Luther League), 페트롤리엄클럽(the Petroleum Club, 석유 사업가들의 사교 클럽—옮긴이)에 가입했고, 오랜 세월 모임을 지속하며 브릿지 게임, 마작, 카드 게임을 즐기곤 했다.

이건 그 세대가 가입했던 단체 중 아주 일부에 불과하다. 실제 목록은 끝이 없을 듯한데, 이런 종류의 모임에 대한 갈망이 무한했기 때문이다. 이 단체들은 세속적이면서 종교적이었고, 의례적이면서 비공식적이었고, 종종 연령, 인종, 성별, 종교에 의해 구분되기도 했고, 일주일의 리듬을 구성했다. 이는 연애 상대를 비롯한 사람을 만나는 방식이었고, 새로운 동네로 이사 갔다면 더욱 그러했다. 카드 게임, 분장 놀이, 잡담 나누기, 술 취하기, 또는 선행하기의 기회 등 흔히 사교적 성격과 자선적 성격의 활동이 뒤섞여 있었다.

일부 단체는 엄청나게 배타적이었다. 인종, 계층, 성별, 제국주의, 식민주의, 그 밖에 무엇에 관해서든 이해하기 어려운 사상을 퍼뜨리는 일부 단체도 있었다. KKK도 결국에는 인종 차별적인 의제를 가진 사교 클럽이었다. 하지만 다른 단체들은 언어와 소수 민족의 전통을 전승하는 수단을 제공하거나 백인 또는 남성이 지배적인 공간에서 살아야만 하는 사람들에게 도피처를 마련해주기도 했다. 예를 들어 흑인 운동가 W. E. B. 듀보이스(W. E. B. Du Bois)에게 흑인 사회는 "단조로운 업무에서 벗어난 여가 시간, 야심과 음모를 키울 장, 퍼레이드를 할 기회, 재난에 대비하는 보험이었다."[1]

이런 단체들은 목적이 무엇이든 문자 그대로 또는 비유적으로 공동체의 인프라를 제공했다. 사람들은 사람들이 보통 하는 일이기 때문에 단체에 가입했다. 문자 그대로의 또는 비유적인 의미의 회비를 냈고, 모임을 할 수 있는 장소, 꽉 찬 사교 일정, 공간을 채울 동료들이라는 보상을 받았다. 그들은 '느슨한 유대 관계'의 네트워크를 형성했다. 이 네트워크는 꼭 절친한 친구들은 아니라 해도 연결되어 있다고 느끼고, 따라서 어떤 식으로든 당신의 안녕에 관심을 기울이는 사람들로 채워져 있었다. 많은 경우 이 단체들은 공식적·비공식적으로 상호부조 집단의 역할을 했는데, 월 회비를 내면 사망, 질병, 장애가 발생했을 때 가족이 도움을 받을 수 있도록 보장했다.

이 단체들은 표면상의 목적이 무엇이든 매년, 매월, 매주 기금 마련 행사, 퍼레이드, 무도회, 야유회 등을 열었다. 많은 단체가 교육 프로그램과 자기 발전 프로그램, 특정 자선 단체, 특별히 아이들과 젊은이들을 위한 파생 모임을 운영했다. 이런 단체는 1910년대 초반에 반짝 인기를 끌었다가 대공황을 겪으면서 곧 시들해졌고, 1950년대와 1960년대에 다시 활기를 띠었다. 도시 주거지, 교외, 아주 작은 시골 마을에도 이런 사회 조직의 일부가 존재하여 주민들의 필요를 충족해주었다.

2000년에 출간된 정치학자 로버트 퍼트넘(Robert Putnam)의 『나 홀로 볼링』은 이런 단체의 부상과 20세기 후반에 걸친 대대적인 쇠퇴의 결과를 광범위하게 살펴본 첫 책이다. 당시 이 단체 다수는 그들이 시내에 있는 건물을 팔아 교외에 건물을 짓는다면, 30대 회원을 영입할 방법을 알아낸다면, 단체장을 새로 선발한다면, 교회 옆에 체육관을 짓는다면, 회원 감소세를 역전시킬 수 있다는 믿음에 매달려서 지난 20년의 세월을 부인하며 보냈다. 하지만 눈에 띄지 않는 회원 수 감소세는 특정 조직이 제공하는 편의 시설이나 혜택과는 거의 관련이 없었다. 개인주의 이상이 전후(戰後) 시대를 구성한 집단주의를 대체하기 시작하면서 나타난 지속적인 변화의 조짐이었다.

집단주의는 '우리는 함께한다'는 아주 중요한 정신이다. 이것은 세법, 사회 안전망에 대한 사고방식, 심지어 모르는 사람에 대한 책임을 이해하는 방식에까지 분명히 나타나 있다. 『나 홀로 볼링』의 후속작인 『업스윙』에서 퍼트넘은 특히 20세기 초반 기술적·사회적 변화의 시기에 사회적 연대를 모색하는 수단으로 집단주의가 부상했다고 설명한다. 이 단체들은 "무질서하고 불확실한 세상으로부터의 망명", 즉 일종의 제2의 안락한 고향을 제공했으며, 단체의 상호부조적 기능은 재난이 닥쳐도 개별 가족이 뿔뿔이 흩어지지 않으리라는 안도감을 주었다.[2]

1910년대에 집단주의 정신은 진보적인 정책 결정에 반영되기 시작했고, 1960년대까지 다양한 흐름으로 이어져 최소한 백인들에 한해서는 국가가 이런 조직들의 상호부조적 기능을 담당하게 되었다. 그중 가장 유명한 개혁은 프랭클린 델러노 루스벨트(Franklin Delano Roosevelt)의 뉴딜 정책에 속했지만, 여기에는 모든 계층에 교육 기회를 확대 및 보편화하고, 영아 사망률을 낮추고 기대 수명을 늘리며, 노동자 보호를 강화하고, 세법을 통해 부의 분배를 균등하게 하려는 방안도 포함되었다. 미국에서 가장 빈곤한 지역 중 한 곳을 현대화하고 전기를 설치하려는 공익사업 프로그램으로 설립한 테네시강유역개발공사(The Tennessee Valley Authority)는 집단주의적인 이니셔티브였다. 저소득층 가정에 유아 교육과 보건 서비스를 제공할 목적으로 1965년에 설립된 헤드스타트(Head Start)도 마찬가지다.

이 계획들의 중요한 사명은 단순히 '우리에게는 가난한 이들을 도와야 할 도덕적 의무가 있다'는 것이 아니었다. 더 중요한 것은 앞서 살펴본 것처럼, 우리의 강인함과 회복력은 우리 중 가장 약한 구성원의 강인함과 회복력에 달려 있다는 것이다. 물론 이런 계획들이 고질적인 인종 차별에 타협해버렸던 것은 문제다. 우리 모두는 여기에서 함께 이 일을 하고 있지만, 흑인과 중남미인, 아시아인은 저쪽에서 함께 했고, 여성에게는 이등 시민 지위가 강요되었다. 민권 운동, 여성 운동, 농장노동자 운동은 모두 어떤 식으로든 집단주의와 미국 시민권의 혜택을 보다 동등하게 확대할 수 있는 법률과 노동 보호를 만들어내려는 시도였다.

그러나 이런 운동이 점점 성공을 거두면서 여러 집단주의적 혜택이 중단되거나 삭감되거나 역전되는 현상이 동시에 일어났다. 퍼트넘이 지적했듯이 교육적 혜택은 1965년쯤에 "일시 정지"되기 시작했다. 수백만 미국인의 수입을 생활임금 이상으로 끌어올리는 데 일조했던 노조 가입률은 1958년에 이미 긴 하락세를 보이기 시작했다. 1960년대 중반 감세 정책으로 부자들은 부를 유지하고 축적하기가 더 쉬워졌고, 규제 완화 물결에 떠밀려 공공 지향적이었던 기관의 목적을 "자유 시장"의 변덕에 맡기기 시작했다.[3] 이런 변화의 일부는 글로벌 경쟁 위협에 커져가는 공포에 대한 반응이었지만, 또한 집단주의 정신의 혜택을 받는 사람들의 확대에 대한 암묵적이고 명시적인 반응이기도 했다. '우리는 모두 함께'라는 파티에 모두를 초대하지만 그 후에는 불을 끄고 각자 알아서 하라는 메시지를 전하는 것이다.

개인주의적 접근법(나와 내 것에 엄청나게 집착한다.)은 1970년대에 널리 받아들여지기 시작해 지난 40년 동안 점차 지배적인 정치적·사상적 태도로 자리 잡아왔다. 개인주의는 자립이나 극기라는 레토릭으로 본모습을 감추며, 흔히 경제적 불안정이나 직업적 정체성 상실, 자녀에게 더 나은 삶을 만들어주려는 강렬한 열망에서 비롯된 반응인 경우가 많다. 이는 정부 지출에 대한 회의감이나 가족의 직접적인 이익을 위해 쓰이지 않은 세금에 대한 강한 분노로 표출될 수 있다. 또 개인주의는 자유지상주의와 신자유주의 둘 다의 핵심 교리이며, 경제학자 노리나 허츠(Noreena Hertz)가 언급했던 성향과도 상응한다. "우리 자신을 협력하지 않는 경쟁자로, 시민이 아닌 소비자로, 공유하지 않고 쌓아두는 자로, 주지 않고 받는 사람으로, 도움을 주지 않고 내모는 사람으로, 이웃을 위해 함께하기에는 너무 바쁠 뿐 아니라 이웃의 이름조차 모르는 사람"으로 간주하는 성향 말이다.[4]

개인주의적 태도를 받아들인 사람이라고 해서 반드시 소시오패스나 나쁜 놈은 아니다. 이들은 여전히 비영리재단 고펀드미(GoFundMe)에 기부해서 지역 소아암 환자를 돕거나, '안전'해 보인다면 도로변에 있는 누군가를 돕기 위해 차를 멈출 수도 있다. 동료 직원의 50번째 생일에 돈을 모아 선물을 사기도 하고, 교회에 십일조 헌금을 내며, 자녀의 학교를 위해 모금을 하기도 한다. 이들은 남을 돕고자 하지만, 자기 방식대로 하고 싶어 하며 누가 도움을 받을 만한지 판단하려 한다. 이들은 자주 자신이 기여한 만큼만 혜택을 받을 수 있다는 '공정성'이란 개념에 집착한다. 국영화된 의료 보험이나 의무 육아 휴직 등 집단주의 정신을 정치적으로 포용할 수 있는 사람들도, '안전'이나 '좋은 학교', '우리 가족을 위해 옳은 일'이라는 인식에 관해서는 여전히 지극히 개인주의적인 결정을 내릴 수 있다.

개인주의는 불평등을 야기하고 심화한다. 그것은 우리를 가치 있음과 '자격 있음'에 대한 끝나지 않을 논쟁에 빠뜨리며, 너무나 많은 불필요한 고통, 소외, 원망을 자아낸다. 개인주의는 우리가 스스로의 가치를 입증하는 데 집착하도록 몰아간다. 우리는 우리가 있는 자리가 왜 그토록 위태로운지를 궁금해하는 대신에, 어떻게 하면 그 자리를 착실히 지켜낼 수 있는지에 집착한다. 이는 생산성 숭배, 만연한 번아웃과 불안, 지속되는 탈진 상태, 자녀를 미래의 성공을 위한 미니 이력서로 키우려는 집착, 개인적 또는 공동체적 정체성의 실종, 깊은 외로움과 소외 등 사무실 안팎에서 벌어지는 수많은 최악의 경향과 고통의 근본 원인이다.

우리가 집단적으로 소비주의를 숭배하며, 상품으로 거짓 우상을 만들어냈다고들 한다. 하지만 이런 주장은 점점 틀린 것처럼 느껴진다. 특히 사무직 및 지식 노동자에게 그렇다. 우리는 일을 숭배한다. 우리는 변함없이 일에 충실하다. 자기 자신과 가족을 부양하고자 하기 때문이다. 하지만 일은 필요한 것을 제공해주는 수단 그 이상의 것이 되고 있다. 일은 우리 생활에서 으뜸가는 자리를 차지하면서 우리의 정체성을 압도하고, 우정을 약화하며, 우리를 공동체로부터 분리시킨다.

개인주의는 업무 강박을 일으키며, 업무 강박은 다시 개인주의라는 수렁에 빠져들게 한다. 우리는 다른 모든 것을 희생해가면서 직계 가족과 직장을 향해 삶의 반경을 좁혀왔다. 이런 과정은 우리를 더 많이 일하게 할 뿐 아니라 다른 이들과 실질적으로 연결되는 경험을 가상으로 만들어버리는 디지털 기술 때문에 더 쉽게 이루어져왔다. 우리는 가족이라는 울타리 바깥에서 어떻게

서로를 보살피는지, 또는 직장이나 자녀의 활동 스케줄 때문에 어쩔 수 없는 경우가 아니라면 다른 이들과 어떻게 모이는지를 잊어버렸다. 우리를 지원하는 시스템을 이미 놓쳐버렸거나 그것에 간신히 매달려 있는 상태다. 개인주의에 의존하게 되면서 우리는 개인주의가 늘 우리를 내모는 지점, 즉 극단적으로 혼자인 상태에 남겨졌다.

이런 전이는 여러 해 동안 이루어져왔다. 균형 잡힌 인생을 살고 있다고 스스로 합리화하기 위해 단기 휴가를 다녀오느라 신경 쓰지 못했을 뿐이다. 하지만 팬데믹을 겪으면서 상황이 얼마나 불안정해졌는지 명확해졌다. 우리는 서로를 필요로 하고 연결을 갈망하며, 일과 생산성에만 몰두하다 보니 영혼을 가꾸는 깊은 수준의 삶은 계속 줄어들고 있다. 뭔가 더 있어야 한다.

그렇다면 해결책은 무엇일까? 종교 의식에 다시 참석하면 될까? 가까운 토스트마스터즈클럽 지부를 찾으면 될까? 어떤 취미라도 골라서 장비를 조금 사고 시도해보면 될까? 최선의 자아는 그런 목표를 세울 수도 있다. 하지만 일이 계속 우리의 정체성과 세계에서 같은 자리를 차지하고 있다면, 쉽게 실현되지 않을 것이다. 당신은 단체에 대한 정보를 구글에서 검색하고 나서 잊어버릴 것이고, 돈을 약간 기부하고 나서 물러날 것이며, 모임에 참석할 계획을 세우고서 취소할 것이다.

많은 사람들이 이 장의 서두에 나오는 단체 목록을 보고서 생각했을 것이다. "누가 그럴 시간이 있겠어?" 하지만 당신도 시간을 낼 수 있다. 한계에 달할 때까지 일정을 빈틈없이 가득 채웠거나, 모든 가사를 파트너에게 떠넘겼기 때문이 아니다. 유연하면서도 가드레일이 지키고 있는 일정표로 확보된 시간을 이용하고, 당신을 풍성하게 해줄 것들로 그 시간을 채우고, 우리가 갈망하고 필요로 하는 집단주의적 변화를 향해 노력해서다. 그렇기 때문에 일중독에서 벗어나기 위한 이런 상세하고 성실한 노력은 그 혜택이 나와 같은 일을 하고 같은 생활을 하는, 나와 비슷한 사람들에게만 돌아간다면, 의미를 잃을 것이다.

우리의 집단적 잠재력에 대해 무력하거나 허무하다고 느끼면서 집단주의를 다시 포용하는 건 실제로 불가능하다고 확신하는 사람도 있을 것이다. 하지만 퍼트넘이 주장했듯이 집단주의 정서가 '상승세(upswing)'에 진입했다는 확실한 증거들이 있다. 개인주의가 내세웠던 약속들이 극히 일부 엘리트를 제외한 모든 이들에게 순전히 불쾌하기 짝이 없는 것으로 판명되었기 때문이다. 팬데믹에 의해 사회적 혼란을 겪고 난 지금이 새롭고도 어려운 해결책을 수용할 적기다. 위험 부담과 안정성을 더 공평하게 나누고, 최근의 집단주의 상승세를 약화하는 인종이나 성별에 따른 불평등을 방치하지 않고, 우리의 필요와 힘을 서로에게 계속해서 강조하기. 현재의 상태를 그냥 감수하기 전에 우리가 해야 할 일이다.

하이브리드 원격근무로의 잠재적인 전환에는 막대한 가능성이 있다. 하지만 위험 부담 또한 아주 큰데, 특히 우리 공동체의 어느 때보다도 취약한 기반을 형성하는 제도의 건전성에 대해서라면 더욱 그렇다. 중요한 사회적 변화(특히 한 나라의 노동자들 중 최대 40퍼센트의 하루 이동과 습관을 바꿀 잠재력이 있는 변화)는 절대로 외부와 단절된 진공 상태에서 벌어지지 않기 때문이다.

이 장은 상세한 정책적 해결책을 제시하려는 것이 아니다. 문자 그대로 각 주제는 그에 대해 책 한 권씩을 쓸 수 있을 만큼 복잡하고 어려운 과제들과 얽혀 있으며, 실제로 지금 그 작업을 진행 중인 사람들이 있다. 게다가 우리가 일의 미래와 보다 집단주의적인 사회에서 일의 위치에 대한 사고를 진전시켜나갈수록 관심과 지원과 보호가 필요한 영역도 많아진다. 이어지는 내용은 우리가 집중해야 할 분야에 대한 결코 완전하지 않은 초기 아이디어들이다.

팬데믹 이후의 도시

2020년 5월에 질병관리본부(CDC)는 회사들에 권고안을 냈다. 직원들이 가급적 대중교통을 이용하지 않도록 하라. 대신에 자가용이나 택시 또는 차량 공유 서비스를 이용하도록 권장하라. 노스웨스턴대학교 건축학과 조교수이자 『웰니스 지형학(*The Topography of Wellness*)』의 저자 세라 젠슨 카(Sara Jensen Carr)가 보기에, 이 지침은 팬데믹이 야기한 수많은 의사 결정 중 일부였으며, 그 대부분이 최선의 의도로 이루어졌지만 그 영향은 앞으로 몇 년에 걸쳐 여러 도시가 고심해야 할 문제였다.

"대중교통에서 질병이 전염된 경우는 거의 기록된 바가 없습니다." 2020년 12월에 카는 우리에게 말했다. "하지만 실제 전염병이 아니라, 사람들의 머릿속에 들어 있는 이야기가 중요합니다. CDC가 사람들에게 자차로 출근해야 한다고 하면, 지난 20년 동안 긍정적으로 발전해온 대중교통의 많은 부분이 후퇴하게 되겠죠."

신차 판매량은 팬데믹 기간 동안 실제로 급락해서 2012년 이후 가장 낮은 수치를 기록했다. 하지만 2021년에는 반등했고, 중고차 판매량은 급증했다. 특히 도시권에 살면서 수년간 차를 가지고 다니지 않았던 사람들이 차를 구매했다. 갑자기 차는 도보로 갈 수 있는 거리보다 먼 곳에 가거나 도시를 벗어나 부모나 조부모를 만나러 갈 때, 가장 안전한 방법처럼 여겨졌다. 차는 여유 있는 사람들에게 팬데믹이 강제하는 이동 불가능이라는 문제의 해결책인 듯했다. 하지만 팬데믹 후에도 이 차들은 사라지지 않았고, 차와 관련해 새로 생긴 습관들 또한 없어지지 않았다.

원격근무 증가, 개인 차량에 대한 의존도 증가, 타인과 가까이 있는 걸 꺼리는 전반적인 분위기, 또는 도시 외곽으로의 이사로 인해 대중교통의 전반적인 수요는 감소했다. 그러나 대중교통 이용객이 25퍼센트 감소하더라도 도시 규모에 따라 수천에서 수만 명, 심지어는 수백만 명의 주민이 여전히 대중교통에 의존하기 때문에 대중교통의 필요성 자체가 변하지는 않는다. 대중교통은 도시의 순환 시스템이다. 대중교통이 쇠퇴하면, 그것이 운행되는 지역의 삶의 질이 함께 떨어진다. 건강한 도시를 바란다면, 개인적인 이용 여부와 상관없이 대중교통을 특권이나 편의 시설이 아닌 필수 요소로 다룰 방법을 궁리해야 한다.

무엇이 필요할까? 우선 자금 마련이다. 자금을 마련하지 못하면 "미국 내 거의 모든 교통 기관이 재정 악화에 처해 있기 때문에 대중교통 서비스의 대폭적인 축소가 불가피하고, 이는 여지없이 끔찍한 악순환으로 이어질 겁니다."라고 뉴욕시 교통공사 임시 사장을 맡고 있는 세라 파인버그(Sarah Feinberg)는 말했다. "대중교통 운행이 축소되면 통근자에게 좋지 않고, 필수 노동자에게는 치명적이고, 경제에도 해롭죠."[5] 사람들이 뉴욕을 떠나고 그 자리를 새로 유입되는 사람들이 곧바로 채우지 못하면 뉴욕 지하철과 버스의 수익성이 악화되어 서비스 감축으로 이어질 것이다. 그렇게 뉴욕은 살기 더 어려운 도시가 되고, 더 많은 사람이 도시를 떠나면, 대중교통 수익성은 훨씬 더 악화될 것이며, 이런 악순환이 계속될 것이다.

일하는 방식과 장소의 변화는 살고 있는 도시에 대한 기대와 도시의 교통 인프라를 변화시킬 수 있다. 세계자원연구소(World Resources Institute)에서 대중교통과 도시의 이동성을 연구하는 벤 벨레(Ben Welle)와 세르지우 아벨레다(Sergio Avelleda)에 따르면, 해결책은 우선 요금 의존도를 낮추고 세금 지원을 늘리는 등 수익 모델을 재고하는 것이다. 또 승객 수가 감소했더라도 기존 인프라를 손보고 확장하는 일은 필요하다.[6]

주 5일 출퇴근하지 않는다고 해서 이동이 필요하지 않은 건 아니기 때문이다. "재택근무를 하더라도 사람들은 여전히 이동해야 하고 회의에 참석해야 하고 도시에서 살아가야 합니다." 벨레는 이렇게 말했다. 그는 전통적인 거점 중심 교통 체계(많은 미국 도시에서 예전 시내 전차 노선을 따라 설계된 체계)를 재구상해야 하고, 시내 횡단 버스 및 연계 버스 노선을 설치하고 버스 전용 도로와 자전거 도로 같은 공간을 할당함으로써 기존 체계를 보완해야 한다고 주장했다.

업무 형태의 변화, 더 나아가 출퇴근 형태의 변화는 이 과정을 복잡하게 만든다. 다수의 교통 체계에서 승객 수는 시스템의 건전도를 가늠하는 성과 척도이며, 흔히 자금 지원과 연동된다. 승객 수가 감소하면, 지원 예산이 더 삭감되고 악순환에 빠질 수 있다. 벨레에 따르면, 이를 방지하려고 교통 체계 관계자들이 성과를 측정할 때 승객 수 외에 다른 척도를 살펴보기 시작했다. "사람들은 '교통 체계가 보건의료나 산업에 대한 접근성 같은 기회에 대한 접근성을 얼마나 잘 제공하는가? 어떻게 접근성을 제공할 수 있는가?'라는 질문을 던지기 시작했어요. 현재의 이동 시스템은 대부분의 도시에서 적절한 접근성을 제공하지 못하지만, 이번 팬데믹은 이런 서비스에서 우리가 원하는 바를 다시 상상할 기회가 될 수 있습니다."

이 장을 관통하는 주요 테마는 일에 쓰는 집중력을 조금 덜 어내 다른 곳에 쓴다면 공동체에 도움이 되리라는 것이다. 그러나 원격근무 또는 하이브리드 근무가 이루어지는 세상에서 탄탄한 이동 인프라를 지원해야 하는 두 번째 이유는 고립을 방지하는 것이다. 사무실에서 시간을 덜 보내는 세상은 곧 집에 고립되어 지내는 세상이라고 흔히들 오해한다. 하지만 그것은 도시를 우리의 생활 방식에 맞게 변화시키지 못한다면 진실이 될 수 있다. 이런 위험을 방지하려면 도보, 자전거, 마을 버스, 지하철로 금방 갈 수 있는 가까운 거리에 편의 시설을 더 많이 만들어야 한다. "걸어서 갈 수 있는 도시 근린 시설을 바라는 사람이 정말 많아질 거라고 생각합니다." 벨레는 말했다. "업무가 더 유연해진다면, 우리가 살고 있는 도시도 더 유연해져야 해요. 사람들은 공원이나, 아니면 점심 장소나 카페 같은 사적으로 소유된 공공 공간에 빠르게 접근할 수 있길 바랄 겁니다. 그곳에서 일을 하고 사람을 만나고 공동체를 결성하기 위해서요."

이런 서비스에 더 많은 자금을 지원할수록, 모든 이용자들에게 더 매력적이고 접근이 더 쉬운 서비스로 만들수록 우리 자신과 우리 도시가 더욱 건강해진다는 걸 받아들여야 한다. 동일한 원리가 공원과 녹지 공간, 수영장, 주민 센터, 공공 예술 프로젝트에도 적용된다. 사람들이 도시를 떠나 조세 기반이 약화되고, 도시를 특별하게 만드는 바로 그 요소들이 방치되기 시작하면, 사람들을 묶어두었던 일자리들이 없어지거나 원격으로 전환됨에 따라 선택에 의해서든 필요에 의해서든 훨씬 더 많은 사람이 도시를 떠나게 될 것이다. 도시가 몹시 미끄럽고 가파른 내리막길을 걸을 수도 있다.

플렉스+스트래터지그룹(Flex+Strategy Group)의 CEO 칼리 윌리엄스 요스트(Cali Williams Yost)는 2020년 한 해 동안 수십 개의 회사에 새로운 유연한 인력 계획에 대한 자문을 해주면서 도시의 미래를 고민해왔다. 물론 사무실을 안전하게 만들고 원격근무 지침을 마련하기 위한 방도를 찾을 수 있다고 그는 말한다. 하지만 이런 전반적인 변화가 도시 생활에 어떻게 영향을 미칠지에 관심을 두지 않는다면, 모든 게 지옥의 나락으로 떨어질 것이다.

"모두에게 이런 업무 방식을 강요하는 대신에, 한 걸음 물러나서 도시계획 공무원과 회의를 해야 합니다." 그는 말했다. "교통 관련 종사자들과 만나고, 세금 정책을 다루는 정치인, 정부 부처와도 회의를 해야죠. 함께 힘을 모아 앞으로 도시의 모습에 대한 역동적인 새로운 비전을 만들어나가야 합니다."

요스트는 뉴저지 철도 노선을 따라 길게 줄지어 있는 지역 중 한 곳에 살고 있다. 팬데믹 이전에는 이 철도 노선을 통해 매일 수십만 명의 노동자가 뉴욕 대도시권 전역으로 이동했다.[7] 2020년 12월에 철도 노선은 설문지를 발송해서 노동자들에게 현재 및 앞으로의 철도 이용 현황에 대해 질문했다. "노동자들은 철도 이용을 줄일 거라고 했습니다." 요스트는 말했다. "그러면 철도 서비스는 이전보다 더 형편없어지겠죠. 그리고 뉴욕시는 우리에게 더 많은 세금을 부과해서 줄어든 세수를 보전하려 애쓸 테니, 세금 부담이 훨씬 더 커지겠지요."

일주일에 하루 또는 사흘 출근을 선택할 수 있다면, 그리고 통근은 짜증스럽고, 사무실 주변 식당은 모두 (다시 문을 열기 위한 지원도 없는 채로) 문을 닫았고, 극장도 문을 닫았고, 어떤 친구도 출퇴근을 하지 않는다면 당신을 도시에 머물게 할 방법이 남아 있겠는가.

"이런 침체는 한층 강화되는데, 아무도 이 문제를 해결하려는 노력을 다하지 않습니다." 요스트는 말했다. "상상력이 완전히 결여되어 있어요. 당신이 기업 사무실을 소유하고 있다면 교통 당국에 전화를 걸어서 이렇게 말해야 합니다. '우리는 데이터를 알고 있고 연구 결과를 보고 있는데, 새로운 현실이 펼쳐질 겁니다. 그러니 당신들과 협력해야 합니다 어떻게 하면 다가올 일에 대한 설득력 있는 비전을 세울 수 있을까요?'"

이러한 비전의 일부에 일터가 포함될 것이다. 다만 그것이 반드시 이전의 모습과 같지는 않을 것이다. "업무 공간은 여전히 분명 필요합니다." 도시 설계와 젠더 문제를 연구하는 지리학자 레슬리 컨(Leslie Kern)은 우리에게 말했다. "이번 팬데믹으로 명확해졌어요. 도시와 아파트는 공간적으로나 사회적으로나 모두에게 가장 중요한 장소가 되도록 지어지지 않았습니다." 과거에는 도심 업무 지구 인근에 교통 체계가 제대로 갖춰져 있지 않았다. 부분적으로는 직장에서 남성들이 한 지점에서 다른 지점으로 직선 이동하는 것에 맞춰 구축되었기 때문이다. 하지만 1960년대와 1970년대까지 거슬러 올라가보면, 여성들의 이동은 언제나 직선과는 거리가 멀었다. 도중에 여성들은 자녀를 데려다주거나, 자질구레한 일을 하거나, 노인을 돌볼 가능성이 훨씬 높았기 때문이다. 하루 동안의 온갖 할 일과 필요를 좀 더 다채롭게 이해하고 실제로 수용하는 새로운 도시 계획은 어떤 모습일까? "예를 들어 고층 건물은 단일 용도로만 사용되어왔죠." 컨이 말했다. "그렇다면 어떻게 다용도 공간으로 다시 상상할 수 있을까요?"

구글의 캠퍼스를 설계한 클라이브 윌킨슨은 미래의 사무실 설계에 관해 여러 날을 고민했고, 무궁무진한 기회에 활력을 얻었다. 그는 기업과 상업용 부동산 개발자들이 자율 좌석제로 훨씬 더 많은 유연성을 확보하고 협업 공간을 단기 임대하는 등 보유 자산을 유동적인 공간으로 재해석하게 될 거라고 생각한다. 호텔이 비동시적으로 업무를 하는 원격근무 노동자들의 유입을 수용하기 위해서 융통성 있고 실질적으로 매력적인 공유 오피스를 추가하거나, 또는 기업이 직접 호텔을 구매해서 협업을 위한 모임 공간이나 휴식 공간으로 사용하는 것을 본다. 윌킨슨은 경력의 많은 부분을 대도시 계획을 영감의 원천으로 삼아 사무실 용도를 다시 고안하면서 쌓아왔다. '도시로서의 사무실'이 그의 오랜 기조였지만, 다가올 미래에는 대도시 지역이 이동이 자유로운 유연근무라는 개념을 중심으로 재설계되면서 이 기조가 역전될 것이라고 예견한다. 도시로서의 사무실 대신에 사무실로서의 도시가 중요해지는 것이다.

하지만 윌킨슨은 사업체들이 이 순간에 무방비 상태로 있다고 말했다. "고객 대부분이 부동산 회사들과 시설 관리 회사들의 대표와 판매 대행사들인데, 몹시 혼란스러워하고 있습니다. 몇몇 대기업이 새로운 패러다임을 만들고 사무실을 가끔씩 발생하는 업무를 지원하는 고도로 공동체적인 사회적 공간으로 재구성하려면 시간이 걸릴 거예요. 잠재력이 매우 풍부하지만, 이런 과정에 대한 두려움과 막연한 게으름이 있다는 느낌을 받습니다."

이 같은 거대한 재구상 중 일부는 흥미롭다. 도시 거주자가 자동차나 대중교통을 이용하지 않고도 생활에 필요한 모든 것을 15분 안에 이용할 수 있어야 한다고 주장하는 운동인 '15분 도시 프로젝트'가 있다. 한편 다른 대도시 지역에서 벌어지는 소규모 정비 사업들도 더 건강한 도시에 이르는 실행 가능한 경로를 보여준다. 팬데믹 기간 동안 파리 시장은 파리에 자전거 도로 50킬로미터를 추가하도록 추진했다. 일부 추정치에 따르면, 파리의 자전거 이용자 수는 2020년 봄 이후로 65퍼센트 이상 증가했으며, 이제 교통수단을 이용한 모든 이동의 약 15퍼센트가 자전거 이동이다.[8] 맨해튼에서 시 당국은 14번가를 가로지르는 차량 통행을 제한해서 버스 운행과 시내 배송만 가능하도록 했다. 그 결과는 직접적으로 나타났다. 통행 혼잡이 줄어들었고, 보행자가 늘었고, 버스로 이동하는 데 걸리는 시간이 15~25퍼센트 줄어들었다.[9]

이런 종류의 작은 이득 덕분에 도시 계획 전문가들이 시끄럽게 저속 운행하는 수만 대의 개인 자동차가 도시의 거리를 더는 점령하지 않는 미래를 상상하고 설계하게 되었다. 그 미래는 어떤 모습일까? 전직 뉴욕시 도시 계획 공무원이며 건축과도시계획시행사무소(Practice for Architecture and Urbanism)를 창업한 비샨 차크라바티(Vishaan Charkrabarti)가 설명하기로는, 이는 더 많은 커뮤니티 공간과 아주 편안한 보행자 도로, 노점상 및 상업 공간을 위한 기회, 길거리 식당, 더 짧은 통근 시간, 공해 감소, 소

외된 지역 사회에서 더 쉽게 이용할 수 있는 교통 시스템을 의미한다.[10]

거창한 요구라 할 법하다. 하지만 이런 유형의 협업과 의도적인 설계가 실현되지 않는다면, 요스트뿐 아니라 우리가 이야기 나누었던 많은 사람들이 예측한 미래 도시는 암울하다. 특히 교외 지역이 창의적이고 협력적인 일이 실행되는 장소가 된다면 더욱더 그렇다. 맨해튼까지 열차로 한 시간 거리에 있는 교외 베트타운인 뉴저지 웨스트필드에서는 수년간 운영에 어려움을 겪었던 로드앤드테일러백화점이 팬데믹으로 치명타를 입었다. 100년 가까이 된 영화관 리알토 극장은 2020년에 갑자기 문을 닫았다. 2010년대를 지나면서 시내 쇼핑 센터는 경기 침체와 싸우고 온라인 쇼핑몰과 경쟁하느라 고군분투했다. 이곳들이 활기를 되찾으려면 얼마나 오래 걸릴지 누가 알겠는가?

하지만 시의회는 그것을 기회 삼아 텅 빈 백화점과 주차장을 통근 생활자들을 지역에 머물게 할 공간으로 탈바꿈시키고자 했다. 시의회는 9명 중 8명의 찬성투표로 시내의 11개 부동산과 리알토 극장, 주차장 7개를 재개발하는 계획을 승인했다. 그 자리에는 저렴한 가격의 주택 비율을 15퍼센트로 배정한 복합 용도 건물이 생길 예정이다. 예전 같았으면 도시로 흘러 들어갔을 상업 시설을 유치하고 유동 인구를 끌어올 거라는 기대도 생겼다.[11] 교훈은 이렇다. 사람을 끌어당기는 도시 중심부의 특성을 유지하는 데 노력을 집중시키지 못하면, 더 풍족한 과세 기반이 다른 지역으로 흘러들어갈 것이다.

밝혀진 대로 '다른 지역'은 호황을 맞고 있다. 이 글을 쓰고 있는 지금, 한 가지 단기 트렌드는 명확한 듯하다. 이번 팬데믹으로 사람과 자원이 재편되면서 중소 도시들이 실질적으로 강화되었다. 링크드인 데이터에 따르면, 위스콘신주 메디슨, 버지니아주 리치먼드, 캘리포니아주 새크라멘토 같은 도시들에, 2020년이 지나면서 테크 노동자들이 대규모로 유입되었다.[12] 이 같은 대도시 지역과 그 주변으로 확장된 교외 지역은 비슷한 특징을 공유한다. 다수는 지역 주민이 운영하는 중소기업과 식당으로 채워진 활기찬 다운타운이 있는 대학 도시다. 이 도시들에는 급성장하거나 탄탄한 예술 신(scene)이 이미 자리 잡고 있었다.

부동산은 최소한 미국 내 손꼽히는 대도시들에 비해서는 저렴하지만, 아주 저렴하지는 않아서 팬데믹 이전 이 소도시들은 적당한 가격의 주택을 구할 수 없는 주택 대란을 겪는 경우가 많았다. 이곳들은 걷기 좋고, 살기 좋고, 여전히 문화적으로 풍부한 지역으로 신뢰할 수 있는 공항 근처에 있으며, 마침내 뿌리내리고자 하는 활동적이고 상향 이동성이 높은 경력 초중반기의 지식 노동자들에게 대단히 매력적이다. 팬데믹이 발발한 지 1년도 지나지 않아, 이런 현상 덕에 이들 도시에는 '줌 타운(Zoom town)'이라는 이름이 붙었다.

줌 타운 중에서도 미국 서부 자연 환경으로 들어가는 관문 역할을 하던 곳들은, 서부 베이 에어리어 고소득자들의 유입으로 위협을 받으면서 사람들의 마음을 끌었던 바로 그 사고방식, 분위기, 지역 공동체 등이 불안정해졌다. 이 지역들의 도시 계획이 맞닥뜨린 어려움을 연구하고 있는 유타대학교 조교수 다냐 루모어(Danya Rumore)는 노동자들의 유입이 "대도시의 문제를 안고 있는 소도시"를 만들어냈다고 주장한다.[13] 소득 중간값과 집값 중간값 사이의 격차가 점점 더 벌어지기만 한다. 예를 들어 몬태나주 보즈먼에서는 생활비가 전국 평균보다 20퍼센트 더 높게 치솟았다. 이 도시에 일자리가 있는 노동자들의 소득 중간값은 20퍼센트 하락했는데도 말이다. 2021년 2월, 방 두 개짜리 아파트 평균 임대료는 월 2050달러로, 1년 전보다 58퍼센트 이상 올랐다.[14] 보즈먼 시의회 인적자원위원회(Resource Development Council) 의장인 헤더 그레니어(Heather Grenier)는 이렇게 설명했다. "보즈먼의 공실률은 아주 낮아서 임차 계약을 놓치기라도 하면 그야말로 달리 갈 곳이 없습니다."

루모어에 따르면, 자연 환경과 생활 편의 시설에 근접한 장소를 찾아가는 이런 형태의 "자연 명소 생활권으로의 이주"는 "문제인 동시에 기회(probletunity)"다. 부정적인 면을 강조하는 것도 중요하지만, 거기에는 긍정적인 면도 있다. 현재로서는 수많은 이런 소도시들의 선출직 공무원들과 리더들이 단편적 증거와 관찰에 의존하고 있으며, 전체 이야기를 대변하지 못한다. 그런 이유로 '관문 지역과 자연 명소 생활권 계획(Gateway and Natural Amenity Region Initiative)'의 루모어의 팀은 이 지역들이 미래를 위한 장기 계획을 수립하는 데 도움이 될 만한 이주 패턴과 그 영향에 대한 확실한 데이터를 수집하려 애쓰고 있다.

아직 걸음마 단계지만, '관문 지역과 자연 명소 생활권 계획'은 와이오밍주의 잭슨, 콜로라도주의 베일, 유타주의 모압 등 수십 년 동안 자체적으로 관광객 유입, 별장 구입, 영구 이주 등에 대처해온 도시의 리더들과 함께 서부의 중소 도시들(이 중 많은 도시가 코로나19로 인해 생활 편의 시설 이전이 15년 정도 빨라졌다.)을 연결하고자 노력하고 있다. 말하자면 아이다호 샌드포인트의 리더들은 지침과 경험에서 나온 지혜, 결코 해결되지 않을 논쟁 없이 이러한 성장통을 겪을 필요가 없다.

"우리는 지역 공동체가 이런 상황이 자기들에게 좋을지 나쁠지를 두고 끊임없이 토론하는 걸 지켜봅니다. 냉혹한 현실은 이런 거죠. 이 도시들이 그런 결정을 내리는 게 아닙니다." 루모어는 우리에게 말했다. "좋든 싫든 이런 변화는 일어날 겁니다. 그러니 그보다는 '지역 공동체에서 소중히 여기는 것들을 어떻게 지켜낼까?'를 논의할 필요가 있습니다."

루모어도 인정하듯이 서부의 매력적인 지방 도시들이 정치적으로 양극화되어 있다는 점은 커다란 장애물이다. 극심한 보수주의 바다에 떠 있는 소수의 진보주의자 거주 지역. 이념적 분열 때문에 단순해 보이는 지역 공동체 회의조차 믿을 수 없이 어려운 일이 될 수 있다.

하지만 관문 역할을 하는 소도시 주민들은 자연의 아름다움, 한적함, 역사 등 장소에 대한 애정을 공유하기 마련이다. 보존해야 하는 것을 중심으로 논의를 구성한다면, 이들이 좋아하는 장소와 공간을 실제로 보호하는 방식에 대한 의견이 다르더라도 주민들을 하나로 모을 수 있다.

"소도시들은 '어떤 도구와 기술과 자원이 필요한가?' 그리고 '우리는 성장해서 어떤 모습이 되기를 바라는가?' 같은 질문을 해야 합니다. 성장을 바라지 않는다고 말하는 사람들도 있지만 마땅히 바라야 합니다. 당신 등 뒤의 문을 닫아버려서는 안 되지요." 루모어는 말했다. "당신이 이런 마음가짐을 갖는다면, 아무것도 하지 못하게 될 테고 그러면 무절제한 성장이 이루어질 겁니다."

이 책에서 다룬 여러 다른 면들과 마찬가지로, 이번 팬데믹

이 자연 환경과 편의를 찾아오는 대량 이주와 연관된 문제를 만들어낸 건 아니다. 하지만 오랫동안 방치되었던 이 문제들은 팬데믹이 초래한 가속화로 위기 수준에 이르렀다. 그리고 이 지자체들이 원격근무자 자체를 원하지 않는 건 아니다. 많은 도시들이 여러 해 동안 추출 경제나 관광 이외의 산업을 활성화하려고 애써왔으며, 고소득자들이 주민으로 유입되어 소비 여력과 세금 수입이 늘어나기를 몹시 바라고 있다. 일부 중소 도시들은 새로운 기업이 도시에 들어와 고층 빌딩을 건설하고, 수천 개의 일자리를 창출할 수 없다는 현실에 직면하여 수년간 인재 유출 문제를 해결하려 애써왔다.

그러나 원격근무자의 유입이 다른 주민들의 생활의 질과 조화에 어떤 영향을 미치는지에 대해서는 설명이 거의 없다. 특히 새로운 스트레스를 다스리기 위해 의지할 지침도, 자금도, 과거의 경험도 없는 상태라면 문화적·정치적·경제적 환경이 더 분열되고 불안정해질 수 있다. 그러므로 기존 공동체를 보호하면서 지속 가능한 성장을 촉진할 수 있는 이행을 지원하고, 추적 관찰하고, 조정하는 시스템이 필요하다.

오클라호마주 털사는 하나의 본보기를 제시한다. 2018년에 이 도시는 조지카이저가족재단(George Kaiser Family Foundation)으로부터 대대적인 지원을 받아서, 원격근무자들이 털사로 이주하여 공동체 활동에 의식적으로 참여할 경우 인센티브 1만 달러를 제공하는 새로운 프로젝트에 착수했다. 이주자들은 이 1만 달러를 집 계약금으로 사용하거나, 활기를 되찾은 시내의 아파트 건물에서 월 650달러에서 1250달러 사이의 임대료를 선택해 거주하거나, 시내의 공유 오피스를 이용할 수도 있다. 털사리모트

(Tulsa Remote)를 설명하다 보면 1만 달러라는 숫자가 주목을 받지만, 이 프로젝트에서 가장 설득력 있는 부분은 인프라다. 이 계획을 담당하는 상근 직원이 있는데, 그는 1만 달러 수령자를 선발하는 일 외에도 새로운 주민들이 이 지역 공동체에 융화되도록 돕는다.

털사리모트의 사무국장 벤 스튜어트(Ben Stewart)는 필요한 균형을 잡는 데 애를 먹었다고 말했다. 그는 "지원자 개개인을 아주 진지하게 대합니다."라고 하면서 자신이 말했듯 의도적으로 조성한 공동체를 구축하는 것이 목표라고 언급했다. 이 프로그램에는 시작부터 5만 명 이상의 지원자가 몰렸다. 2020년에는 그중 375명을 받아들였다. 털사리모트는 활동적이고 열성적이며 공동체의 일원이 되고자 하는 지원자를 선발하려 한다. 이상적인 후보자는 공동체에서 봉사한 이력이 있고 새로운 경험에 관심이 있는 사람이다. "우리는 뭔가 보탬이 되고자 하는 사람들을 찾고 있습니다." 그는 말했다. "마이크로소프트에서 고액 연봉을 받으면서 그냥 여기에 오는 사람들은 우리가 생각하는 공동체와는 어울리지 않습니다."

털사리모트는 "미국의 나머지 전체와 같아 보이는 집단"을 구성하는 것이 목표라고 밝히고 있다. 즉 출신 지역, 인종, 성적 지향, 성별 다양성을 의도적으로 맞춘다는 뜻이다. 하지만 또한 이들은 이 프로그램이 제대로 돌아가기 위해서는 육성을 지속해야 한다는 점을 이해하고 있다. 원격근무 지원금 수령자 한 명 한 명이, 지역 공동체와 관련된 질문에 답하고 이주 초기에 편의를 봐주면서 잠재적 문제나 갈등 해결을 위해 노력하는 멘토 시스템의 일원이 된다. 즉 타코를 먹기에 가장 좋은 식당을 알려주거나,

'선주민'이 무엇인지, 조지카이저가족재단은 무엇이며, 왜 도시 내 수많은 프로젝트에 그 이름이 붙어 있는지 등을 알려주는 이웃이 되는 셈이다.

털사리모트 같은 프로그램은 아칸소주 북서부, 버몬트주, 앨라배마주 북서부에서도 시행되었다. 이런 프로그램은 특히 새로 이주한 사람들이 지역 정치에 참여하려 할 때, 새로 유입된 주민들과 좀 더 굳건히 자리 잡고 있는 지역 공동체 간의 격차를 줄이는 가교 역할을 할 수 있다. "소규모 공동체에서는 권력에, 또는 의사 결정자들에게 훨씬 더 쉽게 접근할 수 있습니다. 그러면 곧바로 영향력이나 변화를 만들어낼 역량을 갖게 되죠." 스튜어트는 우리에게 말했다. "당신이 자연스럽게 협업을 장려하고 싶다면, 한 공동체에서 접착제 역할을 하는 사람들을 찾아내서 다른 공동체에서 같은 역할을 하는 사람들과 함께 만나게 하면 됩니다."

오붐 유카밤(Obum Ukabam)의 경우에는 털사로의 이주가 잃어버린 시간을 보상하는 기회였다. 2015년에 유카밤은 당뇨 합병증으로 죽을 뻔했다. 로스앤젤레스의 병원 침상에 누워 패혈증과 사투를 벌이면서 생존 여부가 불확실했을 때, 그는 자신이 죽을 준비가 되지 않았을 뿐만 아니라 자신의 인생이 바람보다 너무 일차원적이라고 생각했었다고 회상했다. 그는 힘든 업무에 자신을 갈아 넣는 데만 집중해서 어디에도 정착할 수 없었다. 그는 자신에게 엄청난 즐거움과 목적 의식을 가져다주었던 자원 봉사를 몇 년 전에 그만두었고, 하루 중 많은 시간을 영혼이 짓눌리는 교통 체증에 갇혀서 보냈고, 집에 도착해서는 대개 너무 지쳐서 가만히 있는 것 말고는 아무것도 할 수 없었다. "돌이켜보면 알겠어요. 그때 저는 정말로 꾸역꾸역 버티고만 있었어요." 그가 말했다. "저한테만 상처가 된 게 아니었어요. 다른 사람들한테도 피해를 주었죠. 자기 자신을 겨우 유지하는 상황이라면, 어떻게 다른 사람을 도울 수 있겠어요?"

그러다가 유카밤은 털사리모트 프로그램을 우연히 알게 되었다. 그의 친구들(특히 아내의 친구들)은 조심스러워했다. "이런 식이었죠. '어떻게 친구를 사귈 거야?!'라거나 '오클라호마주에 흑인이 살려면 조심해야 해.'" 그는 회상했다. 2018년에 털사리모트가 처음 시작될 때 그는 일원으로 선발되었다. 지역 공동체의 적극적인 일원이 되어 자원 봉사를 하던 열정을 회복하고 싶다는 열망이 일부 반영된 결과였다.

유카밤은 털사에 도착한 순간을 되돌아보며 또 다른 자신의 모습을 발견한다. 그는 곧바로 지역 주민을 위한 극장에 연락을 취해 1921년에 털사의 블랙월스트리트에서 벌어진 인종 학살 사건에 초점을 맞춘 열 편의 단막극을 공동 집필하고 제작했다. 유카밤의 아내는 자신이 요리를 몹시 좋아하는 걸 재발견했고, 푸드트럭 장사를 시작해서 지금은 지역 푸드홀에서 상설 판매대를 운영하고 있다. 유카밤은 빈곤 퇴치를 위한 조기교육 봉사 활동 단체인 CAP털사에 가입했다. 그는 티치낫퍼니시(Teach Not Punish, 가르치되 처벌하지 마라), 100 블랙맨(Black Men), 그리고 그가 설립부터 도왔던 젊은 여성을 위한 멘토링 프로그램 쇼미슈즈(Show Me Shoes)에서 자원 봉사를 했다. 그는 리더십털사(Leadership Tulsa)에 가입해서 털사 토론리그 자원 봉사도 시작했으며, 이 도시의 사회 정서 학습 프로그램에 4만 달러의 투자금을 확보했다. 2년도 지나지 않아 그는 붐타운어워드 수상 후보

최종 3인에 올랐고, 털사에서 올해의 시민상을 수상했다.

유카밤은 원격근무 프로그램에 지원해서 털사로 이주했지만, 결국 원격근무 업무를 그만두고 홀버튼 학교(Holberton School, 지역에 캠퍼스를 둔 소프트웨어 개발 부트캠프)에서 일하게 되었다. 그는 자신의 이야기가 동화같이 들린다는 걸 아주 잘 알고 있으며, 이 프로그램의 가능성에 대해서는 여전히 현실주의자다. 이 프로그램에 유용한 인프라가 갖춰져 있다 해도, 털사로 이주하는 일이 반드시 쉬운 건 아니다. 그는 특히 1만 달러 보조금 프로그램이 널리 알려지면서 초기에는 기존 주민들이 외부인에 대해 우려하는 것을 느낄 수 있었다. 그는 자신을 입증해 보이고 이곳에 오래 살아온 주민들의 신뢰를 얻어야 한다고 느꼈다. 시에서 주는 상을 받고 난 지금도, 자신이 아직 신규 주민이라는 한계를 이해하고 있다. 그는 비극과 성공을 포함한 이 도시의 역사를 존중하기 위해 열심히 노력하며, 인종에 상관없이 도시의 후손을 대표해서 발언하는 걸 삼간다.

달리 말해 정착해서 산다는 건 여전히 힘든 일이었다. 하지만 유카밤은 털사리모트 같은 프로그램이 진입로를 제공할 수 있으며, 이런 종류의 초기 지원은 필수적이라고 말한다. 그도 알고 있듯이 1만 달러 보조금이 모든 헤드라인을 차지했다. 하지만 지방자치 단체의 원격근무 노동자 프로그램의 지향과 인프라야말로 진정한 투자다. 더 많은 중소도시들이 유사한 네트워크를 마련해야 한다. 보조금 지급 여부는 중요하지 않다.

"말하자면 골드러시가 연상됩니다." 유카밤은 말했다. "지금 골드러시가 일어나고 있죠. 삶의 질을 위한 것이라는 점만 다를 뿐이에요. 털사 같은 장소로, 그리고 아름다운 웨스트 마운틴(애리조나, 유타, 뉴멕시코, 몬태나, 콜로라도, 네바다, 와이오밍 등의 주가 이 지역에 포함된다.—옮긴이) 전역으로 더 나은 삶의 질을 찾아 많은 사람들이 몰려들 겁니다. 그러면 그 사람들에게 그 도시에 적응할 방도를 마련해줘야 해요. 그들에게 자원을 제공하고, 변화를 이끌고 만들어내는 데 필요한 도움을 주는 거죠. 사람들이 올 테니까요. 좋든 싫든 그들은 오고 있습니다."

2017년에 원격근무를 하면서 몬태나주 미줄라로 이사 왔을 때, 우리도 스스로의 역할을 두고 이런 생각을 많이 했다. 털사리모트 참여자가 보여주었듯이 '지역 공동체의 성실한 구성원 되기 체크리스트' 같은 건 없고, 돈을 내고 잊어버리기만 하는 걸로 탄소 중립은 실현되지 않는다. 지역에서 구매하고 팁을 후하게 주는 것은 훌륭한 일이다. 일주일에 몇 번 버스를 타는 것도 좋은 일이다. 하지만 규모가 더 큰 해결책에 관해서라면, 이건 개인이 열심히 분리수거를 하는 것과 다르지 않다. 뭔가 좋은 일을 한 듯해 기분이 좋아질 뿐 아니라, 집단의 문제를 해결하는 더 큰 책무에 대한 면죄부를 부여한다는 점에서 말이다.

당신이 꿈에 그리던 집을 살 수 있다 해도 대다수 사람들이 주거비를 감당할 수 없는 도시는 망가진 도시다. 당신이 자가용을 구입해서 이용할 수 있다 해도 많은 이들이 교통수단을 이용하기 어려운 도시는 망가진 도시다. 당신이 뒷마당을 가졌다 해도 녹지가 안전하지 않고, 재정 지원을 충분히 받지 못하고, 접근이 어렵다면 그 도시는 망가진 도시다. 망가졌거나 망가지고 있는 도시에서는 가장 취약한 이들이 가장 직접적으로 영향을 받게된다. 하지만 그 영향은 그 도시와 주변 지역에 살고 있는 모든 이의 생활에 파급된다.

도시를 이루는 제도의 많은 부분이 코로나19 이전부터 망가지고 있었거나 오래전에 망가져 있었다. 하지만 앞으로 우리가 내리는 결정은 기존의 문제들을 악화시킬 수도 있고, 혹은 포괄적이고 전체적으로 사고한다면, 그 문제들을 바로잡아갈 수도 있다. 여기에는 변화에 영향을 미칠 사회적 자본을 가진 사람들의 정치적 지원과 재정적 지원, 현장 지원이 필요하다. 당신이 이 책을 읽고 있는 이유가 원격근무를 하는 미래가 제대로 돌아갈 거란 확신이 있어서라면, 당신이 바로 그 일을 할 사람이다.

당신이 도시에 살든 교외 지역에 살든 아니면 시골 마을에 살든, 당신이 최근에 이사를 했든 현재 있는 곳에서 장기간 머물기로 다짐을 했든, 아주 가까운 지역과 좀 더 확장된 인근 지역의 인프라를 지원할 방법이 있다. 무엇보다 먼저 시민으로서 비용을 지불하는 일, 즉 세금을 내는 일에 동참해야 한다. 또한 인프라의 필요성에 관해 지지를 표명하고 여론을 형성하는 데 도움을 보태야 한다. 당신이 특히 그 인프라의 주요 수혜자가 아닐지라도, 먼저 혜택을 받는 사람이 아닐지라도 말이다.

당신이 속한 지역 공동체를 살피고 자문해보자. 상대적으로 특권을 누리는 지식 노동자로서 당신은 무엇이 좋아서 그곳에 살고 있는가? 어쩌면 학교일 수도 있고, 한곳에서 다른 곳으로 이동하기 편리해서일 수도 있고, 놀이터에 딸려 있는 공중화장실이나 훌륭한 지역 도서관 때문일 수도 있다. 그렇다면 그런 혜택을 당신과 같은 직종에 종사하지 않는 사람들에게까지 확장하기 위해 당신은 어떤 노력을 기울일 수 있는가? 대답은 아주 간단하다. 공공 기관이 굳건히 유지될 수 있도록 비용을 지불하자.

예를 들어 어쩌면 당신이나 당신 회사는 지역의 공유 오피스에 사용료를 낼 여력이 있을 것이다. 그렇다면 다른 이들을 위해 저렴하거나 보조금을 지원받는 공공의 업무 공간을 더 많이 만들 수 있도록 어떻게 지원할 수 있을까? 어쩌면 당신은 공원이나 산책로까지 걸어갈 수 있는 거리에 살고 있을지 모른다. 이런 종류의 접근성을 모든 동네에서 우선시하는 지역 지도자가 선출되고 법안이 발의되도록 어떤 노력을 기울일 수 있을까? 어쩌면 당신은 사는 곳의 집세나 주택담보대출 비용을 쉽게 감당할 수 있는 소득을 올리고 있지만, 당신이 속한 지역 공동체를 돌아가게 하는 사람들은 가용 예산으로 살 곳을 찾지 못할 수도 있다. 적정 가격의 주거 공간을 어떻게 요구할 수 있을까? 그런 집들이 당신 집 가까이에 생긴다 해도 그럴 수 있을까?

당신은 집 안을 재택근무에 맞게 세밀하게 조정할 수 있으며, 당신의 회사는 협업에 알맞은 매력적인 공간을 사무실에 조성할 수 있다. 하지만 우리가 지금껏 논한 유연근무의 진정한 취지는 노트북에서 벗어나서 사무실 바깥의 생활을 구축하는 데 있다. 업무 공간 외의 세상에 계속해서 투자하지 않는다면, 이 모든 건 궁극적으로 무엇을 위한 것인가?

양육을 다시 상상하기

팬데믹 훨씬 이전부터 미국에서 보육은 기본적으로 개인이 감당할 문제였다. 1971년에 이런 운명을 바꿀 기회가 잠시 열렸는데, 1971년 종합아동발달법(Comprehensive Child Development Act)이 초당적인 지지를 받아 의회를 통과했던 것이다. 1965년에 발족한 헤드스타트의 성공을 기반으로 하는 아동발달법은 차등 요금제를 기본으로 모두가 합리적인 비용에 이용할 수 있는 양질의 보육 서비스를 구축할 것이었다. 하지만 닉슨 대통령이 이 법안에 거부권을 행사했다. 보육 운동의 역사를 연구하는 역사학자 애나 K. 댄지거 핼퍼린(Anna K. Danziger Halperin)이 설명한 대로, 이런 조치에 "닉슨 행정부 공무원들도 놀랐다."[15]

댄지거 핼퍼린에 따르면, 거부권 행사 이유는 공화당 우파가 종합아동발달법이 여성의 노동 시장 참여를 장려해 중산층 가정의 '완전성'을 파괴할 것이며, 동시에 공산주의적이고 '반(反)미국적'인 돌봄에 위험하리만치 가까운 해결책을 제공할 거라는 두려움을 가졌던 것이다. 보수주의자들은 이 법안이 가난한 이들의 삶에 대한 '과도한 개입'이며, 이 법안의 주된 수혜자가 비백인 가족이라고 걱정했다. 또 다른 보육 역사 연구자인 엘리자베스 팰리(Elizabeth Palley) 교수는 이렇게 설명했다. "백인들은 흑인들의 자녀를 돌보는 데 들어갈 세금을 내고 싶지 않았다."[16]

닉슨의 거부권과 함께 보육을 자유 시장의 변덕에 휘둘리는 개별 가정의 책임으로 돌리는 유산이 고착되었다. 법안 발의를 가능하게 했던 정당 간 연합은 해산했고, 페미니스트들은 특히 1970년대 말과 1980년대를 지나면서 여성들이 일자리를 얻고 직장 내 차별로부터 보호받도록 하는 것에 더 초점을 두었다. "그들은 육아나 다른 종류의 집단적 문제를 해결하기 위한 싸움을 그만두었고, 개인의 직업적 성공에 집중했습니다." 댄지거 핼퍼린이 말했다. "하지만 육아를 개인의 선택으로 여기면, 새로운 불평등이 생겨납니다. 유색인, 흑인, 이민 여성들은 결국 전문직 여성의 아이들을 돌보게 되죠. 그리고 전문직 여성들은 자기 급여 전부가 육아에 쓰이는 걸 바라지 않아요. 그러다 보니 육아는 저평가되고 저임금을 받는 업종이 됩니다."

그렇게 보육 시스템은 지금처럼 어린이집 대기 명단, 시간제 아이 돌보미, '친지 및 친척(가까운 친구와 가족)' 돌봄, 노동 시간과 연계된 예측 불가능한 보조금, 돌봄 노동에 책정된 저임금, 부모에게 부과되는 천문학적 비용 같은 것들로 뒤죽박죽이 되었다. 중산층 노동자들은 양질의 돌봄에 접근하기가 좀 더 용이할지 모르지만, 돌봄은 막대하고 불안정한 비용 부담을 낳게 되었고, 팬데믹 이후 이 비용은 더 오르기만 할 것이다.

이는 수년 동안 문젯거리였지만, 이번 팬데믹으로 이 시스템이 얼마나 지속 불가능해졌는지가 더 명확해졌다. 이 문제의 일부 원인은 보육이 너무나 여러 정책 영역에 걸쳐 있다는 것이다. 보육 문제는 빈곤 퇴치 프로그램으로 간주해야 할까? 아니면 교육 프로그램일까? 이 프로그램은 엄마들을 위한 것인가, 노동자들을 위한 것인가, 가족들을 위한 것인가, 아니면 아이들을 위한 것인가? 그간의 해결책은 파편화되어 있고, 적절한 비용으로 양질의 돌봄을 구하기 어려운 현실이 입증하듯이 전적으로 불충분하다.

그렇다면 선택지는 이렇다. 근무 일정을 더 유연하게 해서 본인의 일정을 자녀 돌봄 일정에 맞출 기회로 삼고, 이전보다 많지는 않더라도 거의 비슷하게 큰 비용을 계속해서 지불할 수 있다. 파타고니아 본사와 물류 센터의 노동자들이 이용할 수 있는 보육 서비스(사내에서 여러 언어로 이뤄지며 보조금을 지원해준다.) 같은 것을 계속 꿈꾸는 한편 시간제 보모의 일정을 애써 꿰맞추고, 언제까지 금요일마다 시어머니의 도움을 받을 수 있을지 밤잠을 설치며 고민할 수도 있다. 아니면 이 기회를 살려 우리가 돌봄을 생각하는 방식에 진정한 패러다임 변화가 필요하다고 주장할 수도 있다.

유타주 상원 의원 밋 롬니(Mitt Romney)가 2021년에 내놓은, 유자녀 가족에게 상당액의 보조금(6세 미만 자녀 한 명당 연간 4200 달러, 6세부터 17세까지 자녀 한 명당 연간 3000달러)을 지급하자는 제안은 보육 문제의 심각성을 인정하고 있다. 하지만 그것은 여전히 개인주의적인 해결책이며, 적정한 수준의 비용으로 이용할 수 있는 양질의 돌봄이 부족한 현실을 실질적으로 해결하지는 못한다. 『뒤처진 서행: 미국의 보육 위기, 어떻게 바로잡을 것인가 (Crawling Behind: America's Childcare Crisis and How to Fix It)』의 저자 엘리엇 해스펠(Elliot Haspel)은 우리에게 이렇게 말했다. "제 생각엔 연간 1만 달러의 육아 수당을 지급한다 해도 지금의 위기 상황에서 빠져나오기엔 충분치 않습니다."

우리에게 필요한 건 일찍이 1971년에 일어날 뻔했던 일이며, 영국과 그 밖의 여러 나라에서 성공적으로 받아들여진 해결책이다. 영유아 돌봄 및 교육을 공원, 위생 시설, 도서관, 공립 학교 등과 같은 방식으로 생각해야 한다. 누군가가 직접적인 수혜 대상이든 아니든 사회가 제 기능을 하려면 기본적으로 있어야 할 것들 말이다. "우리는 차등 지원을 해야 한다거나 자격 요건을 갖춰야 한다거나 일과 연계해야 한다는 생각에 얽매여 있어요." 해스펠은 설명했다. "그건 너무너무 파괴적입니다. 보육을 자격으로 보는 시각에서 벗어나서, 공익으로 보는 방향으로 전환해야 합니다."

물론 이런 관점은 영유아 돌봄이 공립 학교처럼 세금으로 탄탄한 자금 지원을 받는 경우에만 가능하다. 이런 방법은 간단한 해결책처럼 느껴지며 어떤 면에서 실제로 그렇지만, 다른 측면에서는 끝없이 복잡하다. 대다수의 사람들이 보육에 관해 나누는 대화는 천문학적 비용으로 시작해서 대기자 명단이라는 어려움을 언급하고, (종종 돌봄에 대한 품질 인식에 큰 영향을 주는) '적임자'를 찾는 어려움으로 옮겨 갔다가, 그 다음에 중단된다. 가족들은 어떻게든 해결 방법을 찾아낸다. 누군가 일을 그만두기도 하고, 편한 '친지 및 친척' 돌봄에 의존하기도 하고, 저축금을 다 써버리기도 한다. 그러다가 가장 어린 자녀가 유치원에 갈 때쯤이면 모두가 안도의 한숨을 깊이 내쉰다. 돌봄 비용을 대려는 고투는 격렬하지만, 그 기간이 오래가지는 않기 때문에 결국 정치적인 힘을 축적하지는 못한다.

이제 달라질 수 있다. 자녀가 있든 없든, 세 명을 돌봐야 하든 자녀가 이미 집을 떠났든 그와 상관없이, 우리는 자녀 돌봄의 부담(이것이 인종 간 불평등을 악화시키고, 성별 임금 격차를 지속시키고, 부모가 되려는 의지를 꺾고, 대개는 수백만 명의 인생을 정말로 정말로 어렵게 만들고 있다는 점)을 파악할 수 있고, 돌봄이 이런 방식으로 이뤄지지 않아도 된다는 데 뜻을 모을 수 있다.

이것을 실현하기 위한 가장 쉬운 방법은? 어떤 사람은 그것이 연방 정부 차원에서 진행되어야 한다고 생각하고, 또 다른 사람은 주 정부 차원에서 이루어져야 한다고 생각한다. 바이든 정부는 서너 살 유아를 위한 무상 어린이집을 구상하는 계획을 내놓았다. 하지만 패밀리스토리(Family Story) 설립자 니콜 로저스(Nicole Rodgers)가 설명하는 것처럼 보육 정책의 문제는 그것이 "절대로 첫 번째 안건이 되지 않는"다는 데 있다. 그는 보육 정책

개혁이 "'이렇게 하면 물론 좋겠지만, 지금 당장 하지는 않겠다'는 식이 되어버릴까 봐" 두렵다.[17] 그렇게 얼렁뚱땅 넘어가지 못하게 막을 기회는 있다. 그렇다, 이러한 정책 실행에는 돈이 든다. 하지만 이런 지출은 일상생활의 부담을 낮춰준다는 점에서 매우 중요하다. 당신이 부모라면 특히 더 그렇다. 부모가 아니더라도 조직에서 일하면서 예측을 불허하는 돌봄이 동료에게 주는 부담을 직접 본 적 있다면, 그 부담이 얼마나 막대한지 이해할 것이다.

그렇지 않으면 악몽 같은 시나리오가 전개될 수 있다. 보육은 전보다 더 값비싼 사치품이 되어버리고, 중상류층과 진짜 부유층의 전유물이 된다. "우리는 이미 여성들이 이런 돌봄을 감당하느라 직장에서 줄지어 밀려나는 것을 목격하고 있습니다." 해스펠은 말했다. "따라서 엄마들이 가정에서 돌봄을 감당해야 하는 상황으로 되돌아갈 수 있고, 이것이 가족의 소득과 안정성에 연쇄적으로 영향을 미칠 수 있지요. 결국에는 물론 사람들에게, 그리고 그들이 자녀를 낳을지 말지 결정하는 데 영향을 미칠 겁니다. 이미 역사상 가장 낮은 출생률을 기록했죠."

모든 게 퇴행적으로 내리닫고 있다. 하지만 미국만 보더라도 우리가 할 수 있는 일을 보여주는 사례들이 있다. 매사추세츠주에서 상정된 '커먼스타트(Common Start)' 법안은 주 전역의 육아 및 방과후 돌봄을 전액 지원하며, 주의 중위 소득보다 적게 버는 사람이라면 누구나 무상 돌봄을 이용할 자격이 있다고 명시한다. 반면에 그보다 소득이 많은 사람은 차등적으로 비용을 지불하되, 그것이 가구 소득의 7퍼센트를 넘지 않도록 제한한다.[18] 버몬트주에서는 주의 보육 시스템을 근본부터 개편하겠다고 약속하는 H.171이 2021년 상반기에 하원의 약 3분의 2가 공동 발의자로 서명하여 주 의회를 빠르게 통과했다. 어떤 가정도 보육비가 소득의 10퍼센트를 넘지 않을 것이며, 영유아 교사와 초등학교 교사 간 17.2퍼센트의 임금 격차를 완전히 해소하여 버몬트주 영유아 교사 인력의 10.9퍼센트가 겪고 있던 빈곤이 크게 줄어들 것이다.[19]

2020년에 오리건주 포틀랜드와 그 주변의 멀트노마 카운티에서는 유치원 무상 교육에 대한 주민 투표가 진행되어 64퍼센트의 지지를 얻었다. 이 법안은 가족의 소득 수준과 상관없이 3세와 4세 아이들에게 무상 보육을 제공할 뿐 아니라, 유치원 교사 연봉을 3만 1000달러에서 7만 4000달러로 인상해서 이 직업의 매력과 지속 가능성을 높이고자 한다. 여기에 드는 비용은 고소득층에게 세금을 부과해서 마련한다. 외벌이 소득이 12만 5000달러 이상인 가정과 맞벌이 소득이 20만 달러 이상인 가정에 1.5퍼센트의 세금을 부과하는 것이다.

이 두 가지 모델이 가능하려면, 이런 방식의 변화를 지지하는 주 정부 차원의 정치인을 선출해야 한다. 지자체 차원의 투표도 필요하다. 주 정부와 지자체의 유권자이자 납세자인 당신은 이런 패러다임 변화를 지지할 역량을 갖추었다. 그것은 당신에게 직접적으로 영향을 미칠 수도 있고 아닐 수도 있다. 하지만 당신이 거주하는 도시와 주와 국가의 전반적인 안녕에 극적이고 강력한 영향을 미칠 수 있으며, 어느 모로 보더라도 이를 지지하는 다양한 연대야말로 이런 계획들의 성공에 절대적인 핵심이다. 이건 단순히 당신이나 당신 여동생, 당신 친구의 보육 비용에 대한 것만이 아니다. 우리가 이런 변화를 지지해야 하는 건 일과 육아를 양립하는 것이 어떤 직업을 가진 사람에게든 아주 불가능하게 느껴지거나 한 개인이 감당하기에는 불가능한 부담처럼 느껴지지 않기를 바라기 때문이다.

"우리는 아이에게, 취학 준비에, 그리고 자녀가 잘 성장하고 안정적으로 안전하게 지내도록 하는 데 지나치게 많은 신경을 씁니다." 해스펠은 우리에게 말했다. "그 모든 게 정말 중요하죠. 하지만 부모가 정말로 잘 살기 위해서 무엇이 필요한지에 대해서도 생각해보아야 합니다." 당신과 당신과는 다른 직업을 가진 부모들과 이웃들과 도시 곳곳에 사는 많은 사람들이 취업 여부와 상관없이, 3세 및 4세 아이들을 위한 양질의 돌봄을 저렴한 비용에 제공하는 곳을 찾을 수 있다면 얼마나 무거운 짐을 덜게 될지 생각해보자. 이건 환상이 아니라, 미국 외의 다른 나라들에서 실제로 시행되고 있는 현실적인 일이다. 당신이 더 이상 주요 수혜자가 아니거나 앞으로 아니게 된다 해도, 당신은 당신 자신과 당신이 속한 더 큰 공동체에 그런 선물을 줄 수 있다. 그런 일이 일어날 때까지 입을 다물지 말아야만 한다.

노동자 연대

사회학자 찰스 라이트 밀스(Charles Wright Mills)는 1951년에 화이트칼라 사무직 노동자에 관해 쓴 글에서 "그들의 공동 관심사가 무엇이든 그들은 통합을 이루지 못한다."라고 단언했다.[20] 그것은 그때나 지금이나 사실이다. 사무직 노동자들은 연대를 이루려는 노력, 그중에서도 특히 공식적인 노조 결성을 반대하거나 아예 포기해버렸다. 니킬 서발은 『큐브, 칸막이 사무실의 은밀한 역사』에서 이렇게 설명했다. 화이트칼라 노동자들은 "줄기찬 신분 상승을 추구하는 아메리칸 드림을 열렬히 신봉했다. 연공서열에 따라 꾸준히 안정되게 올라가는 것보다는 실적 기준에 따라 승진하는 불안정성을 더 선호했다. 노조는 무엇보다 우선적인 한 가지, 곧 품위를 약속했다. 화이트칼라 노동자들은 선망의 대상이 되는 자신의 직업과 표백한 빳빳한 칼라 덕분에 자기들은 이미 품위를 갖췄다고 주장했다."[21]

요컨대 노조는 아메리칸 드림의 특정 단계에 막혀 위로 올라가지 못하거나 스스로를 옹호할 수 없는 사람들을 위한 것이었다. 사무직을 얻은 사람들에게는 노조가 필요하지 않았다.

기업은 수십 년 동안 이런 태도를 적극 조장했다. 인사 관리 전 영역은 기업이 노동자의 이익을 최우선으로 생각한다는 확신을 직원들에게 심어주려 했다. 앞서 극찬했던 '뛰어난' 경영 관리조차 직원들의 연대를 약화할 수 있다. 승진, 그리고 아주 약간의 직급과 급여 상승에 대한 희망이 직원들로 하여금 집단적 보호 대신 개인의 잠재력에 계속 투자하도록 만들기 때문이다.

사내 커뮤니케이션은 회사 전체 이메일이나 슬랙 채널을 이용하든 전체 회의를 열든 어떤 형태로든 조직 내 성과를 강조하고 축하할 뿐 아니라, 전체적으로 업무와 회사를 대하는 올바른 자세를 강조하며 직원들이 따라야 하는 행동 방식의 모범을 만들어낸다. 경영학 교수 조앤 예이츠(JoAnne Yates)가 『커뮤니케이션을 통한 조직 관리(Control Through Communication)』에서 주장했듯이, 이러한 메시지 전달은 오랫동안 직원들 사이에 가족 같은 느낌을 불어넣고 종업원의 충성도를 높이는 데 사용되어왔다. 그렇게 하면 부모에게 화가 난다고 해서 형제들과 노조를 결성하지는 않는다.[22] 그건 버르장머리 없는 짓이다.

적어도 이것은 사무직 노동자들에게 오랫동안 대체로 잘 통해온 메시지였다. 일부 집단, 특히 공무원 집단에서는 조직적으로 성공한 사례도 있었다. 게다가 사기업은 조직화하려는 노력을 저지하는 데 전문가가 되었다. 사무직 노동자들이 반드시 노조에 반대하는 건 아니다. 그들은 노조가 해줄 수 있는 보호가 필요하지 않다고 생각하거나, 아니면 반발 가능성을 너무 두려워할 뿐이다.

하지만 그런 정서가 변하기 시작했다. 1950년대에 밀스는 화이트칼라 직업의 미래를 예견했다. 대부분이 프롤레타리아화할 것이라고, 다시 말해 그들의 월급, 총소득, 명망, 권력, 안정성이 육체 노동자와 비슷한 수준이 될 것이라고 말이다. "그럴 가능성이 있다."라고 밀스는 썼다. "화이트칼라 노동자 중 한 무리는 수입, 재산, 기술 면에서 사실상 육체 노동자와 같아질 테지만, 위신을 내세우고 그들의 의식 전체를 환상에 불과한 위신 요소에 단단히 의지하면서 육체 노동자와 같아지는 것을 거부할 것이다."[23]

이런 일이 당신이 속한 조직에서 벌어지는 것을 보았을 것이다. 아니면 그런 이유로 직장을 그만두거나 회사를 떠났을지도 모른다. 아니면 더 많은 일자리를 비슷한 일을 하면서도 급여는 적고 복지 혜택이나 안정성도 현저히 떨어지는 협력업체 직원으로 채우기로 했기 때문에, 당신이 경영하는 회사에서도 이런 일이 점진적으로 벌어질 수 있다. 일부 조직에서는 직업 안정성이 없는 상태가 계속되다 보니 노동자들이 처음으로 조직화 노력을 받아들이게 되었다. 디지털 미디어 회사에서, 박물관에서, 구글과 아마존에서, 맥주 양조장과 카페와 대마초 생산 회사에서 처음으로 노조가 결성 중(이거나 결성을 시도 중)이다.

이 노동자들 일부, 특히 사무실 환경 바깥에 있는 이들이 투쟁하는 건 아주 단순한 보장을 위해서다. 해고 후 퇴직금, 팬데믹 기간 동안의 안전 보호, 양육 시간을 낼 수 있는 업무 일정, 유급병가 등등. 또한 자기 자신을 '프레카리아트(precariat, 이론가 가이 스탠딩(Guy Standing)은 교육 수준이나 직업 종류와 상관없이 자기 일자리가 기본적으로 불안정하다고 느끼는 노동자 계층을 설명하려고 이 용어를 사용했다.[24])'로 인지하는 노동자들이 점점 늘어나고 있다.

어쩌면 당신은 일하면서 이런 걸 느끼지 않을 수도 있다. 어쩌면 회사가 신경을 써준다고 느낄 수도 있다. 어쩌면 당신 회사는 아주 잘하고 있고, 진심으로 더 잘하려 애쓰고 있고, 당신의 상사는 이해심이 많을 수도 있다. 굉장히 좋은 일이다. 당신에게는 그렇다. 하지만 상사는 좋은 시스템이 아니다. 그건 단기적이고 개인적인 해결책이다. 그렇다고 당신에게 회사를 욕하라는 게 아니다. 당신에게 부여된 안정성과 유연성이 이해심 많은 훌륭한 상사의 유무에 좌우되지 않는 상황을 어떻게 만들 수 있을지 생각해보라는 뜻이다. 다시 말해 서로 다른 계층과 직업을 넘어서는 연대를 구축하자는 의미다.

1970년대에 여성은 출신 배경과 상관없이 조직 내에서 사무 보조직보다 더 높은 자리에 오르기가 터무니없이 어려웠다. 그 결과 사무 보조직의 더 나은 권리 보장을 주장하기 위해 계층, 인종, 학력을 뛰어넘는 연합이 결성되었다. 기업들은 연합이 커지자 이들의 힘을 깨달았다. 또 1970년대와 1980년대에 사무 보조직 및 사무직 노동자들의 조직화를 도왔던 여성인 캐런 누스바움이 우리 둘에게 말한 것처럼, 경영자들은 자기 딸들이 사무실에서 받는 대우에 대해 불평하는 데 질려버렸다. 경영자들은 커져가는 불만을 잠재울 안전한 배출구, 즉 조직화의 물결이 본격적으로 일어나기 전에 압박을 누그러뜨릴 방법을 궁리해야만 했다. 해법은 간단했다. 비서 인력 풀에서 교육받은 중산층 여성들을 승진시키는 것이었다.

"노동자들을 분열시킨 건 꽤 영리했죠." 누스바움은 말했다. "이를테면 당신이 보험 회사에서 일하던 여성이라고 가정해봅시다. 갑작스럽게 경영진이 당신을 승진시킵니다. 당신은 생각하죠. 와, 좋네! 이걸 얻으려고 우리가 여태 싸워왔는데!" 문제는 연합의 일부에게만 '좋은' 일이었다는 것이다. 연합은 일단 분열되고 나자 힘을 잃어버렸다. "1970년대와 1980년대 초반에 여성들이 독립적인 삶을 살았던 강력한 순간이 있었고, 우리 중 많은 이들이 자립할 수 있었지만, 동시에 우리는 상당히 무력했습니다." 누스바움은 회상했다. "우린 스스로에 대해 꽤 좋게 생각했어요. 형편없는 남편들과 이혼하고 아이들을 키웠고, 항상 일했고, 평등을 외쳤습니다. 하지만 그렇게 멋진 것만은 아니었어요."

비슷한 현상이 대다수가 원격근무를 도입하고 싶어 하는 많은 직장에서 지금 일어나고 있다. 2021년 초에 구글 직원 400명 이상이 알파벳노조를 결성했다. 급여 형평성을 넘어 알고리즘의 편향에서부터 정부 계약에 대한 윤리적 우려에 이르기까지 노동자들의 관심을 높이려고 몇 년이나 노력을 기울인 끝에 이루어진 일이었다. 하지만 구글은 실리콘밸리의 다른 여러 기업과 마찬가지로, 1951년에 밀스가 기술했던 화이트칼라 노조 혐오의 최신판을 보여준다.

테크 기업에는 미국 노동자들이 가장 선망하는 일자리가 많다. 초봉이 가장 높고, 여러 특전이 직장에서 무한 제공되는 듯 보인다. 동시에 이 기업들 다수는 임시직과 계약직에 많이 의존하고 있다. 구글에는 정규직보다 계약직 직원이 더 많을 정도다.[25] 구글이 점점 더 많은 노동자를 서서히 계약직으로 전환하는 것을 막을 수 있는 공식적인 보호책은 거의 없다. 그렇다면 직원들이 노조를 결성하는 건 어떤가? 그러나 많은 직원들은 노조가 필요하다고 생각하지 않는다. 전 세계에서 가장 좋은 직장에서 일하고 있기 때문이다.

하지만 그런 생각에는 한계가 있다. 특히 원격근무가 가능해지면서 기업들은 더 적은 급여를 받고 일할 의향이 있는 사람에게 개발직을 아웃소싱하게 되었다. "원격근무가 큰 관심을 끌면서 인재 채용 풀이 넓어지고 있습니다." 테크 기업의 조직 관리를 연구하는 UC버클리대학교 연구 교수 나탈리야 네즈베츠카야(Nataliya Nedzhvetskaya)는 우리에게 이렇게 말했다. "하지만 이 때문에 글로벌 노동 시장이 교란될 가능성이 있습니다. 이 기업들이 현재 직원들, 특히 업계에서 집단 행동을 끌어내려 하는 이들을 막을 수 있겠죠. 남반구에서 인력을 채용함으로써 인건비를 60퍼센트까지 절감할 수 있다는 점에서 기업들은 이를 매우 진지하게 검토할 겁니다."

네즈베츠카야는 원격근무가 조직화를 일정 부분 더 어렵게 만들 수 있다고 우려한다. "물리적인 공간이 도움이 되죠." 그가 말했다. "실제로 옆에 있으면 누가 함께하는지, 누가 나와 같은 가치를 공유하고 나와 같은 입장을 취할지 알아볼 수 있어요. 직장 내 조직화는 미국에서 여전히 너무 위험한 일이기 때문에 이 것이 매우 중요할 수 있습니다." 그렇지만 테크 분야에서 연대를 구축하는 데 도움이 될 원격 조직화의 본보기들이 있다. 2018년 에 2만 명 이상의 구글 직원들이 회사가 성적괴롭힘 사건을 처리 한 방식에 반발해서 파업을 감행했는데, 파업은 대부분 온라인으 로 조직화되었다.[26] 네즈베츠카야는 테크 기업 직원들이 언론이 자기들의 요구 사항에 주목하도록 사용해온 공개 항의서(이제는 공개 항의 블로그 게시물이 되었다.)를 예로 들었다.

하지만 사람들이 모여서 신뢰를 구축할 수 없다면, 그런 공 개 요구는 한계에 부닥칠 수 있다. 다시 말해 집단적인 분노의 감 각은 시작점이 될 수는 있지만, 힘을 합쳐 노동자의 권리를 명시 하거나 경영진의 책임을 묻기 위한 메커니즘을 마련하는 것과는 근본적으로 다르다. "지속적인 변화를 끌어내기 위해서는 공식 적인 조직이 필요합니다." 네즈베츠카야는 말했다. "원격근무 노 동자들은 그런 조직을 만들기 위해 매우 의도적으로 노력해야 할 겁니다."

어디에서 일하든 어떤 수준의 급여를 받든, 우리의 전반적인 노동자 보호 시스템이 망가진 것이 현실이다. 당신이 어떻게든 착취를 피할 수 있었다면, 그런 조짐이 보일 때 직장을 그만두거 나 그걸 완전히 피할 수 있을 만큼 재정 안정성이 있었기 때문일 가능성이 높다. 하지만 시스템이 망가지면, 당신이 자구책을 얼 마나 갖췄는지는 중요하지 않다. 일을 하는 한, 망가진 시스템이 당신 또한 망가뜨리게 된다.

그러므로 우리는 현재 얼마나 안정감을 느끼고 있든지 보 편적 건강 보험 같은 프로그램을 계속 지지해야 한다. 그래야 안전망이 직장의 위치나 고용 형태에 영향을 받지 않을 수 있다. 또한 광범위한 노동자 연대가 사무실 내에서, 그리고 사무실 바깥에서 어떠해야 하는지에 대해 더 많이 고민해야 한다. 적어도 현재로서는 모두가 노조에 가입할 수 있는 것이 아니기 때문이다. 그것이 가능하다는 듯이 조언하는 건 비현실적이다. 그러나 노조에 대해 고민할 수 없다거나 (회사의 다른 부문에서 일하는 사람들을 포함하여) 노조를 조직하고 있는 사람들을 지지할 수 없다는 의미는 아니다. 이는 지난 40년 동안 노동 시장이 겪은 급격한 변화를 고려하지 못한, 약화된 노동자 보호 정책을 강화하는 데 전념할 리더를 선출해야 한다는 뜻이기도 하다.

그러니 자문해보자. 스스로를 카피라이터, 손해사정사, 소프트웨어 개발자가 아니라 노동자라고 생각한다면 사무실 문화는 어떻게 바뀔까? 어떻게 하면 자신을 회사 안팎의 다른 노동자들과 구분 짓는 것보다 그들과 결속하는 것에 더 집중할 수 있을까? 그렇게 하지 않으면, 우리는 1970년대와 1980년대에 자신에게 주어진 승진을 아마도 당연하게 받아들이고, 나머지 비서직 노동자들의 노력은 뒷전에 놓은 여성들과 다를 바 없어진다.

앞서 우리는 노트북에 매여 있는 특정 업무 유형을 재고해볼 전략을 제시하고자 했다. 하지만 그와 동시에 우리와는 다른 업무를 하고 있지만 사회가 잘 돌아가게 하는 데 결코 중요도가 덜하지 않은 사람들을 지지하는 방법 또한 궁리해야 한다. "수년간 우리가 높이 사왔던 개인의 발전이라는 이론을 다시 생각해볼 수 있습니다. 이 이론 때문에 자본주의에 대적할 상대도 이를 견제할 수단도 없는 지금 같은 지경에 이르렀으니까요." 누스바움이 말했다. "우리가 해야 할 일은 힘을 모으는 겁니다. 지친 사람들, 제도의 붕괴, 업무 방식의 불화 사이에서요." 다시 말해 바로 지금과 같은 순간이 필요하다.

돌봄 네트워크와 공동체를 재구축하자

팬데믹 이전에 우리는 주중의 시간을 나누어서 어떤 식으로든 다른 사람들과 함께 보내려 했다. 아이들의 연습을 감독하면서, 그리고 회의에서, 교실에서, 놀이 약속에서, 음악회와 공연에서, 기념일과 결혼 전 주말 파티와 생일 파티에서, 특정 장소에서 열리는 학회와 동창회에서 실제로 함께 모였다. 하지만 많은 이들이 이런 경험이 감흥을 주지 않는다는 걸 알게 되었다. 드러내서 인정하지는 않았지만 말이다. "우리는 그런 시간의 많은 부분을, 관심을 끌지도 못하고 어떤 식으로든 우리를 변화시키지도 못하고 서로를 연결해주지도 못하는, 시시하고 감흥이 없는 순간들로 채운다."라고 프리야 파커(Priya Parker)는 『모임을 예술로 만드는 법』에 썼다. "우리가 모여서 보내는 시간의 대부분은 실망스럽다."[27]

파커는 우리가 모임의 진정한 의미, 즉 모임이 사람들을 서로 엮어 돌봄의 연결망을 만들어내도록 하는 '생기와 활기'를 잃어버렸다고 주장한다. 팬데믹 이전에 사람들은 애초에 함께 모였던 이유를 잃어버린 채로 모임의 실행 계획에만 지나치게 집착하게 되었다. 달력은 개인적으로 기록하던 아날로그 달력에서 반쯤 공개된 디지털 달력으로 바뀌었고, 그 과정에서 약속이 가득 차 있는 생활이 지위의 상징이 되었다. 달리 말해 우리는 다른 사람

4 아웃포젝트

과 함께하는 것이 정말로 무엇을 위해서인지 잊었다.

그렇다면 무엇을 위해서인가? 물론 재미와 기분 전환을 위해서지만, 진정한 보살핌을 위해서기도 하다. 그리 멀지 않은 과거에 보다 집단주의적인 시절을 특징지었던 강력하면서도 느슨한 유대를 재건하는 데서 그런 보살핌이 생겨난다. 그러한 유대를 쌓는다고 해서 예배에 가야 한다거나 자녀의 초등학교 학부모회에서 복잡한 정치적 문제들을 헤쳐나가야 한다는 뜻이 아니다. 모임 하나에 참석할 용기를 내기 위해 다섯 가지 메일링 리스트에 등록해야 한다거나, 남몰래 불쾌하게 여기는 친구의 친구들이 하는 또 다른 북클럽을 찾아봐야 한다는 뜻도 아니다. 당신에게 정말로 중요한 네트워크를 찾고, 그 안에서 사람들을 보살피고 그 보답으로 보살핌을 받는다는 게 어떤 일인지 생각해보아야 한다.

상호부조는 이 장의 서두에서 나열한 수많은 단체들의 기반이었으며, 이는 구성원들이 자기 네트워크 바깥에서 찾을 수 없었던 지원과 보험에 대한 약속을 공식화했다. 지난 150년 동안 상호부조는 이민자들, 미국 흑인들, 트랜스젠더들이 서로에게 안전망을 구축하는 데 필요한 수단을 제공했다. 주 정부와 기성 자본이 안전망 제공을 거부하거나 제공에 실패했던 때였다. 이는 상호부조가 팬데믹을 겪는 동안 그토록 여러 가지 형태로 자라난 이유를 일부 설명한다. 정부가 취약 계층을 보호하지 못한다는 사실이 분명해지자, 많은 이들이 잊고 있었지만 사실상 몸에 배어 있었던 것을 행했다. 서로를 돌보는 것이었다.

전 세계에서, 그리고 특히 사회적 지원을 얻기가 어려운 미국에서 다양한 기능을 위해 결성된 그룹들(아무것도 사지 말자는 페이스북 그룹들, 정치적 단체들)이 초점을 옮겼고, 다른 그룹들은 처음부터 새롭게 만들어졌다. 일부는 좀 더 급진적이거나 노골적인 반(反)자본주의 정치를 표방했다. 다른 그룹은 특히 좀 더 보수적인 지역에서 어려움에 처한 사람들에게 필요한 것을 제공하는 데 집중했다.

이 그룹들은 상호성의 측면에서 전통적인 자선 단체와 구분된다. 록키마운틴 상호부조네트워크(Rocky Mountain Mutual Aid Network)의 여러 리더 중 한 명인 미라 피클링(Meera Fickling)은 이렇게 설명한다. "우리는 자산 조사를 하지 않습니다. 조사를 하고 싶다 해도 그 일을 담당할 인력도 없을 거고요. 누군가가 도움이 필요하다고 말하면, 그냥 도움이 필요한 겁니다. 사람들은 의뢰인이 아닙니다. 그저 특정한 시기에 도움이 필요한 사람일 뿐이죠. 물론 우리는 이것이 양방향으로 이루어지길 바랍니다."

도움이 필요한 사람이 찾아와서 스스로 말한다. 도움을 줄 수 있는 사람들이 언젠가는 도움을 필요로 할 수 있다. 이런 생각은 미국 곳곳에 등장한 나눔 냉장고(community fridge) 프로그램의 핵심이다. 냉장고를 채우고, 점검하고, 음식을 꺼내 가는 사람들이 언제나 넘쳐난다. 최근에 장을 봐서 냉장고를 채워놓은 사람들이, 다음 번에는 필요한 것을 꺼내 갈 수도 있다. 그들은 더 큰 냉장고 공동체의 일원일 뿐이다.

상호부조에는 시간이 걸린다. 경직된 일정과 일중독이 완화되면 실질적으로 사용할 수 있게 되는 그런 시간. 이는 스스로를 단순히 단체에 돈을 기부하는 사람이 아니라, 단체에서 적극적으로 활동하는 구성원으로 생각하는 방식이다. 또한 모두가 한두 번은 도움을 필요로 한다는 상호부조의 기본 수칙을 표현하는 필연적인 겸손의 행위이기도 하다. 오로지 자기 자신에게 의지한다는 건 혼자서 면역력을 형성할 수 있다고 선언하는 것이나 다름없다.

어쩌면 나이나 건강 상태, 재정 상황 등을 봤을 때 지금은 다른 이들의 도움이 필요하지 않다고 생각할 수도 있지만, 언젠가는 필요하게 된다. 아플 때가 생길 것이고 육체와 정신이 어느 시점에는 무너질 것이다. 일시적으로 또는 영원히 수입원을 잃게 될 것이다. 조언이나 일손, 또는 자동차에서 새 테이블을 내려줄 사람, 또는 강황 한 스푼을 답례로 줄 사람이 필요할 것이다. 이렇게 주고받음이 이어진다면 얼마나 기쁘고 얼마나 균형 잡힌 일이겠는가.

많은 이들에게 이런 그룹에 참여하는 일은 저항의 행위이며, 우리의 시스템이 망가져 있고 대체되어야 한다는 지속적인 증거다. 하지만 항의하는 와중에도 이러한 경험은 정신적 위안을 줄수 있다. 2020년 3월 초, 모든 것이 불확실했던 날들에 우리는 보스턴 외곽에서 활동하는 젊은 공동체 조직자들 그룹에 대해 썼다. 이들은 일주일도 안 되어 거대한 디지털 상호부조 네트워크를 만들어서 자금, 물품, 중요한 정보를 주민들에게 전달했다. 전 과정은 온라인에 기록되었고, 그들의 스프레드시트를 자세히 들여다보면 누구라도 공동체의 유대가 형성되는 과정을 살펴볼 수 있다. 희망을 주는, 사람이 사람을 돕는 실시간 기록이다. 이 조직은 물류 및 재정 지원뿐 아니라, 희망도 함께 제공했다.

이처럼 느슨하면서도 단단한 지원은 상호부조 같은 것에서 비롯될 수도 있지만, 종교나 공동체의 공동 대의를 중심으로 하거나, 가까운 이웃끼리 모인 다른 모임에서도 시작될 수 있다. 과

거의 많은 단체들처럼 비밀 악수를 나눌 필요는 없다. 이 책에서 우리가 실질적으로 제안하는 것은 모든 구성원이 나와 같은 연령대, 인종, 직업, 또는 경제적 계층에 속하는 그룹은 피하라는 것이다. 당신이 사무실을 그리워하게 될 한 가지 이유는 당신보다 젊거나 나이 든 사람들과 대화하면서 세대를 아우르는 유대를 형성하는 일이다. 하지만 더 이상 출퇴근을 안 한다는 이유로 그러한 연결 기회가 사라지는 건 아니다.

그것이 스스로에게 어떤 의미인지 알아내려 고심하고 있는가. 수많은 이메일 리스트에 올라 있고 수많은 문자 알림을 받고 있지만, 자신은 회의에 참석하는 부류의 사람이 아니라고 느낄 수도 있다. 어떤 것에, 정말로 어떤 것에든 헌신하는 건 당신이 현재 할 수 있는 것의 범위를 넘어선다고 느낄 수도 있다. 내 생활에 맞는 새로운 리듬을 알아내는 동안 시간을 갖되 너무 많이 기다리지는 말자. 유연한 일정을 옹호하고 유지할 동기 중 하나는 특히 이런 연결을 위해 얼마나 더 많은 시간을 쓸 수 있는지 깨닫는 것이기 때문이다. 특히 이런 연결이 휴식에 방해가 된다고 생각하지 않고, 돌봄의 전달 통로라고 생각할 수 있을 때는 더 그렇다.

무엇이 당신을 진짜로 연결되어 있다고 느끼게 하는지 떠올려보자. 어쩌면 다른 사람들과 함께 노래 부르기. 어쩌면 장시간 산책하면서 나누는 대화, 또는 새로운 기술 배우기, 또는 남들에게 뭔가를 가르쳐주기. 그 시간이 의미 있게 느껴지도록 하는 약간의 의례 요소나, 오랜 기억을 공유하는 사람들과의 무수하고도 두서없는 잡담도 거기에 포함될 수 있다. 특히 팬데믹 이전에 불쾌하게 여겼던 모임들을 떠올리며 모임은 어떤 것이라는 자기만의 생각에 갇히지 않는 것이 중요하다. 북클럽이 엉망이었는가?

거길 떠나서 지역 도서관에서 자원 봉사를 시작해보자. 지역 공동체의 넥스트도어(Nextdoor, 미국의 대표적인 하이퍼로컬 SNS 서비스. 국내의 당근마켓과 자주 비교된다. 까다로운 실거주자 가입 인증을 통해 사용자를 모집했고, 코로나 팬데믹 기간을 거치며 급성장하여 미국 가구의 3분의 1이 사용하는 것으로 알려져 있다.—옮긴이) 페이지가 유해 사이트로 바뀌었는가? 넥스트도어에 게시물을 올리는 일은 그만두고, 도로 아래쪽 80년이 넘었다는 우체통에 당신 번호를 써서 메모를 남겨보자. 정말 좋아하는 카드 게임을 같이할 사람을 찾지 못했는가? 장담하건대 당신을 몹시 반길 브릿지 클럽이 있다. 교회가 트라우마를 주지만, 찬송가를 부르고 당신과 비슷하지 않은 사람들과 무작위로 모여 있는 게 그리운가? 그걸 충족해줄 다른 버전은 있다. 그냥 약간의 탐색이 필요할 뿐이다.

최근 지리학 박사 학위를 취득하고 애틀랜타에 거주하고 있는 데번은 팬데믹이 한창일 때 의대 지원을 고려할 정도로 지역 공동체와 연결되고 공동체에 도움을 줄 방법을 간절히 찾고 있었다. 그러다가 그는 애틀랜타 남서부에 있는 소규모 도시 농장인 콘크리트정글(Concrete Jungle)을 알게 되었다. "원래부터 좋아하던 농장 일을 하면서 안정감을 찾았어요." 그는 말했다. "또 알게 되었죠. 건강하고 신선한 식품을 필요로 하고 그걸 누릴 자격이 있는 사람들에게 우리가 생산한 농산물이 직접 배달된다는 사실을요. 저는 직접 채소를 골라서 포장하고 다른 방법으로는 그걸 구할 수 없을 사람들의 집에 배달했습니다." 데번은 직접 도움을 줄 수 있는 기회를 통해 급여를 받고 하는 일의 공허감을 누그러뜨릴 수 있었다. "이 공동체에 관여하면서 조지아주를 더 나은 곳으로 만들기 위해 많은 사람들이 얼마나 열심히 일하고 있는지에 눈뜨게 되었어요. 영감을 얻었죠. 전혀 과장을 보태지 않고서 하는 말입니다."

재키는 DC북스투프리즌스(DC Books to Prisons)에서 서른네 개 주에 수감 중인 독자들에게 책을 보내는 자원 봉사를 했다. 이 단체는 2019년 한 해에만 7000개가 넘는 책 꾸러미를 보냈다. 활동가들은 원래 교회에서 만나 요청을 조율했지만, 팬데믹 기간 동안 재택근무를 할 수 있었다. 때때로 재키는 책 꾸러미를 보내기 전에 이름과 현재 수감 시설을 확인하기 위해 사람들을 찾아봐야 했다. "수감자들이 무슨 범죄를 저질러서 그곳에 들어갔는지 알게 된다는 뜻이죠. 그들은 유죄 선고를 받은 소아성애자들, 강간범들, 살인자들입니다. 그리고 저는 그들이 좋아하기를 바라면서 조심스럽게 책을 고르고 있습니다." 재키는 말했다. "새로운 경험이죠. 예전보다 저의 공감 능력이 훨씬 커졌어요." 이 일을 하면서 자기 자신도 더 나은 독자가 되었다고 했다. "서부극 소설을 요청하는 경우가 엄청 많아서 이 장르에 더 익숙해지려고 『머나먼 대서부(Lonesome Dove)』를 읽었어요. 대단한 이야기죠. 수감자들이 우리에게 편지를 쓰지 않았다면, 저는 그 책을 거들떠보지도 않았을 거예요. 그 책을 읽게 된 게 얼마나 큰 선물인지 몰라요."

돌봄 공동체를 가꾸는 일은 어떤 이유로든 시간이 지나면서 소원해진 관계에 재투자하는 것처럼 보일 수 있다. 우리 두 사람은 자녀가 없지만, 친구 아이들의 삶의 일부가 되고 싶다고 오랫동안 바랐다. 팬데믹 이전에는 일에 전념하느라 친구 자녀들의 생활에 꾸준히 모습을 보이기가 어려웠다. 하지만 다른 가족들과 꾸린 소규모 모임에서 이전과는 전혀 다르게 아이들과의 관계를 우선시할 수 있게 되었다. 아이들과 보내는 시간은 모두에게 매우 풍요롭다. 크게 웃으며 바닥을 뒹굴고, 좀비 숨바꼭질을 하고, 바닷속 생물을 그리면서 어른의 심각한 일상에서 벗어나 머리를 식히는 소중한 경험을 할 수 있고, 친구들의 돌봄 부담을 덜어줄 수도 있다. 다른 이들도 우리에게 비슷한 경험담을 들려주었다. 가까운 친구들이 살고 있는 지역으로 이사를 가거나, 다른 가족과 함께 사는 안을 구상하고 있다고 했다. 누군가는 이런 변화를 추구하는 것을 팬데믹 탓으로 돌릴 수도 있다. 또는 팬데믹이 우리가 간절히 바라는 친밀함과 돌봄을 실제로 찾아 나서게 하는 촉매라고 볼 수도 있다.

또한 인내심을 키워야 한다. 모든 것이 주문하면 바로 이루어지는 데 너무 익숙해져 있다 보니 우리는 공동체를 이루려면 시간이 걸린다는 사실을 잊어버린다. 찾아내고, 가입하고, 공동체 안에서 자기 자리를 잡고, 남들을 이끌기. "공동체는 굉장히 근사하죠. 하지만 끔찍하기도 하고요." 『리추얼의 힘』의 저자 캐스퍼 터 카일(Casper ter Kuile)이 우리에게 말했다. "사람들은 힘들어요! 하지만 힘들 때에도 우리를 하나로 엮어주는 이런 구조가 필요합니다. 우리가 공동체와 정신적인 삶에 참여하다가 즉각 만족스럽지 않다고 그만둬버리면 결국 삶의 가장 귀중한 경험을 잃게 될 테니까요."

당신이 어디에 있든 이러한 모임을 만들고, 육성하고, 키워나갈 기회가 있다. 하지만 모임을 찾고 그것에 헌신할 자원을 가지고 있어야 한다. 여전히 일이 생활의 중심축이라면, 그런 자원을 확보하기란 몹시 어려운 일이다. 우리는 다음과 같은 순환 논리에 우리 자신을 빠뜨려왔다. 우리는 일하기 위해 산다, 인생에 그 밖에 다른 것이 거의 없기 때문이다. 우리 인생에는 다른 것들이 거의 없다, 우리가 일하기 위해 살기 때문이다. 이런 순환을 반속해선 안 된다. 털사의 오붐 유카밤을 생각해보자. 그는 10년을 지나치게 일하고 정처 없이 지낸 후에, 일과 생활에 약간의 의도적 변화를 주었더니 인생의 상황과 목적이 완전히 바뀌는 경험을 했다. 하지만 유카밤이 공동체로 향하게 된 경로는 앞으로 나아갈 길 중 하나일 뿐이다. 개인 성향에 따라 누군가는 촉매 역할을 할 수도 있고, 누군가는 이면에서 지원을 할 수도 있고, 매주 청소 봉사에 참여할 수도 있다. 나의 역할은 서서히 모습을 드러내는 서로에 대한 헌신보다 훨씬 덜 중요하다.

이것이 다른 모든 형태의 집단주의와 마찬가지로 돌봄의 네트워크가 작동하는 방식이다. 돌봄 네트워크는 우리가 서로를 의지하도록 엮어준다. 고통을 외면하지 않고 정면 대응해서 해결하도록 장려한다. 이런 네트워크에는 우리 안의 최선이자 가장 관대한 자아를 길러내고, 개인주의로 향하는 흐름에 맞서게 하는 잠재력이 있다. 그러나 그것은 우리에게 도전을 걸고 위안을 주는 그룹과 활동을, 우리에게도 도움이 되지만 더 중요하게는 전혀 다른 상황에 처한 이들에게도 도움이 되는 그룹과 활동을 계속해서 발굴할 때만 가능하다.

앞서 본 모든 가능성 있는 해결책과 위험들은 중요한 현실을 강조하고 있다. 유연근무는 그 자체로 우리 사회를 병들게 하는 모든 것을 치유할 수 없다. 하지만 우리에게 당면한 더 큰 문제들을 해결하는 데 필수적인 일을 계속해나가도록 문을 열어준다. 추가적인 시간과 공간과 에너지가 생기면, 우리가 공동체 안에서 살아가는 방식에 대해 훨씬 더 의도적인 태도를 취할 수 있다. 우리가 스스로의 생활을 끝없이 등급화하려 들지 않을 때, 비로소 우리는 타인을 돌볼 수 있다. 이 책 전반에 걸쳐 설명했듯이, 원격근무가 진정 이로운 것이 되려면 지식 노동의 범위를 벗어나서도 유지될 수 있는 실질적인 정책으로 이를 명문화해야 한다. 직설적으로 말해, 혼자서만 이런 자유를 얻고 그것을 좋다고 여긴다면, 집단적인 도덕적 실패라고밖에 볼 수 없다.

우리는 모두 피곤하며, 이런 종류의 개혁과 이런 돌봄의 기조에 대한 저항이 거세다는 것도 알고 있다. 하지만 지금 당신이 얼마를 벌고 있든지, 현재 위치에서 얼마나 안전하다고 느끼든지 상관없다. 사회적 안전망이 어디에, 어떤 이유로, 얼마나 힘든 상황에 빠지든, 우리 모두를 지탱할 만큼 충분히 굳건하게 구축되지 않으면, 실질적으로 그것은 믿을 만하지 않다. 우리는 너무나 오랫동안 스스로를 말할 수 없을 정도로 외롭게 했고, 자기 자신에게만 의존하느라 필사적이었다. 하지만 앞으로 나아갈 다른 길이 있다. 과도한 업무라는 안개를 걷고 나면 그 길이 보일 것이다. 그것은 서로를 통해서, 서로 함께하는 길이다.

관리자들에게 드리는 최종 당부

어떤 것의 미래에 관한 책을 쓰는 데는 상당한 오만함이 개입한다. 일의 미래에 대해서라면 이 진실은 두 배가 된다. 일이란 산업계, 일자리, 기대치, 불평등, 집단 노동을 구성하는 전략 등을 적절하게 설명하기에는 부족한, 모호한 용어이기 때문이다. 우리 두 사람은 목전에 와 있는 일들을 유심히 살펴보고 다가올 것에 대한 가능성 있는 비전을 제시하려 시도하는 중이다. 이것이 위험한 작업이라는 걸 잊지 않고 있다. 2013년에 원격근무에 대한 베스트셀러의 저자 스콧 버쿤(Scott Berkun)이 지적한 대로 "일의 미래에 관한 책들은 동일한 실수를 저지른다. 그들은 일의 역사를, 아니 더 정확하게는, 일의 미래에 관한 책들의 역사와 그 책들이 얼마나 틀렸는지를 되돌아보지 못한다."[1]

이 책을 준비하는 과정에서 그런 책들을 읽을 만큼 읽었기 때문에 우리도 동의한다. 그래서 예측하려 들지 않았고 그 대신에 지속될 패러다임 변동의 가능성을 짚어보고자 했다. 이 책을 관통하는 기조가 있다면, 희망을 담은 경계심이다. 우리는 일이 점점 더 많은 시간을 차지하면서 우리를 번아웃에 빠지게 하고 그 전리품을 노동자에게 거의 돌려주지 않는다고 믿는다. 또한 코로나 팬데믹 덕분에 잠시 멈춰 숙고해보고 현 상황을 재고

해볼 드문 기회가 생겼다고 믿는다. 그렇지만 우리는 현실주의자다. 심각한 문제들을 대대적으로 해결하려는 거만한 시도로 느껴지는, 지루하고 엄숙한 '일의 미래'에 대한 예측이 과거에 넘쳐났다는 것도 안다. 결국에 그런 '해결책'은 훨씬 더 골치 아픈 새로운 문제들을 남긴다.

그렇기 때문에 이 책의 모든 제안과 사례 다음에는 성가신 주의 사항이 나온다. 방심하면 과거의 실수를 반복할 위험이 뒤따른다. 달리 말하자면, 일을 망치지 말라는 것이다.

이 글을 읽고 있는 관리자나 임원이라면, 눈살을 찌푸릴지도 모른다. 그럴 필요는 없다. 여기에 제시된 많은 내용은 노동자들의 업무 환경을 개선하는 데 확고한 기반을 두고 있지만, 일하는 방식을 재구상하는 것은 그저 이타적인 프로젝트가 아니다. 회사 경영자라면, 이 일을 제대로 해내야 할 여러 이유가 있겠지만 그중에서도 으뜸은 원격근무로 나아간 미래가 더 나은 비즈니스라는 점이다.

3장에서 언급되었던 깃랩의 원격근무 담당 임원 대런 머프를 기억할지 모르겠다. 머프는 전적으로 원격근무 전략만을 담당하는 거의 최초의 인물이다. 2020년 3월 이후, 그의 전문 지식에 대한 수요가 엄청났다. 날마다 대기업과 회의를 하는 게 그의 일이었다. 모두가 팬데믹이 잠잠해지고 나면 자기 사업이 어떤 식으로 바뀌어야 할지를 이해하려 애쓰고 있었다. 머프는 많은 회의에서 임원들이 완전한 원격근무에 대해 완고하게 반대하거나 반신반의한다고 우리에게 전했다. 그래서 그들이 이해할 만한 용어를 들어 설명했다. 바로 복리 이자다.

머프는 임원들에게 간단한 질문 하나를 즐겨 던진다. 선택권이 있다면 워런 버핏의 회사 버크셔해서웨이에 20분 전에 투자하시겠습니까, 아니면 20년 전에 투자하시겠습니까? 물론 선택은 정해져 있다. 현재에 내리는 투자 결정이 당신이 겁을 내다 투자 기회를 놓쳐 손해를 본 복리 이자를 만회하는 경우는 거의 없다. 이런 식으로 머프는 완전히 비동시적으로 일하고 광범위한 지역에 분산되어 있는 노동력에 투자한 깃랩의 선택을 설명한다. 사무실 없이 직원들이 다양한 표준 시간대에 흩어져 있는 상황에서 번창할 수 있도록 깃랩의 업무 흐름을 설정하는 일은 간단하지 않았다. 여기에는 상당한 시간과 에너지와 재원의 선투자가 필요했다. 모르는 사람들이 보기에는 회사의 철저한 오픈소스 문서화 과정(모든 회의, 모든 직원의 사용 설명서, 모든 공동 문서와 전략 계획)이 불필요하고 비효율적으로 보일지도 모른다. 하지만 머프가 주장하듯이 그런 사고방식은 위험할 정도로 단기적이다.

"우리 회사의 규준은 직원들이 한 번에 한 걸음씩 일하도록 조건 짓습니다." 머프가 말했다. "모두가 자기 업무에 관해 30분 단위로 생각하고 있어요. 회의 하나하나, 이메일 하나하나를요."

우리가 그날의 일을 끝내는 데 너무 몰두해 있기 때문에 효율적으로 일하는 방식이라 생각하는 게 실제로는 몹시 비효율적이라고 그는 말했다. 그의 회사가 채택한 문서화 전략은 앞으로 나아가는 새로운 방법의 한 예다. 깃랩의 직원들은 업무 시간 중에 남을 방해하거나 불필요한 이메일을 보내는 시간이 더 적다. 그들이 회의에 참석했든 아니든 그들에게 필요한 모든 정보가 기록되어 있고, 모든 것에 쉽게 접근 가능하기 때문이다.

"제가 당신에게 회의 전에 20분을 내서 제 사용 설명서를 읽어달라고 한다면, 단기적으로는 희생이 따르겠지만 우리의 업무 관계가 몇 주, 몇 달, 몇 년에 걸쳐 깊어지면서 시간이 지날수록 배당금으로 돌아올 겁니다. 우리는 쉽게 검색할 수 있는 8000쪽짜리 자료실을 만들었어요. 직원들이 성공 사례와 실패 사례를 기록했죠. 그건 8000쪽에 달하는 하지 말아야 할 일의 목록이죠. 여기에 복리 이자가 붙으면 어떻게 따라잡겠어요? 유일한 방법은 기업들이 이런 지식 여정을 지금 시작하는 겁니다." 그렇게 하지 않으면, 경쟁사들이 확보한 경쟁 우위가 매년 강화될 것이다.

단기적인 사고를 버려라. 이것은 머프만의 조언이 아니다. 임원들, 경영 코치들, 도시 계획 전문가들, 활동가들, 기술 전문가들, 노동자들과 수백 번 대화하는 동안 되풀이해 나왔던 주제다. 우리의 취재에 따르면, 경영상의 끔찍한 경험담 대부분은 한 걸음 물러나 더 넓은 함의를 생각해보지 않은 채로, 그 순간만 모면하고자 내려진 조급한 결정에서 비롯되었다.

예를 들어 직원이 부족하면 단기적으로는 비용이 덜 들지도 모르지만, 회사를 서서히 갉아먹기 시작한다. 도덕이 땅에 떨어지고, 생산성과 품질에 누수가 생기고, 고용주는 직원을 힘겹게 붙잡는다. 직원들을 빠르게 번아웃에 빠지게 하는 회사는 경쟁이 심한 업종 내에서 이직률 문제를 숨길 수도 있지만, 그리 오래가지는 못한다. 이런 추세가 글래스도어 같은 직장 리뷰 사이트에 드러나버린다. 퇴근 후 술집에서 조용히 오가던 불만이 기업의 평판으로 고착된다. 고급 인력을 채용하기는 점점 더 어려워진다.

당신도 이 점을 알고 있다. 경영 관리 교육에 투자하지 않으면 노동자들을 비참한 상태에 빠지게 하고 불행해진 노동자들에게는 훨씬 비용이 많이 든다는 걸 알고 있다. 성장이나 주주 가치 같은 단기 지표에 집요하게 매달리면, 노동자들의 사고방식이나 고용주에 대한 신뢰를 돌이킬 수 없을 정도로 손상시킨다는 걸 알고 있다. 줄어드는 혜택과 연금을 기업 문화 또는 보여주기식 특전으로 포장해 가리려고 해봐도, 단기적으로만 신뢰와 충성심을 얻을 뿐이라는 것을 알고 있다.

또한 당신은 생산성 증대를 위해 빠른 기술적 해결책을 쓰는 단기적이고 공허한 활동들이 장기적으로는 별 효과가 없다는 것도 알고 있다. 직원들이 그레이록(Greylock)의 벤처 투자자 사라 궈(Sarah Guo)가 '메타업무(metawork)'라 이름 붙인 그것, 즉 여러 프로그램과 프로젝트 사이에서 끝없이 오가며 정신을 분산시키는 디지털 요소들을 다루거나 잠재우는 일에 파묻혀 있다는 걸 알고 있다.[2] 칼 뉴포트는 『하이브 마인드, 이메일에 갇힌 세상』에서 이를 "과잉 활동적인 하이브 마인드"와 함께 일해야 하는 상태로 서술한다. 아니면 "체계화되지 않고 예정에도 없던 메시지에서 생겨난 대화가 이어지는 업무 흐름"이라고도 설명한다. 뉴포트는 이런 방식이 정말 비효율적이고 "빈번히 주의를 업무에서 업무에 대한 이야기로, 그리고 다시 업무로 전환시키기를 요구한다."라고 거론했다.[3]

다시 말하지만, 당신은 이 모든 걸 알고 있다. 하지만 여러 가지 이유로 조용히 있거나 모른 척하는 데 능해졌을 뿐이다. 그러나 이제는 다르게 행동해야 할 때다.

과로로 인한 수익 감소는 현실이다. 생산성의 총체적 향상 속도는 지난 20년 동안의 40퍼센트에도 미치지 못한다.[4] 우리가 얼마나 더 많이 일하고 있는지를 생각하면 이 수치는 너무나 극명하다. 1980년에서 2000년 사이에, 미국인들은 평균적으로 1년에 164시간을 더 일했다. 당신을 포함해 우리 모두는 번아웃에 빠져 있다. 업무 만족도가 높은 경우에도 전보다 훨씬 높은 비율로 일을 그만두고 다른 직장으로 이동한다. 그리고 초기의 원격 근무 시도가 이런 문화를 거실에 그대로 복제해왔다. 팬데믹 초기 몇 달 동안 미국인들은 근무일마다 2200만 시간 이상을 초과 근무했다.[5]

당신은 이 사실을 알고 있다. 그게 우리가 아는 바다. 노동자들에게는 자기 삶에 대한 더 많은 자율성이 절실하다. 노동자들은 균형감이 늘어나고 불안정성이 줄어들기를 간절히 바란다. 또한 결정적으로 일하고 싶어 한다. 하지만 자신을 인간적으로 대우하고 자기와 자기 미래에 투자하는 직장에서 일하고 싶어 한다. 그들은 의미 있고 협력적인 일이 품위를 가져다주고 가치를 창출한다는 걸 이해하지만, 그 일이 만족감과 자존감을 쌓는 유일한 방법은 아니라는 점을 인식하는 조직의 일원이 되길 원한다. 무리하게 일한 노동자들은 너무 지치고 좌절하고 불안해서 업무에 최선을 다하기가 어렵다. 그들은 제자리걸음을 하고, 바쁘게 보이고, 의사소통이 서투른 상사를 만족시키느라 지나치게 바쁘다. 수백 명에 달하는 사람들이 우리에게 이야기해줬기 때문에 우리는 이를 알고 있다.

노동자들이 원하는 것과 장기적으로 회사에 정말 좋은 것은 많은 부분이 중복된다. 이를 시너지라고 부를 수도 있다. 아니면 정말 있는 그대로 상식이라고 부를 수도 있다. 하지만 우리가 지식 노동을 하는 방식을 재고해볼 기회를 정말로 가지려 한다면, 관리자로서 그리고 임원으로서 당신도 함께해야 한다.

대런 머프가 말했듯이 대다수 임원이 리더가 보내는 신호의 힘을 극단적으로 과소평가한다. 기업이 모두에게 안전해져서 사무실을 다시 개방하면, 아마 직관에는 어긋나겠지만 임원들이 사무실로 돌아오는 최초의 그룹이 되어서는 안 된다. 그들은 마지막에 돌아와야 한다. "CEO가 종일 사무실에서 일하는 상태로 되돌아오자마자, 그것은 사내 모든 이들에게 보내는 신호가 됩니다. '출세하고 싶으면, 그들과 가까이에서 일하도록 사무실에 있어야만 해.'" 머프는 말했다. 리더라면 직원들에게 장려할 만한 자세를 본보기로 보여야 한다. 이 이야기는 여기까지.

리더들은 또한 이런 변화의 진정한 이점이 실현되기까지 얼마나 많은 의도적인 계획과 실제 시간이 필요한지 만성적으로 과소평가하고 있다. 원격근무나 유연근무는 최고 인사 책임자의 직무 설명에 덧붙이는 항목 정도가 아니라고 머프는 주장한다. 그것은 정책, 업무 흐름, 복지 혜택의 구조를 근본적으로 변경하는 일을 맡은 리더와 전담 팀원들이 필요한 풀타임 업무다. 머프는 비교를 위해 리더들에게 많은 테크 기업에 있는 최고 다양성 책임자의 행보를 주의해서 보라고 제안한다. 소규모 HR 운동으로 시작했던 것이 실제로는 테크 기업뿐 아니라 온갖 규모의 기업에까지 변화의 물결을 일으켰다. "이제는 최고 다양성 책임자를 채용하는 일이 당연하게 느껴지지만, 당시에는 절대로 당연한 일이 아니었습니다." 머프는 말했다. "하지만 기업들은 그런 뻔한 사실을 보지 않으려 하죠."

누구도 미래를 알 수는 없다. 그렇지만 우리는 가까운 미래에 무엇이 당연해질지 감지할 수 있다. 단 단기 이득에 대한 집착을 버릴 경우에만 그렇다.

머프는 벽에 부딪칠 때면, 자신의 원격근무 우화가 된 아마존 CEO 제프 베이조스(Jeff Bezos)의 일화를 꺼낸다. 몇 년 전에 아마존은 분기별 실적 발표에서 기록적인 수익을 냈다고 발표했다. 그 자리에 있던 한 애널리스트가 베이조스에게 직접 굉장한 분기였다며 축하를 건넸다. 베이조스는 그에게 감사를 표한 후 이야기를 이어나갔다. 하지만 머릿속으로는 다른 생각을 하고 있었다. 그 애널리스트는 몰랐겠지만, 베이조스가 실제로 생각하고 있었던 건 이랬다. '이번 분기 실적은 3년 전에 만들어진 건데.'[6]

머프는 이 이야기를 원격근무 인프라와 복리 이자를 설명할 때 쓴다고 한다. "저는 기업들에 계속 말하고 있죠. 당장 눈앞의 비용 절감을 기대하지 말라고요. 부동산을 소유하고 있고 10년이나 20년 임대 계약을 맺은 경우, 단기간에 효과를 보기는 어렵습니다." 그는 말했다. 단기적으로 사고하는 이들은 이런 임대를 그들의 정책을 바꾸지 않는 이유로 여길 것이다. 하지만 임대 기간이 만료되면 어떤 일이 벌어지는가? "주변을 둘러보면 경쟁사들이 보이겠죠. 그 경쟁사들은 원격근무를 앞장서서 시행하는 데 투자했고요. 그렇다면 이제 그들은 다음에 어떤 일이 생기든지 쉽게 적응하겠죠. 반면에 이 회사는 무방비 상태일 겁니다."

많은 리더들이 귀 기울이지 않을 것이다. 금융같이 확고히 자리잡은 업계에서라면 특히 더 그렇다. 2021년 초에 골드만삭스 CEO는 원격근무는 "우리가 가능한 한 신속하게 바로잡게 될 이상 현상"이라고 했다. 하지만 오피스 트렌드 애널리스트 드로르 폴렉은 그들이 그렇게 하려면 위험을 무릅써야 할 거라고 단언했다. "모두에게 한 가지 정해진 방식대로만 일하라고 강요하는 건 재능 있는 직원들이 어느 때보다 여러 선택권을 가진 지금 세상에서는 구시대적인 발상입니다."[7] 해마다 더 많은 대졸자들이 엄격하게 고정 근무를 고수하는 업종보다는 유연근무를 하는 업종을 선택하고 있다. 2008년에 경영대학원 졸업자들의 12퍼센트를 채용했던 거대 테크 기업들은 2018년에는 17퍼센트를 채용했다. 금융 업종에서는 그 비율이 20퍼센트에서 13퍼센트로 감소했다.

게다가 팬데믹 이전의 일이었다. 금융 회사들이 유연근무에 동참하지 않는다면, 폴렉의 예측대로 테크 기업으로의 이동은 계속 이어질 것이다. "임원들은 언제나 유연근무를 해왔죠." 상업용 부동산 회사 스퀘어풋(SquareFoot)의 대표, 마이클 콜라치노(Michael Colacino)가 우리에게 한 말이다. "저는 1992년부터 금요일에 재택근무를 할 수 있었어요. 사람들은 미래가 여기에 있다고 늘상 말했습니다. 그 권한이 그저 골고루 배분되지 않았을 뿐이죠. 그리고 그게 사실입니다. 유연근무는 고위직 임원들에게만 분리 시행 되어오면서 조금씩 아래로 내려갔습니다. 그러니 이제 아무도 주 5일을 사무실에서 지낸다는 사고방식을 받아들이지 않는 일이 일어나게 될 겁니다. 금단의 열매를 맛보았으니 되돌릴 수 없는 일이죠. 밀레니얼 세대에게 주 5일, 9시 출근 5시 퇴근으로 되돌아오라고 하면, 그들은 그냥 회사를 그만둘 겁니다."

금융사 간부들은 새로운 업무 방식을 생각해내야 한다는 걸 알고 있다. 하지만 외길로 승진하면서 특정 형태의 과로와 고통을 견뎌낸 사람들은 자기들이 걸어온 길을 바꾸기를 꺼린다. 그것을 버릴 경우의 혜택이 아무리 입증되었다 해도 그렇다. 그것은 비합리적이고 안 좋은 비즈니스 관행이지만, 두렵고 불안한 몇 달이 지나면 편안하게 느껴질 것이다. 그러나 그런 종류의 편안함은 잠깐일 것이 분명하다. 과거의 경험이 말해주듯이 유연근무를 요구하는 사회적 압력이 티핑 포인트에 이르기만 하면, 그것을 비웃었던 고액 연봉 컨설턴트와 전문가가 원격근무 경영 사례를 만들어낼 것이기 때문이다. 말이 되는 이야기다. 결국 원격근무는 기업이 어쨌든 해야만 한다고 알고 있는 일들을 실행하도록 하는 넛지가 될 것이다. 당신이 이 책에서 뭔가 하나를 얻어간다면, 아마 이것일 듯싶다. 정말로 새로운 이야기는 아무것도 없다. 이건 당신이 이미 알고 있던 이야기다.

약간 속임수처럼 들릴 수 있다는 걸 우리도 안다. 머프가 전파하는 복음이나 이 책에 실은 일반적인 주장들은 재택근무를 마법의 치료약처럼 취급한다고. 그렇지 않다.

사실 비즈니스 운영 방식에 장기적 관점을 적용해야 한다는 주장을 포함하여 이 책에서 제시하는 대부분의 아이디어는 원격근무를 핵심 쟁점으로 삼지 않는다. 더 나은 업무 방식에 마음을 열라는 이야기다. 팬데믹 이후 '언제, 그리고 어떻게 우리가 사무실에 돌아갈지'에 대한 논의는, 어떤 면에서는 필요한 주의를 딴 데로 돌릴 뿐이다. 당면한 진짜 문제는 어디에서 일할 것인가가 아니라 어떻게 일할 것인가다.

원격근무는 일하는 방식을 바꾸도록 강요한다. 그것은 엉망진창인 경영 관리나 불량한 비즈니스 모델, 불량한 제품의 해결책이 아니다. 단지 조직을 구성하는 원칙일 뿐이다. 책상에 앉아 있는 누군가의 어깨를 툭툭 치거나 엘리베이터에서 누군가를 마주치는 기쁨이 없어진다는 것은 일하는 방식에 대해 작정하고 더 깊이 생각하게 된다는 뜻이다. 사무실의 인위적이고 구태의연한 규범과 그 흔적을 지워내고 나면, 회사란 정말 무엇인지, 항상 무엇이었는지를 들여다볼 기회가 생긴다. 회사는 사람들을 모아놓은 집단이다.

조직의 리더라면, 언제나 이를 명심해야 한다. 이제 리더십을 발휘하고 행동에 나설 때다. 미래에 무엇이 뻔한 일이 될지 상상해보고, 그 미래의 성공 기틀을 마련할 기회가 지금이다. 그렇다, 이건 투자다. 그리고 투자에는 항상 리스크가 따른다. 하지만 희망차게도 이 책은 복리 이자가 생겨날 아이디어를 이미 제시했다. 앞으로 나아가시라, 그리고 망치지 마시라.

노동자들에게 드리는 글

2020년 여름, 75하드(75Hard)라는 단순한 이름의 새로운 '챌린지'가 틱톡에서 퍼져나가기 시작했다. 규칙은 약간 낯설지만 간단했다. ① '체계적인' 방식으로 음식물 섭취를 제한하는 식단을 따라야 한다. 어떤 식단이든 상관없다. ② 운동을 매일 두 번 45분씩 해야 하며, 그중 한 번은 반드시 밖에서 해야 한다. ③ 술 또는 '치트밀', 즉 식단을 깨뜨리는 음식물을 섭취해서는 안 된다. ④ 매일 1갤런(약 3.8리터)의 물을 마셔야 한다. ⑤ 적어도 열 쪽 이상 책을 읽어야 하는데, 오디오북은 해당되지 않는다고 분명히 규정해둔다. ⑥ 매일 진행 상황을 사진으로 찍어 기록해야 한다.

목표는 연속해서 75일 동안 매일 챌린지의 여섯 가지 조항을 모두 완수하는 것이다. 한 가지라도 지키지 못하면, 처음부터 다시 시작해야 한다. '대체 금지', 그리고 '타협 금지'다. 여러 바이럴 챌린지들과 마찬가지로 75하드에도 더 큰 이야기가 숨어 있다. 동기 부여 강사이자 자칭 'MF CEO(motherfucking CEO)'인 앤디 프리셀라(Andy Frisella)는 75하드라는 구실을 내세워서 다양한 제품, 건강 보조식품, 책, 컨설팅 서비스를 판매한다. 이것들은 "내면에 정신적 강인함과 규율을 심어줄 것"을 약속한다.

75하드를 계속해나가다 보면 참가자들은 힘든 일과 극기의 가치를 배우게 되는데, 그것은 전혀 새롭지 않다. 이런 식의 금욕주의에는 수천 년을 거슬러 올라가는 역사가 있다. 차이점이라면 승복을 입고 자신을 채찍질하던 고승의 경우 참회 행위로 구원을 찾기 위해 이런 삶을 살았다면, 75하드는 힘든 일을 할 수 있다는 걸 입증하기 위해 힘든 일을 하고, 참회의 수단으로 극기를 실행한다는 점이다. 무엇에 대한 참회일까. 먹는 것에 대해? 살아가는 것에 대해? 나머지 생활이 너무 쉬운 것에 대해?

다른 훈련 요법과 달리, 75하드의 끝에는 아무런 이벤트도 없다. 실행해온 것을 왜 하는지에 대한 과학적 설명이라 할 만한 것도 없다. 이 챌린지는 모호한 말로 사람들에게 "자기 자신과 싸우고" 무슨 수를 써서라도 승리하라고 요구한다. 거기에는 어떤 지점이라는 게 거의 없다. 그저 자의적인 부정과 과도한 사용으로 인한 다수의 부상, 그리고 고가의 건강 보조 식품들만이 있을 뿐이다.

팬데믹의 가장 암울한 순간에, 가장 스트레스를 받고 가장 겁을 먹고 가장 중심을 잃고 있을 때 아마도 여러 변형된 형태로 이 말을 들었을 것이다. "정말로 힘드네(hard)." 어쩌면 책에서 읽었을 수도 있고, 어쩌면 관리자가 말했을 수도 있고, 어쩌면 혼잣말을 했을 수도 있다. 팬데믹이 해를 넘겨 이어지는 동안 우리가 그걸 뭐라고 부르든 간에 힘들었던 것이 사실이다. 미국에서 그 어려움은 다른 모든 것과 마찬가지로 고르게 배분되지 않았다. 마스크를 써달라는 요구에 고객이 어떻게 반응할지 두려워하는 사람들, 일자리를 잃은 사람들, 코로나19가 공동체를 어떤 식으로 통과해 갈지 끊임없이 두려워하는 사람들, 이런 최전선에 있는 사람들이 가장 힘들었다. 업무를 하려고 애쓰면서 재택 수업도 감독해야 하는 사람들, 완전히 고립된 사람들, 점점 더 타인을 무서워하게 된 사람들은 다른 면에서 어려움을 겪었다. 여러 요인이 맞물렸고, 고통이 불평등했다는 점에서도 팬데믹은 더럽게 힘들었다.

힘들고 끝이 없어 보이는 이 모든 일은 다른 이들, 특히 우리 삶에서 가장 취약한 사람들이 더 안전할 수 있게 하기 위해 해낼 가치가 있었다. 가장 외롭고, 어쩔 줄 몰라하고, 두려움에 떨던 순간에도 그런 목적 의식을 붙들 수 있었다. 그러나 생존이라는 더 큰 목표를 통과하면서(그리고 솔직히 말하자면 더 오래전부터) 많은 지식 노동자들은 이른바 '9시부터 5시까지의 힘듦'에 이르르게 되었다. 우리는 정해진 주당 근무 시간인 40시간을 훨씬 넘게 일했다. 하지만 그 모든 업무의 목적은 불투명해져버렸다. 의미 있거나 혁신적인 일이 창출되는 경우는 거의 없다. 일이 왜 좋냐는 질문을 받았을 때 '의미 있다'거나 '혁신적'이라거나 하는 취지로 중얼거리며 답한다 해도 말이다. 언젠가는 전반적으로 일을 덜 할 수 있게 하려는 것도 아니었다. 우리는 긴장을 풀지 않고 더 많은 일을 할 수 있는 상태라는 걸 입증하느라 힘들게 일했다.

이는 우리가 동어반복처럼 헤어 나올 수 없는 수렁에 빠져 있다는 뜻이다. 이 책을 위해 조사하고 정리하는 과정에서 너무나 많은 사람들이 직장 생활에서 갈등을 겪을 뿐 아니라, '힘들게 일했다는 것'을 어떻게 규명해야 할지 근본적으로 혼란스러워한다는 것을 분명히 알게 되었다. 그런 혼란의 일부는 대체로 일의 주관적 특성에서 비롯된다. 하지만 번아웃에 빠지고 몹시 불만족스러운 노동자들의 수많은 증언을 배경에 깔아두고 생산성 관련 책과 CEO의 고군분투 포르노를 읽어나가다 보니, 이런 특정한 접근 방법의 의도와 특성이 점차 더 흐릿해졌다.

사회적으로 우리는 힘든 일을 숭상하고 열심히 해내라고 교육받는다. 그러면서도 정작 자신은 정말 그렇게 하고 있지는 않다고 내면화하기도 한다. 오랜 시간 일할 수도 있고 육체와 시간을 요구하는 부담감에 숨이 막힐 지경일 수도 있지만, 다른 누군가의 존경받는 힘든 일에 비하면 늘 부족할 수밖에 없다. 힘든 일에 대한 우리의 선입견은 여전히 농업 사회나 산업 사회의 사고 방식에 근간을 두고 있다. 그 분야에 종사하는 미국인 노동자의 비중은 계속 감소해왔는데도 말이다. 야외나 공장에서 하는 일, 또는 어떤 식으로든 신체적 부담을 주는 노동은 좋은 일, 힘든 일, 심지어는 애국적인 일로 여겨진다. 실내에서 컴퓨터 앞에서 하는 일은 굳은살이 남지 않으면서도 신체에 나쁜 영향을 미치지만, 분명히 덜 존경받을 만한 일로 여겨진다.

지식 노동자를 연민해야 한다거나 이들의 진가를 알아볼 방법을 찾아야 한다고 말하려는 것이 아니다. 이미 급여와 복지라는 명목으로 그렇게 하고 있다. 하지만 이런 유형의 노동자가 미국 전체 노동자의 40퍼센트 이상을 차지하는 상황에서 힘든 일에 대한 관념은 뚜렷한 심리적 문제를 일으키고 있다.[1] 문화적으로 우리는 생산성과 효율성을 숭배하고 창의성을 높이 평가하며, 지식 노동에 대해 높은 연봉으로 보상한다. 그러나 여전히 지식 노동을 수월하거나 가벼운 것으로 생각한다. 팬데믹 기간 동안 식탁에서 일하느라 등을 삐끗했을 수도 있지만, 목숨을 걸고 일한 적은 없지 않은가. 동시에, 우리는 사람들에게 위험을 무릅쓰게 하고, 신체에 분명한 피해를 입히며, 돌봄에 초점을 맞춘 직업을 필수적이고 존엄한 일이라고 공개적으로 찬사를 표한다. 우리가 그런 노동자들에 대한 게시글을 올리는 동안(적어도 팬데믹 초기 몇 달 동안은 그랬다.) 그들의 가치에 대한 사회적 평가는 정체된 급여를 보면 분명해진다.

그렇다면 어떤 업무가 실제로 가치가 큰가? 그건 말할 수 없이 불분명하다. 많은 지식 노동자들은 자기가 하고 있는 일에 대해 어느 정도는 자신이 없다고 느낀다. 얼마나 많은 일을 하고, 누구를 위해 일하는지, 일의 가치와 자기의 가치는 무엇인지, 그에 대해 어떻게 보상받고 있는지, 누구로부터 보상받는지 등이 확실하지 않다. 우리는 이런 혼란에 상당히 혼란스럽게 반응한다. 어떤 이들은 이 모든 걸 뒤죽박죽으로 만든 착취적인 자본주의 시스템에 깊은 환멸을 느끼거나, 이에 반발해서 과격해진다. 또 다른 이들은 업무에 투신해서 일을 자기 가치를 규정하는 요소로 삼는다. 개인적 가치의 실존적 위기에 대응하여 이들은 생산성이라는 쳇바퀴에 올라타 끝없는 업무를 해나가면서 결국 우연히 목적과 품위와 안정성을 발견하게 되기를 간절히 바란다.

이 쳇바퀴는 우리가 희망하는 가치나 의미를 좀처럼 제공하지 않는다. 그렇다면 왜 일에 접근하는 어렵고 시간 소모가 크고 도전적인 방법을 상세히 설명하는 데 이 책의 많은 부분을 할애한 걸까? 왜 고장 난 녹음기처럼 계속해서 "이건 결코 쉽지 않을 겁니다."라고 말하고 있을까? 이 모든 것이 뭔가를 위한 것이거나, 적어도 그래야만 하기 때문이다. 우리는 사무실 업무가 작동하는 방식을 재구성하고 있다. 긴밀한 공동체와 확장된 공동체에 참여할 방법을 다시 상상할 수 있도록 일부 공간을 비워낼 수 있게 하기 위해서다. 우리는 지긋지긋한 쳇바퀴에서 내려오려고 애쓰고 있다. 우리의 삶 전체에서 생겨날 수 있는 모든 목적과 존엄성을 명심하기 위해서다.

따라서 다음 질문을 자기 자신에게 던져보자. 일이 더 이상 인생의 중심축이 아니라면, 어떤 사람이 되고 싶은가? 가까운 친구 및 가족과의 관계를 어떻게 바꾸고 싶은가? 당신이 속한 공동체에서 대략 어떤 역할을 맡고 싶은가? 누구를 지원하고 싶고, 세상과 어떻게 소통하고 싶고, 무엇을 위해 싸우고 싶은가?

우리는 너무 무리하게 일하고, 너무 불안해하고, 우리의 일상을 일 중심으로 끼워 맞추는 데 길들여져 있어서 이런 질문을 하는 것만으로 제멋대로라고 느낄 수 있다. 질문에 정말로 답하다 보면, 그 답들이 어리석거나 지나치게 환상을 품고 있다는 느낌을 받을 수도 있다. 인생의 밝고 경쾌한 부분을 모아서 만든 영화처럼. 충분한 휴식을 취하고, 에너지가 넘치고 지향이 뚜렷하고 일을 끝까지 해내는 당신과 당신 가족을 연기할 사람들을 캐스팅해야겠지만 말이다. 머릿속에서는 그것이 환상이라고 일깨우려 들 것이다.

하지만 이것은 응당 굉장히 멋지게 들려야 한다. 왜냐하면 환상을 실현할 만큼 삶을 변화시킬 동기를 부여할 수 있도록 당신이 그것을 진심으로 바라고 동경해야 하기 때문이다. 이건 단지 어떤 일을 해냈다고 하려고 힘든 일을 하자는 게 아니다. 가치 비슷한 것을 느끼기 위해서 자기 자신을 괴롭히자는 게 아니다. 우리 자신과 사회를 바꾸어나갈 정말 기본적인 일을 힘들더라도 해보자는 것이다.

먼저, 자신에게 탐구하고 전념할 여지를 마련해주어야 한다. 이는 언제나 일만 하는 것을 방지할 수 있는 효과적인 가드레일을 두고, 당신이 더 효율적으로 더 유연하게 더 잘 일할 수 있는 업무 시나리오를 구축하는 것에서부터 시작된다. 이어질 내용은 재택근무가 정말 좋은 이유들이 아니다. 심지어 재택근무에 대한 내용도 아니다. 인생에서 중요한 일 외의 모든 것에 대한 내용이다. 이것이 바로 이 책을 쓴 '이유'이자, 투쟁을 벌여 얻어낼 가치가 있는 것이다.

당신이 무엇을 좋아하는지 알아내자

정기적으로 급여를 받고 일하기 전, 인생의 어느 한때를 되돌아보자. 가능하다면 특별한 일정 없는 시간들이 당신에게 많았던 때를 떠올려보자. 당신은 정말로 무엇을 하고 싶었는가? 부모가 해야 한다고 한 일 말고, 친구들과 어울리려면 해야겠다고 느꼈던 일 말고, 대학 지원서나 입사 지원서에서 좋은 인상을 줄 거라고 생각했던 일 말고.

　굉장히 간단할 것일 수도 있다. 목적지 없이 자전거 타기, 주방에서 터무니없는 음식 만들어보기, 아이섀도를 가지고 놀기, 팬픽 쓰기, 할아버지와 카드놀이 하기, 침대에 누워서 음악 듣기, 옷을 전부 꺼내 입어보고 우스꽝스러운 옷차림 연출하기, 절약하기, 몇 시간 동안 심즈 게임하기, 야구 카드 집요하게 정리하기, 길거리 농구, 흑백 필름으로 발 사진 찍기, 장거리 운전하기, 재봉 배우기, 벌레 잡기, 스키, 밴드에서 연주하기, 요새 만들기, 남들과 함께 합창하기, 종목 불문하고 미니 게임 하기를 당신은 좋아했다. 무슨 일이 되었든 그 일을 하고 싶었기 때문에 했다. 소셜 미디어에 포스팅할 때 흥미로워 보일 거 같아서도 아니었고, 몸

상태가 어떻게든 가장 좋아진다고 해서도 아니었고, 술 마실 때 더 좋은 이야깃거리가 될 거 같아서도 아니었다. 그 일을 하면 즐거웠기 때문이다.

그 일이 무엇이었는지 생각났다면, 그 윤곽을 떠올릴 수 있는지 보자. 그 일의 책임자였는가? 달성 가능한 목표가 있었거나 목표가 전혀 없었는가? 혼자서 그것을 했는가, 아니면 남들과 함께 했는가? 그것이 형제자매가 아니라 당신의 일이라고 느꼈는가? 좋아하는 사람과 정기적으로 시간을 보내는 일이었는가? 체계를 잡거나, 창작하거나, 실행하거나, 패턴을 따르거나, 또는 협업하는 일이었는가? 당신이 무엇을 했고 왜 그 일을 진짜 좋아했는지, 말로든 글로든 설명할 수 있는지 확인해보자. 지금 일상에서 겪는 일들 중에 그 비슷한 일이 있는지도 확인해보자.

당신의 대답이 '일'이라면, 그럴 법하다. 많은 사람들이 잘하고 좋아하는 일을 찾고, 어떤 식으로든 그 일을 직업으로 삼으려 노력한다. '정말 좋아하는 일을 하라'는 치명적인 조언을 따른 사람들은 그 결말을 알고 있다. 그건 번아웃을 일으키는 덫이며, 그 활동으로부터 즐거움과 열정을 빼가는 기막힌 방법이다. 정말 좋아하는 일을 하라, 그러면 평생 매일 일만 하며 살게 될 것이다.

대다수 사람들은 어리고 젊었을 때 했던 활동들의 희미한 흔적만 간직하고 있을 뿐이다. 용기를 내서 그걸 취미라고 하기도 하지만, 대개는 한때 우리가 어떤 사람이었는지 말하느라 대화 중간에 별 의미 없이 등장할 뿐이다. 취미를 등한시하는 데는 여러 이유가 있다. 금전적으로든 다른 면에서든, 계속 해나갈 만한 여유가 없다. 시간도 없다. 너무 오래 소홀히 하다 보니 이전에 지녔던 기술은 녹슬어버렸다. 그냥 여력이 없다 보니 다시 시작할 방법을 생각할 엄두조차 내지 못한다.

　대부분 타당한 이유이긴 하지만, 이 모든 건 우리가 과도한 업무로 인해 매달리는 핑계다. 무언가 하지 않거나, 계획을 세우지 않거나, 새로운 일을 시도하지 않거나, 예전에 좋아했던 일을 하는 방법을 생각하려 하지 않는 게 훨씬 더 쉬워 보일 수 있다. 하지만 그건 당신이 고갈된 상태라는 뜻이다. 업무가 깨어 있는 시간을 전부 집어삼킬 때, 당신을 정말로 풍요롭게 해줄 일을 해보려는 의지도 함께 집어삼킨다. 사실 우리는 이런 활동들을 우선순위에 두지 않는다. 자신을 노동자로서 최적화하거나 일하기에 적당한 신체를 갖는 방법을 찾으려는 것 외에는 자기 자신을 우선순위에 두지 않기 때문이다.

　진정한 취미는 개성을 꾸미거나 지위를 가장하려고 연기하는 것이 아니다. 취미는 그저 실제로 하고 싶어서 하는 일이다.

　자신이 좋아하는 일을 찾는 동안 인내심을 갖자. 팬데믹 이후 유연근무 일정에 가드레일을 놓으려는 노력을 처음 시작했다면, 새롭게 확보된 시간에 낮잠을 자거나 스포츠 중계를 보고 싶을지도 모른다. 지극히 정상적이고 지극히 예상대로다. 당신은 기본적으로 회복 중이다. 여러 해 동안의 과중한 업무로부터, 그리고 팬데믹 기간 동안 누적되고 굳어진 스트레스로부터. 하지만 당신이 어떤 사람인지, 육아와 넷플릭스 외에 좋아하는 게 뭔지 잊어버리고 있다고 해서 완전히 사라져버린 것은 아니다. 다시 말하지만, 인내심을 갖고 자기 자신에게 관대해지자. 이건 자기 관리가 아니다. 회복과 재충전이다.

　막연했던 번아웃이 분명해지기 시작하면, 생산성을 높이겠다는 강한 욕구를 이겨내고 주의를 딴 데로 돌려 자기만의 즐거움

을 탐구하기 시작하자. 이것이 팬데믹 이전에 우리 두 사람에게
벌어진 일이었고, 우리를 두 가지 경로로 이끌었다. 우리는 스키
를 시작했다. 앤은 어렸을 때 스키를 정말 좋아했지만, 다시 시작
하기를 주저하고 있었다. 그 이유는, 글쎄, 전부 다였다. 스키 장
비는 너무 낡았고, 같이 갈 사람이 없었고, 누군가 개들을 돌봐줘
야 했고, 앤에게는 고글이 없었고, 일하면서 보낼 수 있는 주말
전체를 잡아먹을 것이었고, 예전처럼 잘하지 못할 수도 있었다.

앤이 왜 스키를 타러 가서는 안 되는지 스스로에게 했던 이
야기는 너무 복잡하고 꼬여 있었다. 왜 그냥 가야 하는지를 옹호
하는 모든 주장에 조목조목 반박이 준비되어 있었다. 하지만 우
리는 그냥 저질러버렸다. 찰리는 스키 수업을 들었고, 우리는 스
키 장비를 구입했다. 몬태나에 살고 있는 덕분에, 다양한 선택지
가 있었다. 굉장한 일이었다. 앤에게는 어린 자아의 기억을 찾아
가서 실시간으로 다시 시작하는 것 같았다.

찰리는 기타 연주를 다시 배우고 싶었지만, 새로운 기타에
투자하기가 꺼려졌다. 투자했다가 소홀해진 또 다른 취미가 되
어버리면 어쩌지 하는 걱정이 들었다. 찰리는 이 경험을 특별하
게 느껴지게 할 만큼 충분히 좋은, 중간 가격대 모델을 구입해서
형편없는 연주를 계속했다. 처음에는 불편했다. 모든 면에서 뛰
어나야 한다는 부담감이 너무 커서 평범한 것은 잘못됐다고 느
낀다. 하지만 곧 어렸을 때 배웠던 모든 것들이 되살아났다. 그는
즉흥 연주를 시작했고, 새로운 코드와 오래된 코드 진행법을 익
히고, 이론을 배우고, 손가락에 굳은살이 다시 생길 때까지 연주
했다. 평범함을 받아들인다는 건 자기 자신에게 아주 조금씩 끊
임없이 향상되는 경이로운 세계를 열어준다는 뜻임을 알게 되었

다. 그리고 그런 향상은 혼자서 새로운 것을 배우는 즐거움의 유용한 부분이다. 기타는 업무와, 나아가 그 무엇과도 전혀 관련 없는 것에 온전히 집중하는 수단이자 생명줄이 되었다.

당신이 좋아하는 것이 무엇이든(아마 여러 가지 소소한 것들이 있을 것이다.) 가장 중요한 요소는 그것을 가능한 한 일과 비슷하지 않게 만드는 것이다. 이는 현재 자본주의자들이 어떤 식으로든 그것을 상품화하라고 강력히 권한다 해도, 사람들이 당신에게 "아, 당신 정말 [당신의 그것]에 재능이 있네요. 그걸 팔아야죠!" 라고 할 때도, 굴하지 않는다는 뜻이다. 또한 거기에 통달하라고, 어떤 방식으로든 성과로 변환하도록 그것을 내보이라고 강권해도 굴하지 않는다는 뜻이다. 당신은 향상하고 싶거나 남에게 뭔가를 만들어주고 싶을 수도 있다. 그것은 최고가 되려 애쓰면서 자기가 부족하다는 이유로 스스로를 못살게 구는(또는 완전히 포기해버리는) 것과는 다르다.

팬데믹이 중반에 이르렀을 때, 앤이 쓰는 뉴스레터의 한 구독자가 자기는 그림을 그리게 되었다고 알려주었다. 그는 평생 그림을 그려본 적이 없었고, 타고난 재능도 없었고, 기술을 연마하려는 열망도 전혀 없었다. 그의 말로는 인생의 장면들(이를테면, 반려견)을 '형편없는 수준'으로 그려서 재미 삼아 친구들에게 보내는 게 좋았을 뿐이다. 그의 즐거움은 만든 물건 자체에, 또는 완벽해지려고 애쓰는 데 있지 않다. 그것은 다른 세계에 있는 느낌을 갖게 하는 과정이며, 당신이 그것을 좋아한다는 것 외에는 목적도 가치도 없는 일을 하는 철저한 기쁨이다. 당신의 설명할 수 없는 중요한 것을 붙잡고 놓아주지 않으려 하기 때문이다.

『아무것도 하지 않는 법』에서 제니 오델(Jenny Odell)은 이런 활동을 자기만의 관심사에 대한 통제권을 되찾는 수단으로 이해한다. 당신의 시간과 노력을 다른 사람이 중요하다고 생각하는 것에 넘겨주는 대신에 욕구를 활용하고 그에 따라 행동하는 것이다. 따라서 어느 정도 멋지고 인기 있는 취미라는 생각으로부터 벗어나려 애쓰는 게 중요하다. 그리고 파트너나 자녀와 '공유'할 수 있는 활동을 찾으려 노력해야 한다고 말하는 목소리를 멀리 하려는 것도 중요하다. 그들이 원한다면 나중에 함께할 수 있지만, 처음에는 당신이 좋아하는 것을 발굴하는 데 집중하자. 처음에는 상당한 투자나 시간, 재정적 여유가 필요한 활동은 피하는 것이 좋다. 투자를 크게 하면 활동 자체에 대한 부담감이 커지게 된다.

당신에게 이런 감정을 자아내는 게 무엇이든 저항을 최소화할 경로를 찾아내서 그것에 시간을 내자. 그리고 언제 다시 그럴 시간을 만들지 자기 자신에게 약속하자. 이기적인 습관을 들이는 것 같고, 어린아이처럼 스스로 일정을 짜려니 이상한 기분이 들수도 있다. 하지만 그런 기분은 접어두자. 당신이 혼자 살고 있다면, 일중독이기 때문일 수도 있다. 자기만의 취미에 시간을 쓰는건 이기적인 게 아니다. 파트너가 있거나 부모로서의 의무가 있는 경우에도 의식적이고 협력적인 자세로 서로를 위해 취미를 위한 공간을 비워줄 때는 역시나 가능하다. 아이들과 연관 없는 활동을 하고자 하는 욕구를 다른 방향으로 돌린다고 해서 더 멋진 부모가 되는 건 아니다. 그저 피곤에 찌들어 화가 나 있는 부모가 될 뿐이다.

이 격언은 당신 인생의 다른 영역에서도 유효하다. 숙면을 취하고 나면, 기본적으로 모든 일을 더 잘하게 된다. 휴식을 취하고 나면, 더 나은 운동 선수가 된다. 취미에서 얻은 회복력으로 더 좋은 파트너, 더 좋은 친구, 더 좋은 경청자, 더 좋은 협력자, 모든 면에서 주변에 더 좋은 사람이 될 수 있다. 생산성 강박과 급증하는 의무로 숨 막혀하고 있는 우리의 본질적인 면들을 함양하는 데 취미가 도움이 된다. 취미 자체는 그 존재가 제공하는 것, 즉 당신의 정체성을 '많은 일을 해내는 데 능숙한 사람'에서 벗어나게 하는 수단보다는 훨씬 덜 중요하다.

우리는 아이들의 성격에 관해, 얼마나 독특하고 기발하고 기쁨에 넘치는지에 관해 즐겨 이야기한다. 우리는 자라면서 그런 특성들에서 벗어난다기보다는 그런 특성들을 의무에 포함시켜 버린다. 이러한 특성은 인간다움의 구성 요소이자 로봇과의 지속적인 차이점으로 남아 있다. 우리는 이런 성향을 유지해야 한다. 즐거움과 기발함에, 말로 표현할 수 없고 특별하지 않은 것에, 기계로 재현될 수 없고 최고의 생산성을 내기 위해 최적화할 수 없는 감정에 이끌리는 성향 말이다. 이런 것들은 재발견할 가치가 있다. 우리에게 휴식을 제공해서 더 훌륭한 노동자가 되게 하기 때문이 아니라, 마음속에서 언제나 가져왔던 우리의 모습에 정착하게 해주기 때문이다.

소중한 사람을 떠올리자

자기 자신에게 집중하는 데 시간을 보냈다면, 이번에는 반대로 해보자. 인생에서 가장 행복했던 순간을 생각해보자. 반드시 이정표가 되는 사건일 필요는 없다. 집에서 최고로 느끼는 순간들,

당신 자신에게 최고인 순간들, 인생에서 사랑에 빠진 순간들. 자, 누가 거기에 있었는가? 20대 초에 아무것도 안 하면서 어울려 다니던 때일 수도 있다. 아이가 태어나던 순간일 수도 있고, 파트너와 특별히 친밀감을 느꼈던 순간일 수도 있고, 아빠와 함께했던 어느 주말일 수도 있다. 이것은 달콤쌉싸름한 과정일지도 모른다. 누구에게나 그런 추억의 일부인 사람들이 있지만, 지금은 어떤 식으로든 그들과 멀어져 있다. 하지만 사이가 가깝든 멀든 여전히 당신 삶에 남아 있는 사람들이 있다. 이들은 당신에게 가장 의미 있는 친밀한 공동체의 일원이다. 이들과의 관계는 소중하고 무엇과도 바꿀 수 없다. 그래서 많은 사람들이 이들을 그에 걸맞게 대하지 못하는 걸 여러 해 동안 애석해했다.

이런 관계가 이야기하는 만큼 정말 소중하다면, 우리는 그에 맞는 행동을 시작해야 한다. 관계를 키워나가는 데 시간과 정신적 여유를 들여야 한다는 뜻이다. 그것은 일정에 없던 귀중한 시간을 늘리고, 서로 간의 관계적 노동의 균형을 재조정하기 위해 노력하며, 사람들이 보살핌과 관심을 받는다고 느끼게 하고 그 대가로 자신도 보살핌과 관심을 받는다고 느끼게 되는 신뢰를 구축한다는 뜻이다.

파트너가 있다면 거기서부터 시작하자. 관계의 균형과 불균형은 어디에서 나타나는가? 700명 이상의 노동자를 대상으로 설문 조사를 한 결과, 가정 내 노동이 불공평하게 배분되었다고 느끼는 사람들은 공평한 배분을 논의할 대화조차 시작할 수 없을 만큼 지나치게 과도한 업무에 시달리고 있다고 자주 한탄했다. "제 파트너는 저보다 자기 일에 훨씬 더 몰두해 있어요. 절대 일을 멈추지 못해요." 노스캐롤라이나에서 보험 회사에 근무하며 두 아이를 키우고 있는 리베카는 우리에게 이렇게 말했다. "다른 일 전부를 거의 다 제가 하죠." 우리는 표면적으로는 대등하게 일을 나누었지만, 그럼에도 여성이 정신적 부담을 계속 안고 있는 커플들의 이야기를 많이 들었다. 남은 음식을 처리하는 문제부터 자녀들의 병원 예약 잡기까지, 가정을 꾸려나가려면 해야 할 모든 일이 보이지 않는 해야 할 일 목록에 담겨 있다.

좀 더 여유 시간이 있다면(또는 적어도 좀 더 유연하게 쓸 수 있는 시간이 있다면) 당신과 당신 파트너에게 부과된 노동의 패턴과 배분에 대해 어떻게 재고할 것인가? 동반자 관계가 어떤 모습이길 바라는가? 원격근무는 유해한 성별 고정관념에 대한 해결책이 아니다. 하지만 우리가 이야기 나누었던 많은 사람들이 팬데믹의 압박 아래에서도 재택근무로 인해 순전히 가능해진 것에 주목했다. 전에는 볼 수 없었던 방식으로 노동의 총체성을 볼 수 있게 되었다. 다시 말해, 모든 사소한 일들이 눈에 들어온다는 건 그 일들을 배분하기가 쉬워졌다는 뜻이다.

이제 생물학적 가족이든 선택한 가족이든 더 확장된 가족으로 범위를 넓혀보자. 어쩌면 당신은 그들과 오랜 시간 함께해왔을 것이다. 그렇다면 가족과의 적절한 거리 두기는 어떤 모습일까? 반대로 가족과 보내는 화목한 시간은 어떤 모습일까? 가족의 생활에 함께한다는 느낌을 가지려면 무엇이 필요할까? 어떻게 하면 의도적으로 시간을 만들었지만 의무적으로 한 건 아니라고 느껴지도록 그 시간을 지켜낼 수 있을까?

친구에게로 한 번 더 확장해보자. 시간이 더 주어진다면, 친구의 일상에 어떻게 존재하고 싶은가? 어떤 관계가 위축되었는가? 어떤 관계가 시간을 두고 더 돈독해져왔는가? 어떻게 당신에게 중요한 우정에 우선순위를 두고, 제정신이 아닐 만큼 과도한 일정에 시달리는 일상에 집어삼켜진 친밀감을 쌓을 것인가?

이 책을 읽으면서 여기에 담긴 모든 내용이 약간은 자조적으로 느껴진다고 생각할지도 모르겠다. 그렇다! 우리도 또한 그렇게 느낀다! 하지만 한 걸음 물러서서 우리가 여기에서 진정으로 묻고 있는 것에 대해 생각해볼 필요가 있다. 앞서 열거한 내용은 요구 사항이 아니다. 어떤 체제의 일부도 아니다. 구독을 하라는 것도 아니다. 뇌에 좋은 값비싼 건강 보조 식품을 구매할 필요도 없다. 꼭 뭔가를 해야 하는 것도 아니다. 사실, 덜 할수록 더 좋다.

　이런 모호한 개요는 궁극적으로 자신과 타인에 대해 당신이 가치를 두는 것을 목록으로 만들라는 호소다. 그건 호사스럽지도 이기적이지도 급진적이지도 않다. 그냥 그렇게 느껴질 뿐이다. 그렇지만 그 목록으로부터 비롯되는 결과는 급진적인 변화를 촉발할지도 모른다. 적어도 우리 두 사람에게는 그랬다. 목록을 만드는 단순한 과정은 심오하면서도 혼란스러웠다. 앤에게 이 과정은 인생에서 꽤 많았던 모든 어려움에 단지 일을 더 많이 하는 것으로 대처했다는 사실을 깨닫고, 2년 동안 번아웃과 그 원인에 대한 글을 쓰는 데 전념하는 것을 의미했다. 찰리에게는 인생 대부분이 학문적·직업적 경력의 다음 단계를 준비하는 시간의 연속이었다는, 꽤 통렬한 자각의 형태로 나타났다. 그는 경력의 사다리를 부단히 오른다는 느낌 외에는 무엇에 가치를 두는지 제대로 감각하지 못했다. 자기가 무엇을 좋아하는지도 알지 못했다. 부분적으로는 그가 성공이라는 막연한 목표를 추구하느라 너무나 다양한 경험들을 그만두었기 때문이었다.

자신의 일부와 연결이 끊어졌다는 사실을 깨닫는 건 무척이나 슬픈 일일 수 있다. 그러나 때로 그것은 명료한 이해로 이어지기도 한다. 우리 두 사람에게 그건 호기심을 다른 데로 돌리거나 일을 그만하겠다는 다짐이 아니었다. 인간관계, 취미, 대의명분, 또는 자신만의 생각에 더 많은 시간을 쓰기 등 일 이외의 영역에 관심과 집중을 재분배할 방법을 찾겠다는 뜻이었다. 이런 종류의 균형 감각을 기르고, 일에 대한 기존의 태도를 계속해서 잊는 데는 지속적인 노력이 필요하다. 일과 생활 사이에서 그 관계를 뒤집어줄 스위치나 완벽한 비율은 없다. 하지만 이전에는 일을 위해 비축해두었던 에너지와 의지를 일 이외의 생활에 펼쳐낼 가능성은 있다.

이것이 바로 우리가 안정감을 되찾는 방법이자 다른 사람에게 마음을 쓸 여유를 갖는 방법이다. 공동체의 회복력을 키우고 다음 팬데믹이나 글로벌 대재난에 대한 대비를 시작할 방법이다. 이것이 바로 변화를 옹호하고, 돈뿐만 아니라 시간과 관심을 어떻게 쓸지 의도적으로 노력하고, 분명한 특권과 노동력을 이용해서 완전히 유연한 직장 생활의 자유로움을 다른 이들에게로 확장하는 등 앞으로 나아갈 토대를 마련하는 방법이다. 이것이 미래에 대한 낙관적 견해일까? 물론이다. 하지만 터무니없이 희망적일지라도 상상할 수 없다면, 그런 일이 일어나게 할 수도 없다.

이 책을 쓰면서 어떤 면에서 우리도 놀랐다. 집필을 시작했을 때 기대했거나 계획했던 내용과는 달라졌기 때문이다. 머릿속으로 책의 핵심은 원격근무와 그 절차, 모범 사례, 우리 두 사람의 경험일 거라고 생각했다. 책에는 그런 내용이 일부 담겨 있지만, 상상했던 것보다는 훨씬 적다. 여러 달 동안 관련 자료를 읽고 기록하고, 어떤 것이 중요하고 어떤 것이 중요하지 않은지 수십 명의 사람들과 이야기를 나누면서 이 문제에서 '원격'이라는 부분은 부차적이라는 게 분명해졌기 때문이다. 우리가 실제로 이야기하고자 한 바(우리가 두려워하고 흥분하고 열광하고 이상하다고 느꼈던 것)는 문자 그대로도 비유적으로도 우리 삶에서 지각 변동을 일으키고 불안정성을 높이는 직장의 변화에 대한 것이다.

살고 싶은 미래를 만드는 일은 절대로 쉽지 않다. 현 상황을 유지하려는 중력은 때로 이겨낼 수 없는 듯 느껴진다. 하지만 이 책에 장시간 노동과 오랫동안 우리 생활의 범위를 좁혀온 물리적인 사무실 구조 바깥에도 세상이 있고, 자아가 있다는, 당신이 이미 알고 있는 사실을 알아보는 데 도움이 될 내용이 충분히 들어 있기를 희망한다. 나는 누구이며 내 삶이 나를 어디로 이끌 수 있는지 마치 처음인 것처럼 생각할 기회를 갖는다는 건 얼마나 기운이 솟고, 얼마나 겁이 나고, 얼마나 다행으로 여겨야 하는 일인지 모른다.

감사의 말

우리가 이 책을 쓴 건 팬데믹이 정점을 찍었던 기간이었습니다. 책을 마무리하기까지 셀 수 없이 많은 분들의 도움, 지원, 충고에 힘입었습니다. 그중 많은 분들이 이 책에 인용되었죠. 다음 분들에게 특별한 감사를 표합니다. 우리의 에이전트 앨리슨 헌터, 멜 플래시먼, 명민하고도 배려심 많은 편집자 앤드루 밀러, 성실한 팩트체커 제니퍼 모니에, 크노프 출판사의 제작 및 홍보 담당 팀 모두, 특히 이 열차가 제때 운행되도록 애쓴 마리스 다이어, 우리가 몬태나로 이주할 수 있도록 믿어준 《버즈피드 뉴스》의 전임 편집 주간 벤 스미스, 처음 요청드렸을 때엔 우습다는 듯이 쳐다보셨지만 말이죠. 우리가 발행하는 뉴스레터의 독자분들이 피드백, 실마리, 도입부, 추천 책과 읽을거리를 알려주셔서 이 책과 지향점이 한결 좋아졌습니다. 베스, 조, 잭, 아기 찰리는 계속 우리를 먹여 살리고 즐겁게 해주었어요. 우리 부모님들은 비록 멀리 떨어져 계시지만, 우리를 사랑으로 감싸고 이 프로젝트에 지지와 열의를 보내주셨습니다. 그리고 가장 중요한 건 보람 있는 직업과 일에서 벗어난 풍성한 개인적 삶 둘 다를 바라고 힘써 얻어내야 한다는 굳은 신념을 우리에게 심어주신 거죠.

파트너와 공저로 책을 쓰는 건 좋지 않은 시도일 수 있지만,

이번에는 바랄 수 있었던 것 이상으로 잘 풀렸어요. 코로나19 봉쇄가 한참 진행 중이었던 때에 초고와 장들을 맞바꿔 보면서 우리가 비축해두었던 사랑과 인내를 쓸 수 있어서 서로에게 고맙다고 말하고 싶네요.

끝으로 우리가 키우는 개 페기와 스티브 덕분에 하루 리듬이 잡혔고, 우리에게 탈출구를 만들어주고 긴 산책을 할 수 있게 해준 덕분에 이 책이 나오게 되었습니다. 이들과 함께 할 수 있어서 재택근무도 훨씬 더 즐거웠고요.

옮긴이의 말

6년 전 어느 날 귀여운 방송 사고가 전 세계 사람들을 사로잡았다. 부산대 로버트 켈리 교수가 집 안에서 방을 사무실처럼 꾸며놓고 BBC와 생방송 인터뷰를 진행하던 도중에, 상황을 알지 못하는 천진난만한 어린 자녀 둘이 갑작스럽게 방에 들이닥쳤던 사건이다. 독자들도 대부분 보았을 테니 아마 기억할 것이다. 이 책에서 일과 생활의 경계와 가드레일을 이야기하는 대목에서 문득 그때 그 장면이 떠올랐다. 아이가 방문을 벌컥 열어젖혔던 그때, 일과 개인 생활의 경계는 단숨에 허물어졌다.

코로나 팬데믹 이후 재택근무는 훨씬 더 흔한 업무 형태가 되었고, 기상 예보를 하는 생방송에 아이가 갑자기 등장한다거나 줌 미팅 때 화면에 아이들이 왔다 갔다 하는 장면들 또한 심심치 않게 보게 되었다. 일하는 공간과 생활의 공간을 구분하고 있는 방문을 굳게 걸어 잠그지 못하는 상황이 생기면, 언제든 일이 생활에 끼어들 수 있게 되었다.

하지만 일과 생활의 경계가 무너지는 건 대부분 이처럼 웃어넘길 만한 귀여운 사건이 아니다. '재택근무'라고 하면, 출퇴근에 들이는 시간과 노력을 들이게 되니 회삿일과 집안일을 함께 좀 더 잘할 수 있을 거 같지만, 책에서 여러 차례 설명하듯이 개인을 불안과 번아웃 상태에 빠뜨리고, 소중한 사람들과의 관계를 망가뜨리기도 한다. 직원들이 일과 생활의 구분 없이 일에 많은 시간을 들이면 회사에는 이로울 것 같지만, 역설적이게도 '생산성'은 점점 더 악화된다는 점을 이 책에서는 여러 사례를 들어 밝히고 있다.

몇 년 전부터 유행어가 된 '워라밸'에 이어, '조용한 퇴사(quiet quitting)'가 트렌드 책의 중요한 부분을 차지하며 사회적 관심을 끌고 있다. 선망하던 대기업에 취직하거나 어렵게 공무원 시험을 통과한 MZ 세대의 조기 퇴직이 점점 늘어난다는 이야기가 자주 들린다. 일은 예나 지금이나 바뀐 게 없는데, 세대가 달라지면서 일을 대하는 태도가 바뀐 것일까. 어쩌면 일이 사람들을 대하는 태도, 즉 일 자체가 바뀐 건 아닐까. 특정 세대를 탓하기보다는 일의 모습이 어떠해야 하는지를 회사는 회사대로 개인은 개인대로 고민해야 하는 시점이다. 고민을 안고 있는 모두에게 이 책이 도움이 되기를 바라는 건, 두 저자나 번역자나 같은 마음이다.

　팀장과 팀원, 또는 임원과 팀장, 관리자와 관리받는 직원은 처지가 서로 다르고 때로는 이해관계가 충돌한다고 느낄 수도 있다. 책을 순서대로 읽는 것도 좋겠지만, 독자가 처한 입장에 따라 「관리자들에게 드리는 최종 당부」 또는 「노동자들에게 드리는 글」을 먼저 읽어보는 것도 추천드린다. '생산성'을 높여 수익을 더 내기를 바란다는 점만큼은 어떤 위치에 있든 기업의 이해 관계자 모두가 크게 다르지 않을 것이다.

　이 책의 두 저자 중 한 명인 앤 헬렌 피터슨이 전작 『요즘 애들』에서 얘기한 것처럼, "이번 팬데믹이 우리에게 보여준 대단히 중요하고도 명확한 사실은, 망가지고 실패한 게 단지 하나의 세대가 아니라는 거다. 망가진 건 체제 자체다."

코로나 팬데믹으로 이미 여러 가지 근무 형태 실험이 시작되어 진행 중이다. 다행히 얼마 전부터 마스크를 벗고 지낼 수 있게 되었지만, 팬데믹 이전의 과거로 거슬러 갈 이유는 없다. 미래에 더 많은 '복리 이자'를 챙기려면, 더 빨리 투자에 나서야 하지 않을까. 독자 여러분이 나서려는 길에 이 책이 하나의 지도가 될 수 있기를 기대한다.

2023년 5월
이승연

주

들어가며

1. May Wong, "Stanford Research Provides a Snapshot of a New Working-from-Home Economy," *Stanford News*, March 29, 2021.
2. Matthew Haag, "Remote Work Is Here to Stay. Manhattan May Never Be the Same," *New York Times*, March 29, 2021.

1 유연성

1. Ken Armstrong, Justin Elliott, and Ariana Tobin, "Meet the Customer Service Reps for Disney and Airbnb Who Never Have to Talk to You," ProPublica, Oct. 2, 2020.
2. Ibid.
3. Hilary Lewis and John O'Connor, *Philip Johnson: The Architect in His Own Words* (New York: Rizzoli, 1994), 106.
4. Louis Hyman, *Temp: How American Work, American Business, and the American Dream Became Temporary* (New York: Viking, 2018), 6.
5. Louis Uchitelle and N. R. Kleinfield, "On the Battlefields of Business, Millions of Casualties," *New York Times*, March 3, 1996.
6. Ibid.
7. David Weil, *The Fissured Workplace: Why Work Became So Bad for So Many and What Can Be Done to Improve It* (Cambridge, Mass.:

Harvard University Press, 2017).

8. Uchitelle and Kleinfield, "On the Battlefields of Business."

9. Nikil Saval, *Cubed: A Secret History of the Workplace* (New York: Doubleday, 2014), 236.

10. See Karen Ho, *Liquidated: An Ethnography of Wall Street* (Durham, N.C.: Duke University Press, 2009); Hyman, Temp.

11. Melissa Gregg, *Counterproductive: Time Management in the Knowledge Economy* (Durham, N.C.: Duke University Press, 2018), 54.

12. *State of the Global Workplace* (New York: Gallup Press, 2019).

13. "Report: State of the American Workplace," Gallup, Sept. 22, 2014; *State of the Global Workplace* (New York: Gallup Press, 2017).

14. Edgar Cabanas Diaz and Eva Illouz, "Positive Psychology in Neoliberal Organizations," in *Beyond the Cubicle*, ed. Allison J. Pugh (New York: Oxford University Press, 2017), 31.

15. Carrie M. Lane, "Unemployed Workers' Ambivalent Embrace of the Flexible Ideal," in Pugh, *Beyond the Cubicle*, 95.

16. Melissa Gregg, *Work's Intimacy* (Oxford: Wiley, 2013), 2.

17. "The Next Great Disruption Is Hybrid Work—re We Ready?," Microsoft Work Lab, www.microsoft.com.

18. Jessica Grose, "Is Remote Work Making Us Paranoid?," *New York Times*, Jan. 13, 2021.

19. "Four-Day Week Pays Off for UK Business," Henley Business School, July 3, 2019, www.henley.ac.uk.

20. Joel Gascoigne, "We're Trying a 4-Day Workweek for the Month of May," *Buffer Blog*, May 30, 2020.

21. Nicole Miller, "4-Day Work Weeks: Results from 2020 and Our Plan for 2021," *Buffer Blog*, Feb. 18, 2021.

22. "Do More with Less," *Reuters*, Nov. 5, 2019.

23. Jena McGregor, "Hot New Job Title in a Pandemic: 'Head of Remote Work,' " *Washington Post*, Sept. 9, 2020.

24. Roderick M. Kramer, "Trust and Distrust in Organizations: Emerging Perspectives, Enduring Questions," *Annual Review of Psychology*

50 (Feb. 1999): 569–98.

25. Timothy Ferriss, *The 4-Hour Workweek* (New York: Crown, 2007), 91.

26. Louis Morice, "Mais qui travaille vraiment 35 heures par semaine?," *L'Obs*, Sept. 22, 2016.

27. Luc Pansu, "Evaluation of 'Right to Disconnect' Legislation and Its Impact on Employee's Productivity," *International Journal of Management and Applied Research* 5, no. 3 (2018): 99–119.

28. Drew Pearce, "The Working World: France Gave Workers the Right to Disconnect—ut Is It Helping?," *Dropbox* (blog), Feb. 26, 2019.

2 기업 문화

1. Terrence E. Deal and Allan A. Kennedy, *Corporate Cultures: The Rites and Rituals of Corporate Life* (Reading, Mass.: Addison-Wesley, 1982), 5.

2. Sidney Pollard, "Factory Discipline in the Industrial Revolution," *Economic History Review* 16, no. 2 (1963): 255.

3. Shoshana Zuboff, *In the Age of the Smart Machine: The Future of Work and Power* (New York: Basic Books, 1988), 31.

4. Pollard, "Factory Discipline in the Industrial Revolution," 254.

5. Jill Lepore, "Not So Fast," *New Yorker*, Oct. 12, 2009.

6. Zuboff, *In the Age of the Smart Machine*, 46.

7. Lepore, "Not So Fast."

8. "Gilbreth Time and Motion Study in Bricklaying," youtu.be/IDg9REgkCQk?t=51.

9. Lepore, "Not So Fast."

10. Thomas J. Peters and Robert H. Waterman, *In Search of Excellence: Lessons from America's Best-Run Companies* (New York: Harper & Row, 1982), 6.

11. Robert D. Putnam, *The Upswing: How America Came Together a Century Ago and How We Can Do It Again*, with Shaylyn Romney Garrett (New York: Simon & Schuster, 2020).

12. William H. Whyte, *The Organization Man* (New York: Simon & Schuster, 1956), 129.

13. Ibid., 130.

14. Ibid., 154.

15. Deal and Kennedy, *Corporate Cultures*, 4.

16. Amanda Bennett, *The Death of the Organization Man* (New York: Morrow, 1990), 101.

17. Ibid., 48.

18. Ibid., 172.

19. Ibid., 23.

20. Deal and Kennedy, *Corporate Cultures*, 196.

21. Terrence E. Deal and Allan A. Kennedy, *The New Corporate Cultures: Revitalizing the Workplace After Downsizing, Mergers, and Reengineering* (New York: Basic Books, 2008), 1.

22. Peters and Waterman, *In Search of Excellence*, 207.

23. Ibid., 96.

24. Ibid., 319.

25. Ibid., 358.

26. Sara Robinson, "We Have to Go Back to a 40-Hour Work Week to Keep Our Sanity," *Alternet*, March 13, 2012.

27. Ryan Cooper, "The Leisure Agenda," People's Policy Project, www. peoplespolicyproject.org.

28. Anna North, "The Problem Is Work," *Vox*, March 15, 2021.

29. Joan C. Williams and Heather Boushey, "The Three Faces of Work-Family Conflict," Center for American Progress, Jan. 25, 2010.

30. Caitlyn Collins, "Why U.S. Working Moms Are So Stressed—nd What to Do About It," *Harvard Business Review*, March 26, 2019.

31. "The Next Great Disruption Is Hybrid Work—re We Ready?," Microsoft Work Trend Index, 2021, www.microsoft.com.

32. "Work-Life Balance," OECD Better Life Index, www. oecdbetterlifeindex.org.

33. *State of the Global Workplace* (New York: Gallup Press, 2017).

34. Jack Zenger and Joseph Folkman, "Why the Most Productive People Don't Always Make the Best Managers," *Harvard Business Review*, April 17, 2018.

35. Ryan Fuller et al., "If You Multitask During Meetings, Your Team Will Too," Microsoft Workplace Insights, Jan. 25, 2018.

36. Richie Zweigenhaft, "Fortune 500 CEOs, 2000–020: Still Male, Still White," *Society Pages*, Oct. 28, 2020.

37. Sarah Coury et al., "Women in the Workplace," McKinsey & Company, Sept. 30, 2020.

38. "Social Unrest Has Fuelled a Boom for the Diversity Industry," *Economist*, Nov. 28, 2020.

39. Frank Dobbin, Alexandra Kalev, and Erin Kelly, "Diversity Management in Corporate America," Contexts 6, no. 4 (2007): 21–27; Frank Dobbin and Alexandra Kalev, "Why Diversity Programs Fail," *Harvard Business Review* 94, no. 7 (2016).

40. Cassi Pittman Claytor, *Black Privilege: Modern Middle-Class Blacks with Credentials and Cash to Spend* (Stanford, Calif.: Stanford University Press, 2020).

41. Chika Ekemezie, "Professionalism Is a Relic of White Supremacist Work Culture," *Zora*, Nov. 1, 2020.

42. Chika Ekemezie, "Why It's Hard for People of Colour to Be Themselves at Work," BBC, Jan. 21, 2021.

3 사무실 테크놀로지

1. Andrew Pollack, "Rising Trend of Computer Age: Employees Who Work at Home," *New York Times*, March 12, 1981.

2. Carol Levin, "Don't Pollute, Telecommute," *PC Magazine*, Feb. 22, 1994.

3. Joel Dreyfuss, "Inside," *PC Magazine*, Aug. 1992, 4.

4. Benjamin Hunnicutt, *Free Time: The Forgotten American Dream*

(Philadelphia: Temple University Press, 2013).

5. Shoshana Zuboff, *In the Age of the Smart Machine: The Future of Work and Power* (New York: Basic Books, 1988), 23.

6. Ibid., 63.

7. Harley Shaiken, "The Automated Factory: The View from the Shop Floor," *Technology Review* 88 (1985): 16.

8. William J. Broad, "U.S. Factories Reach into the Future," *New York Times*, March 13, 1984.

9. Zuboff, *In the Age of the Smart Machine*, 118.

10. John F. Pile, *Open Office Planning: A Handbook for Interior Designers and Architects* (New York: Whitney Library of Design, 1978), 9.

11. Ibid., 21.

12. James S. Russell, "Form Follows Fad," in *On the Job: Design and the American Office*, ed. Donald Albrecht and Chrysanthe B. Broikos (New York: Princeton Architectural Press, 2001), 60.

13. Clive Wilkinson, *The Theatre of Work* (Amsterdam: Frame, 2019), 44.

14. Nikil Saval, *Cubed: A Secret History of the Workplace* (New York: Doubleday, 2014), 205.

15. Michael Brill, Stephen T. Margulis, and Ellen Konar, *Using Office Design to Increase Productivity* (Buffalo: Workplace Design and Productivity, 1984), 2:51.

16. Joel Makower, *Office Hazards: How Your Job Can Make You Sick* (Washington, D.C.: Tilden Press, 1981).

17. Zuboff, *In the Age of the Smart Machine*, 141.

18. Herbert Muschamp, "It's a Mad Mad Mad Ad World," *New York Times Magazine*, Oct. 16, 1994.

19. Ibid.

20. Warren Berger, "Lost in Space," *Wired*, Feb. 1, 1999.

21. William H. Whyte, *The Organization Man* (New York: Simon & Schuster, 1956), 63.

22. Wilkinson, *Theatre of Work*, 51.

23. Ibid., 227.

24. Jennifer Elias, "Google Employees Are Complaining the Company Has Changed—his Chart Shows One Reason Why," CNBC, Jan. 2, 2020; Douglas Edwards, *I'm Feeling Lucky: The Confessions of Google Employee Number 59* (Boston: Houghton Mifflin Harcourt, 2011), 90–91.

25. 최근 증권사 리포트에서 밝힌 구글의 직원 수는 13만 5000명 이상이었다.

26. Jesse Hicks, "Ray Tomlinson, the Inventor of Email: 'I See Email Being Used, By and Large, Exactly the Way I Envisioned,' " *Verge*, May 2, 2012.

27. Dawn-Michelle Baude, *The Executive Guide to E-mail Correspondence* (New York: Weiser, 2006).

28. Ibid., 154.

29. Abigail J. Sellen and Richard Harper, *The Myth of the Paperless Office* (Cambridge, Mass.: MIT Press, 2002), 13.

30. Ibid., 12.

31. Michael Chui et al., "The Social Economy: Unlocking Value and Productivity Through Social Technologies," McKinsey & Company, July 1, 2012.

32. Ellis Hamburger, "Slack Is Killing Email," *Verge*, Aug. 12, 2014.

33. Rani Molla, "The Productivity Pit: How Slack Is Ruining Work," *Vox*, May 1, 2019.

34. Ibid.

35. Gloria Mark, Daniela Gudith, and Ulrich Klocke, "The Cost of Interrupted Work: More Speed and Stress," *CHI '08: Proceedings of the SIGCHI Conference on Human Factors in Computing Systems*, April 2008, 107–10.

36. Michael Mankins, "Is Technology Really Helping Us Get More Done?," *Harvard Business Review*, Feb. 25, 2016.

37. Berger, "Lost in Space."

38. Sellen and Harper, *Myth of the Paperless Office*, 193.

39. Dror Poleg, "The Future of Offices When Workers Have a Choice," *New York Times*, Jan. 4, 2021.

40. Paul Ford, "The Secret, Essential Geography of the Office," *Wired*, Feb. 8, 2021.

41. John Herrman, "Are You Just LARPing Your Job?," *Awl*, April 20, 2015.

42. "The New Great Disruption Is Hybrid Work—re We Ready?," Microsoft Workload, March 22, 2021.

43. Steve Lohr, "Remote but Inclusive for Years, and Now Showing Other Companies How," *New York Times*, Oct. 18, 2020.

44. Crystal S. Carey (associate attorney, Morgan Lewis) to Barbara Elizabeth Duvall (field attorney, National Labor Relations Board, Region 5), Sept. 4, 2018, cdn.vox-cdn.com/ uploads/ chorus_asset/ file/ 16190209/ amazon_terminations_documents.pdf.

45. "Outbound Email and Data Loss Prevention in Today's Enterprise, 2008," Proofpoint, Inc., www.falkensecurenetworks.com.

46. Alex Rosenblat, Tamarah Kneese, and Danah Boyd, "Workplace Surveillance," Open Society Foundations' Future of Work Commissioned Research Papers 2014, Oct. 8, 2014.

47. Aarti Shahani, "Software That Sees Employees, Not Outsiders, as the Real Threat," NPR, June 16, 2014.

48. Ben Waber, *People Analytics: How Social Sensing Technology Will Transform Business and What It Tells Us About the Future of Work*, (Upper Saddle River, N.J.: FT Press, 2003), 77-87.

49. Adam Satariano, "How My Boss Monitors Me While I Work from Home," *New York Times*, May 6, 2020.

50. "How and Why to Transition Your Business to Hubstaff," support.hubstaff.com.

51. "U.S. Employers Flexing for the Future," Mercer, www.mercer.us.

52. "What COVID-19 Teaches Us About the Importance of Trust at Work," Knowledge @ Wharton, June 4, 2020.

53. Thorin Klosowski, "How Your Boss Can Use Your Remote-Work Tools to Spy on You," *New York Times*, Feb. 10, 2021.

4 공동체

1. Robert D. Putnam, *The Upswing: How America Came Together a Century Ago and How We Can Do It Again*, with Shaylyn Romney Garrett (New York: Simon & Schuster, 2020), 116.

2. Ibid., 114.

3. Ibid., 46.

4. Noreena Hertz, *The Lonely Century: How to Restore Human Connection in a World That's Pulling Apart* (New York: Currency, 2021), 16–17.

5. Derek Thompson, "Superstar Cities Are in Trouble," *Atlantic*, Feb. 1, 2021.

6. Ben Welle and Sergio Avelleda, "Safer, More Sustainable Transport in a Post-COVID-19 World," World Resources Institute, April 23, 2020.

7. "The Ins and Outs of NYC Commuting," NYC Planning, Sept. 2019, www.nyc.gov.

8. Naida Jordan, "Conquering the Cols: Rehabilitation Through Adventure," *France Today*, Sept. 22, 2017.

9. "14th Street Busway Monitoring," Sam Schwartz, www.samschwartz.com.

10. Farhad Manjoo, "I've Seen a Future Without Cars, and It's Amazing," *New York Times*, July 9, 2020.

11. Matt Kadosh, "Westfield Redevelopment: Council Hears from Lord & Taylor Redeveloper," *Tap into Westfield*, Nov. 18, 2020.

12. Alex Kantrowitz, "Where Tech Workers Are Moving: New LinkedIn Data vs. the Narrative," *OneZero*, Dec. 17, 2020.

13. Philip Stoker et al., "Planning and Development Challenges in Western Gateway Communities," *Journal of the American Planning Association* 87, no. 1 (2021): 21–33.

14. Patrick Sisson, "Remote Workers Spur an Affordable Housing Crisis," Bloomberg City Lab, Feb. 11, 2021.

15. Anna K. Danziger Halperin, "Richard Nixon Bears Responsibility for the Pandemic's Child- Care Crisis," *Washington Post*, Aug. 6, 2020.

16. Anna North, "The Future of the Economy Hinges on Child Care," *Vox*, Sept. 23, 2020.

17. Tracy Clark-Flory, "This Is What Childcare Could Look Like," *Jezebel*, Jan. 1, 2021.

18. Kathleen McNerney, "Bill Would Create Universal Child Care in Mass.," WBUR, Feb. 16, 2021.

19. "Early Educator Pay & Economic Insecurity Across the States," Center for the Study of Child Care Employment, cscce.berkeley.edu.

20. C. Wright Mills, *White Collar: The American Middle Classes* (New York: Oxford University Press, 1951).

21. Nikil Saval, *Cubed: A Secret History of the Workplace* (New York: Doubleday, 2014), 193.

22. JoAnn Yates, *Control Through Communication: The Rise of System in American Management* (Baltimore: Johns Hopkins University Press, 1989).

23. Mills, *White Collar*, 296.

24. Guy Standing, *The Precariat: The Dangerous New Class* (London: Bloomsbury, 2014).

25. Daisuke Wakabayashi, "Google's Shadow Work Force: Temps Who Outnumber Full-Time Employees," *New York Times*, May 28, 2019.

26. Daisuke Wakabayashi et al., "Google Walkout: Employees Stage Protest over Handling of Sexual Harassment," *New York Times*, Nov. 1, 2018.

27. Priya Parker, *The Art of Gathering: How We Meet and Why It Matters* (New York: Riverhead, 2020), xiii.

관리자들에게 드리는 최종 당부

1. Scott Berkun, *The Year Without Pants: WordPress.com and the Future of Work* (San Francisco: Wiley, 2013).
2. Sarah Guo, "Where Are the Productivity Gains?," personal blog, coda.io/ @ sarah/ where-arethe-productivity-gains.
3. Cal Newport, *A World Without Email: Reimagining Work in an Age of Communication Overload* (New York: Portfolio/Penguin, 2021), xviii.
4. Guo, "Where Are the Productivity Gains?"
5. Jo Craven McGinty, "With No Commute, Americans Simply Worked More During Coronavirus," *Wall Street Journal*, Oct. 30, 2020.
6. Jade Scipioni, "Why Jeff Bezos Always Thinks Three Years Out and Only Makes a Few Decisions a Day," CNBC, Dec. 31, 2020.
7. Dror Poleg, "Remote Bullying," Feb. 26, 2021, drorpoleg.com.

노동자들에게 드리는 글

1. Jaime Teevan, Brent Hecht, and Sonia Jaffe, eds., *The New Future of Work: Research from Microsoft on the Impact of the Pandemic on Work Practices*, Microsoft, 2021, aka.ms/ newfutureofwork.

우리는
출근하지
않는다

**번아웃과 이직 없는
일터의 비밀**

1판 1쇄 찍음 2023년 5월 25일
1판 1쇄 펴냄 2023년 6월 2일

지은이 앤 헬렌 피터슨, 찰리 워절
옮긴이 이승연

편집 최예원 조은 최고은
미술 김낙훈 한나은 김혜수
전자책 이미화
마케팅 정대용 허진호 김채훈 홍수현 이지원 이지혜 이호정
홍보 이시윤 윤영우
저작권 남유선 김다정 송지영
제작 임지헌 김한수 임수아 권순택
관리 박경희 김지현 김도희

펴낸이 박상준
펴낸곳 반비

출판등록 1997. 3. 24.(제16-1444호)
(06027) 서울시 강남구 도산대로1길 62 강남출판문화센터
대표전화 515-2000 팩시밀리 515-2007
편집부 517-4263 팩시밀리 514-2329

한국어판 ⓒ ㈜사이언스북스, 2023. Printed in Seoul, Korea.

ISBN 979-11-92908-77-9 (03330)

반비는 민음사출판그룹의 인문·교양 브랜드입니다.

만든 사람들
책임편집 조은
디자인 한나은